EL HABANERO

Papel Político, Científico y Literario

EDICIONES UNIVERSAL, Miami, Florida, 1997

FÉLIX VARELA

EL HABANERO

Papel Político, Científico y Literario

··EDICIONES UNIVERSAL

Primera edición del papel periódico, 1824 en Philadelphia, Estados Unidos

Para esta edición se reproduce la publicada, de los seis primeros números,
por la revista *Ideal*, Miami, 1974.
Agradecemos a Lorenzo de Toro y a la revista *Ideal* el permiso
para reproducir la tipografía de la edición de 1974.

Nueva edición completa de los siete números de *El Habanero*
publicados y redactados por Félix Varela,
1997
EDICIONES UNIVERSAL
P.O. Box 450353 (Shenandoah Station)
Miami, FL 33245-0353. USA
Tel: (305) 642-3234   Fax: (305) 642-7978
e-mail: ediciones@kampung.net

Library of Congress Catalog Card No.: 97-80335
I.S.B.N.: 0-89729-842-X

Revisión de pruebas: Manuel Matías
En la cubierta óleo de Félix Varela por Federico Martínez
Gracias a Ana Rosa Núñez, siempre madrina de Ediciones Universal, por la idea de la
cubierta y facilitarnos copia del óleo.

Datos en la contraportada tomados de la síntesis biográfica
del Dr. Rafael B. Abislaiman, de la Fundación Félix Varela.

ÍNDICE

FÉLIX VARELA: EL PRIMER CUBANO

José M. Hernández

Nota de la Editorial:

Este trabajo fue leído en el Primer Encuentro Nacional de Historia: "La Iglesia Católica y la Nacionalidad Cubana", celebrado en Camagüey, Cuba, del 24 al 27 de octubre de 1996. Fue también publicado como Vol. 1, No. 5 en *CSA Occasional Paper Series* de Cuban Studies Association.

El Dr. José Manuel Hernández es un historiador cubano, graduado de la Escuela de Derecho de la Universidad de La Habana y Profesor Emeritus de Georgetown University.

L as opiniones de los cubanos sobre la significación histórica de la figura del Padre Félix Varela distan mucho de ser unánimes. Para José de la Luz y Caballero fue "el primero que nos enseñó a pensar." Otros le han asignado el rol, un poco más modesto, de mentor de la juventud cubana o de precursor de la independencia. Según la inscripción que aparece en la base del monumento que le fue erigido en la Universidad de La Habana fue nada menos que el "Padre de la Patria." En 1943, José A. Fernández de Castro sostuvo que era el verdadero fundador de la nacionalidad cubana, y, algunos años más tarde, Antonio Hernández Travieso lo presentó en su conocida biografía como el forjador de la conciencia cubana. Más recientemente, Jorge Mañach ganó el premio periodístico José I. Rivero con un enjundioso artículo sobre "Varela, el primer revolucionario."[1]

De todas estas altisonantes caracterizaciones del humilde sacerdote, sin embargo, quizá la más sugestiva y, al propio tiempo, más exacta, sea la que sirvió de título a un documental hecho en La Habana con motivo del bicentenario de su natalicio: "El primer cubano."[2] Varela, en efecto, vino al mundo el 20 de noviembre de 1788, cuando ya decursaba el crítico período en que el secular proceso de formación de la nación cubana estaba empezando a cristalizar. Fue éste un proceso que tuvo una dimensión externa, la de diferenciación entre cubanos y españoles, que fue la primera en ponerse de manifiesto. Pero tuvo también una dimensión interna, la de integración de los elementos componentes del núcleo nacional en gestación. Debido a la tremenda expansión de la esclavitud y a los cambios demográficos que

---

[1] Para las correspondientes referencias bibliográficas véase Enildo A. García, ed., *Bibliografía de Félix Varela Morales (1788-1853)*, New York, Senda Nueva de Ediciones, 1991.

[2] *Ibid.*, p. 139.

ello acarreó, este subproceso de fusión racial y cultural fue sumamente dilatado (abarcó casi todo el siglo XIX), dio lugar a gravísimas contradicciones en el seno de la sociedad colonial, y de hecho frenó la consumación de la nacionalidad. No fueron muchas las figuras representativas de la época que se dieron cuenta cabal del rumbo que la historia estaba tomando en la Isla, y, entre todas ellas, fue Varela el que caló más hondo y vio más lejos. Por eso "es él el que nos descubre nuestra nacionalidad," como escribió no hace mucho Dulce María Loynaz. "Hasta él," agrega la insigne poetisa, "los cubanos parecen ignorar que son cubanos."[3] La documentación de estas décadas cruciales así lo confirma.

La nacionalidad antes de Varela

De acuerdo con las fuentes más autorizadas, la coexistencia en Cuba de un sector criollo y un sector español claramente identificados data de la segunda mitad del siglo XVI, período en que la población de la Isla está ya mayoritariamente constituida por los naturales de la tierra (los descendientes de las uniones de españoles con españolas en algunos casos y, en la mayoría de ellos, con indias y negras). La heterogeneidad de la población también se reafirma en esta época, porque si bien el número de indios siguió disminuyendo, el de los africanos aumentó considerablemente a causa de las introducciones de esclavos del asentista portugués Gómez Reynel en la última década del siglo.[4] No fue, sin embargo, hasta que la industria azucarera cubana comenzó su prodigiosa carrera ascendente a fines del XVIII y principios del XIX que aquellos criollos que se sentían ya enraizados en el terruño que habitaban (como lo demostraron, por ejemplo, con la hostilidad con que recibieron a los ingleses que ocuparon La Habana

---

[3] *Ibid.*

[4] Ramiro Guerra, *Manual de historia de Cuba, desde su descubrimiento hasta 1868.* Madrid, Ediciones R., 1975, pp. 91-95.

Caballero —o el Padre Agustín, como le llamaban sus alumnos del Seminario San Carlos— fue tal vez un poco más liberal. Su condena de la esclavitud fue ciertamente más tajante y categórica (aunque en el terreno de la práctica sus propuestas fueron bastante modestas), y sus ideas políticas fueron mucho más radicales, como resulta de su *Proyecto de gobierno autonómico para Cuba de 1811*. En las Cortes provinciales electivas que en el proyecto se contemplaban —por tratarse de "país donde existe la esclavitud y tantos libertos como tenemos"— Caballero "amarró," sin embargo, el derecho del sufragio de tal manera que lo hizo descansar "exclusivamente en la calidad de español de sangre limpia con bienes de arraigo en tierras o casas urbanas o rurales."[8] Su visión de la nacionalidad cubana era, pues, parcial y limitada, bastante limitada.

Tanto Arango como Romay y Caballero fueron hombres que marcharon al ritmo de su tiempo, reflejando en gran medida en sus escritos, discursos y propuestas la mentalidad de la burguesía ilustrada de la época: los hacendados, cafetaleros, terratenientes, rentistas y profesionales ricos responsables de la riqueza de la colonia. Todos ellos temían los excesos que la violencia revolucionaria había desatado en Francia (1789); querían evitar la posible ruina de Cuba como consecuencia de un conflicto con la metrópoli; y, sobre todo, al tiempo que deseaban mantener incólume la esclavitud y el libre comercio de esclavos, vivían con la constante preocupación de que en Cuba pudiera producirse una sublevación como la de Haití (1791). De ahí que invariablemente rechazaran las conspiraciones iniciales por la independencia, que también empiezan a manifestarse en Cuba en este período. Tan circunspectos fueron en esta materia, que cuando el propio Capitán General Someruelos propuso en 1808 crear en Cuba una Junta Provincial al estilo de otras que se habían constituido en el continente para gobernar la colonia mientras la familia real permaneciera cautiva de Napoleón, fue imposible reunir el número de firmas

---

[8] El texto del Proyecto puede verse en Hortensia Pichardo, *Documentos para la historia de Cuba*, La Habana, Editorial de Ciencias Sociales, 1977), Tomo 1, pp. 211-216.

de personas de prestigio y representación social que Arango juzgó necesarias para viabilizar la iniciativa. En el documento que fue circulado al efecto no aparece la firma de ningún criollo connotado.[9]

Es verdad que los dirigentes del que generalmente se considera como el primer movimiento político de importancia (1810) encaminado a lograr la independencia de Cuba fueron miembros de familias ricas cubanas: Román de la Luz, Joaquín Ynfante y Luis Francisco Bassave. Pero aunque éste último fue eventualmente acusado por las autoridades de que "convocaba y excitaba a los negros y mulatos y a la hez del pueblo para sublevarse,"[10] no parece que los conspiradores tuvieran una idea lo suficientemente clara y lo suficientemente amplia de la cubanidad. Ynfante, que era el ideólogo del grupo y, según los que instruyeron la causa que se siguió contra los conspiradores, "el mayor revolucionario que jamás ha pisado el territorio cubano," logró escapar a Venezuela, donde publicó, probablemente a principios de 1812, su *Proyecto de Constitución para la Isla de Cuba*. En el artículo 84 del proyecto se disponía que en la sociedad cubana llevarán "los blancos la prelación en cuya posesión se hayan por origen y anterioridad de establecimiento." Y, casi a renglón seguido, el artículo 89 establecía que la esclavitud continuaría "mientras fuere precisa para la agricultura."[11]

Entre los elementos reclutados por Bassave figuró el negro libre José Antonio Aponte, obrero ebanista y ex-cabo del batallón de pardos y morenos de las milicias habaneras, quien logró eludir la persecución policíaca y, aprovechando la difusión de la noticia de que en las Cortes españolas de 1810 se había propuesto la abolición de la esclavitud y la supresión de la trata, encabezó otro movimiento de rebeldía. Fue ésta la llamada conspiración de Aponte de 1812, que se

---

[9] Véase López Sánchez, *Tomás Romay*, p. 141.

[10] María Rosario Sevilla Soler, *Las Antillas y la independencia de la América Española (1808-1826)*. Madrid-Sevilla, Consejo Superior de Investigaciones Científicas, 1986, pp. 70-71.

[11] El texto de Ynfante puede verse en Pichardo, *Documentos*, I, pp. 253-260.

propuso el levantamiento de los negros de las zonas azucareras del interior y el incendio de los ingenios y trapiches aledaños a La Habana así como el de los barrios extremos de la ciudad. El objetivo fundamental de los conspiradores, desde luego, era arrasar con la sociedad esclavista, y sólo aludía en forma rudimentaria a la sustitución del régimen colonial por otro exclusivamente cubano. Fue otra visión parcial e incompleta del futuro de Cuba, contemplado desde la perspectiva de las clases oprimidas. Como la élite criolla logró saber que Aponte esperaba recibir refuerzos del rey Henri Christophe de Haití, una de las consecuencias importantes de esta tentativa fue retrasar la maduración de la idea independentista.[12]

La nacionalidad en Varela

Si no hubiera sido por la rémora de la esclavitud, quizá el proceso histórico de la autoidentificación del cubano habría avanzado a un ritmo más acelerado. Pero las importaciones masivas de africanos crearon condiciones objetivas y subjetivas que dificultaron tanto a la clase dominante como a la dominada ensanchar suficientemente su concepción de la nacionalidad. En el orden de las realizaciones prácticas hubo que esperar a que los acontecimientos mismos desenmascaran las realidades, despejaran las incógnitas y aclararan los entendimientos. Pero en el orden intelectual no había nada que impidiera a los espíritus más lúcidos descubrir cuál era el rumbo a seguir. Indudablemente, hubiera sido demasiado pedirle a un hacendado o a un bozal recién llegado de África que ilustraran a sus conciudadanos sobre este punto. Pero sí podía hacerlo un hombre exento de intereses mundanos, como un sacerdote, o un hombre encerrado en los recovecos de su torre de marfil, como un poeta. En Cuba habló primero el poeta.

---

[12] Véase Sevilla Soler, *Las Antillas*, pp. 75-76; José Luciano Franco, *Las conspiraciones de 1810 y 1812*, La Habana, Editorial de Ciencias Sociales, 1977, p. 17, pp. 22-25.

Fue en un poema titulado "En la abolición del comercio de negros," poco conocido y de escaso vuelo, escrito a fines de 1817, cuando el autor aún no había cumplido catorce años. Pero como en los sesenta versos que lo componen aquel adolescente se hizo eco de los argumentos capitales en favor de la abolición de la esclavitud —*conditio sine qua non* de la integración de la nación cubana— es preciso otorgarle a José María Heredia (1803-1839) la prelación cronológica en la materia, diérase o no cuenta en aquellos momentos de la trascendencia histórica de su posición ideológica. Lo mismo ocurre con su composición "A la insurrección de la Grecia en 1820," donde, por primera vez, se incluye una franca y directa alusión a la independencia de Cuba en el apasionado canto a la sublevación de los griegos contra los turcos. Esta composición se publicó el 6 de agosto de 1822 en el periódico habanero *El revisor político y literario*, una semana antes de que comenzaran las detenciones de los implicados en la conspiración de los Rayos y Soles de Bolívar (1821-1823). En esa coyuntura Heredia era un impresionable joven de diecinueve años cuyas opiniones eran poco estables (en 1820 había publicado una quintanesca oda llamando a España "patria mía"), al extremo de que él mismo no tenía reparo en hablar del "atolondramiento" de sus versos en contraposición a la "prudencia y reflexión" aprendidas de su padre, varón ejemplar amante de la paz y el orden. Había una indiscutible discrepancia entre su temperamento fogoso y romántico y los dictados de su razón (evidente en su correspondencia sobre los motivos de su extrañamiento de Cuba), que quizá tuvo algo que ver con el débil eco que su lirismo revolucionario tuvo entre sus contemporáneos. Con el correr de los años se convertiría en un símbolo para sucesivas generaciones de cubanos. Pero no mientras vivió. Cuando regresó a La Habana en 1836 tras trece años de destierro aún sus más íntimos amigos lo recibieron con notoria frialdad. Los más crueles se referían a él como "el ángel caído."[13]

---

[13] Véase Instituto de Literatura y Lingüística de la Academia de Ciencias de Cuba, *Perfil histórico de las letras cubanas desde los orígenes hasta 1898*, La Habana, Editorial Letras Cubanas, 1983, pp. 170-190.

Heredia se vio obligado a ocultarse y huir de Cuba, como se sabe, por haber mantenido estrechas relaciones con los Caballeros Racionales, rama de los Rayos y Soles de Bolívar. Fue esta una conspiración vasta, sin duda (el número de los encausados llegó a 602), típica de un agitado y confuso momento histórico en que lo mismo se fraguaban en la Isla planes de anexión a los Estados Unidos que agentes mexicanos y colombianos urdían complots revolucionarios con la finalidad de privar a España de la última base de operaciones que le quedaba para lanzarse a la recuperación del imperio que había perdido en el continente. Más que a los intereses de Cuba la conspiración respondió a los de la Gran Colombia, y en ella participaron numerosos hispanoamericanos que residían en La Habana junto a elementos de la clase media cubana, quienes en realidad fungieron de instrumentos auxiliares o aliados a los cuales se les dejaba ver solamente parte de la verdad. Necesariamente no tenía que desembocar en la independencia de Cuba ni muchísimo menos en la emancipación de los esclavos. En una proclama firmada por su jefe, José Francisoo Lemus (cubano al servicio de Colombia), y dirigida a los "hijos de Cubanacán," se solicitaba que se tratara "con dulzura a esos infortunados esclavos... mientras que los representantes de nuestra patria propongan los medios de su feliz redención sin perjuicio de particulares intereses." Esta declaración no fue óbice para que los representantes de esos "particulares intereses" censuraran acremente la conspiración e incluso que algunos de ellos pidieran que los responsables fueran severamente castigados.[14]

En el primer número de *El Habanero* (publicado en Filadelfia en 1824) Varela también tuvo algo que decir sobre los Rayos y Soles, y lo que dijo no fue muy encomiástico. Con su habitual ausencia de miramientos y tapujos, declaró sencillamente que la "decantada conspiración" no había sido más que una "jarana," "unos esfuerzos inútiles por innecesarios para generalizar entre los naturales la opinión

---

[14] El texto de la proclama de Lemus puede verse en Leví Marrero, *Cuba: Economía y sociedad*, Madrid, Playor, 1992, XV, p. 92.

de independencia para cuando llegue el caso."[15] Así, con este peso y este tono fue que el sacerdote dio inicio a su predicación cívica, unos meses después que el poeta y con menos vehemencia y exuberancia que él, pero con más rigor analítico, más mesura y mayor serenidad de espíritu. En ese momento Varela acababa de llegar a los Estados Unidos huyendo de las iras de Fernando VII, después que éste disolvió las Cortes de 1822-1823 con el respaldo de los cañones franceses. Era considerablemente más equilibrado, maduro y experimentado que Heredia —andaba ya por los treinta y cinco años— y había rebasado la etapa formativa de su pensamiento político. Sus ideas más revolucionarias ya habían tomado cuerpo y se habían concretado en fórmulas específicas. La de la abolición había quedado plasmada en la *Memoria que demuestra la necesidad de extinguir la esclavitud de los negros en la Isla de Cuba* que no pudo presentar a las Cortes a causa de la turbulencia reinante en España. Y la relativa a la independencia había crecido y se había desarrollado al tiempo que comprobaba sobre el terreno la doblez de los diputados liberales españoles (cuyo liberalismo estaba confinado a la metrópoli) y la poca confianza que merecía aquel Rey, gozador y trapalón.

Con su bien meditado abolicionismo (ostensiblemente propuesto para atender a los intereses de los propietarios de esclavos, según reza el subtítulo de la *Memoria*) Varela dio la única respuesta posible al pavoroso problema de la identidad étnico-nacional del cubano. Durante toda la primera mitad del siglo XIX la mayoría de la población de la colonia fue siempre negra o mulata (el 60 por ciento del total alrededor de 1840), y en 1841 había casi medio millón de esclavos (436, 495 para ser exactos).[16] Pensar en "blanquear" esta masa humana, como proponía Arango, o en deshacerse de ella, como pretendieron otros después, traspasaba los límites de lo posible (para no hablar de los aspectos éticos de la cuestión). Si Cuba iba a devenir

---

[15] "Conspiraciones en la Isla de Cuba," *El Habanero*, I.

[16] Hugh Thomas, *Cuba: The Pursuit of Freedom*, New York, Harper & Row, 1971, p. 168.

nación algún día el único camino era que las razas integrantes de su población se fundieran en una sola unidad cultural. Pero esto que en sí mismo era ya difícil dada la inexistencia de vínculos que ligaran al africano recién llegado al resto de la población, era totalmente imposible bajo el régimen de la esclavitud y de la posición de inferioridad que ocupaban los libres de color en la sociedad colonial. Para que Cuba llegara a constituirse en esa "comunidad de intereses, unidad de tradiciones y unidad de fines" de que habló Martí más de medio siglo después,[17] lo primero era liberar los esclavos y establecer el imperio de la igualdad, que fue precisamente lo que Varela tuvo en mente cuando escribió en su *Memoria*: "Desengañémonos: constitución, libertad, igualdad son sinónimos; y a estos términos repugnan los de esclavitud y desigualdad de derechos. En vano pretendemos conciliar estos contrarios." No sólo era vano empeñarse en semejante tarea; era también peligroso. Porque hacer "ilusoria" la libertad que se diera a los esclavos convirtiéndolos en "españoles" "privados de derechos políticos," excluidos de "formar la base de la población representada" en las Cortes era "comprometer la tranquilidad de la Isla." Cuba era "un coloso, pero que estaba sobre arena," y si soplaba el huracán de un conflicto político-social antes de que se le consolidaran los cimientos "su caída sería tan rápida y espantosa como inevitable."[18]

Por tanto, los que en La Habana dijeron que Varela "merecía que se le arrancara la lengua" cuando se enteraron de su antiesclavismo[19] fueron no solamente interesados y egoístas sino

---

[17] "La República española ante la Revolución cubana." Madrid, 15 de febrero de 1873.

[18] *Memoria que demuestra la necesidad de extinguir la esclavitud de los negros en la Isla de Cuba, atendiendo a los intereses de sus propietarios*, por el presbítero Don Félix Varela, diputado a Cortes.

[19] José Antonio Saco, *Historia de la esclavitud de la raza africana en el Nuevo Mundo y en especial en los países Américo-Hispanos*, La Habana, Cultural, S.A., 1938, III, pp. 145-146.

ciegos e irresponsables. No puede decirse lo mismo, no obstante, de los que desaprobaron o hicieron caso omiso del independentismo radical que propugnaba *El Habanero*. Porque había una alternativa a la actitud tajante de Varela que en teoría no carecía de atractivo puesto que garantizaba la transición a la independencia con un mínimo de perturbación del orden público. Esta alternativa era la ofrecida por el reformismo, o sea, el logro de la emancipación política por la vía evolutiva. Tan razonable parecía esta tesis reformista que el mismo Varela la había compartido antes de ser elegido diputado a Cortes. Sin duda fue su estancia en una España abocada a la guerra civil y su participación en aquella asamblea donde abundaban los "traficantes de patriotismo" y los "cambia colores" lo que lo indujo a torcer el rumbo y convertirse en abanderado del cambio político total, drástico e inmediato.[20]

Varela salió de España convencido de que "nadie jamás conseguiría que los españoles dejaran de creer que eran amos de la mitad del Nuevo Mundo." Porque todo eso de la maternidad de la península con respecto a América no pasaba de ser una "farándula." El gobierno de España, "un palmo de tierra pobre e ignorante," estaba a "millares de leguas" de los nuevos países allende el océano, y ni los conocía ni mucho menos los amaba. Era un gobierno, además, "sólo fuerte para la opresión," que miraba a esos países "sólo como una hacienda donde trabajan sus esclavos para proporcionar los medios de sostener sus hijos, que son los peninsulares." Los americanos, pues, y consiguientemente los cubanos, solamente podían aspirar a recibir de la metrópoli "mandarines y órdenes de pago o de remisión de caudales." Esperar que ese pueblo "sin gobierno, sin orden ni concierto, más infeliz por sus errores que por su miseria, incapaz de cura sino por milagro manifiesto de la omnipotencia divina" se dispusiera a promover el engrandecimiento de Cuba era una ilusión, porque a la

---

[20] "Máscaras políticas," "Cambia colores," *El Habanero*, I.

larga ese mismo engrandecimiento sería el medio de que la Isla se serviría para sacudir el yugo.[21]

De la implacable lógica de este análisis a la justificación formal de la independencia de Cuba (inspirada, por cierto, en la filosofía política cristiana)[22] no había más que un paso, y Varela lo dio con plena conciencia de que no había otra salida. "Todo pacto social," escribió, "no es más que la renuncia de una parte de la libertad individual para sacar mayores ventajas de la protección del cuerpo social, y el gobierno es un medio pare conseguirlas. Ningún gobierno tiene derechos. Sí los tiene el pueblo para variarlo cuando él se convierte en medio de ruina, en vez de serlo de prosperidad." Esta era precisamente la coyuntura en que Cuba se encontraba. Porque la Isla "por su debilidad estaba todavía en el triste estado de colonia, esto es, en el de producir para los goces de otro más fuerte," y esa desigualdad social sólo se podía sobrellevar "en virtud de una recompensa que se encuentre en la protección y garantía que se le preste." Pero si la "débil" y "exhausta" España, ocupada como estaba en esos momentos por un ejército extranjero (el francés) y dividida en partidos que se hacían una guerra a muerte, no podía hacer nada por la Isla, prácticamente "abandonada a sí misma" ¿bajo qué pretexto podía exigírsele a los cubanos el sacrificio de seguir siendo fieles a "un gobierno sin recursos y embestido por mil y mil necesidades, que delira, se aturde y casi se derroca a sí mismo?" "Es preciso estar muy alucinado," concluyó Varela, "para sostener semejante absurdo."[23]

---

[21] Véase "Amor de los americanos a la independencia," *El Habanero*, I; "Reflexiones sobre la situación de España," "Diálogo que han tenido en esta ciudad un español partidario de la independencia de la Isla de Cuba y un paisano suyo anti-independiente," *El Habanero*, III; nota 20, *El Habanero*, VII.

[22] Véase sobre este punto Gustavo Amigo, S.J., *La posición filosófica del Padre Félix Varela*, Miami, Editorial Cubana, 1991, p. 181.

[23] "Tranquilidad de la Isla de Cuba," *El Habanero*, II; "¿Necesita la Isla de Cuba unirse a alguno de los gobiernos del continente pare emanciparse de España?" *El Habanero*, V.

El insistir en la unión de Cuba con España, sin embargo, no era la única forma de "alucinarse." Otra de ellas era malograr la nacionalidad y borrar su perfil optando por la asociación de la Isla con Colombia, México o Estados Unidos. Varela rechazó categóricamente esta posibilidad. "Yo soy el primero," aclaró desde el principio, "que estoy en contra de la unión de la Isla a ningún gobierno, y desearía verla tan isla en lo político como lo es en la naturaleza." Con la misma rotundidad descartó la emancipación política alcanzada bajo el patrocinio de otras naciones. "Una revolución formada por auxilio de extranjeros," advirtió, "aunque sean hermanos, no tiene el carácter de espontaneidad que es necesario para inspirar confianza." Y, contestando a los que pensaban que el respaldo de una invasión del exterior era indispensable, agregó: "Todas las ventajas económicas y políticas están en favor de la revolución hecha exclusivamente por los de casa, y hacen que deba preferirse a la que pueda practicarse por el auxilio del extranjero." Ciertamente es imposible ser más terminante y específico en cuanto a los requerimientos históricos de la nacionalidad cubana que Varela. Habrá que esperar a que surja Martí al final de la centuria para encontrar quien se le iguale.[24]

La nacionalidad después de Varela

El séptimo y último número de *El Habanero* salió a la luz probablemente en la primavera de 1826. Cuando el periódico comenzó a publicarse, España era poco menos que un "cadáver" (como le dijo Varela a Joel R. Poinsett en su conocida carta de enero 27 de 1824)[25] que sin embargo estaba obstinada en recuperar las colonias que había

---

[24] Especialmente "Paralelo entre la Revolución que puede formarse en la Isla de Cuba por sus mismos habitantes y la que se formará por la invasión de tropas extranjeras," *El Habanero*, III.

[25] Herminio Portell Vilá, "Sobre el ideario político del Padre Varela," *Revista Cubana* (La Habana) I, (2-3): febrero-marzo, 1935, pp. 243-265.

perdido en el continente exponiendo así a Cuba a los ataques de México y Colombia. En esas circunstancias parecía factible convencer a los hacendados cubanos en primer término, pero también a los comerciantes peninsulares de la Isla y al resto de la población blanca que la mejor manera de proteger sus intereses radicaba en la separación inmediata de la metrópoli. "Los mismos desórdenes que es indispensable que haya," leemos en el tercer número, "serán contenidos con mucha más facilidad y empeño cuando la revolución sea hecha enteramente por personas a quienes perjudiquen esos desórdenes."[26]

Pero en 1826 cambió el panorama. Ese año se cerró el ciclo emancipador en la América del Sur; los Estados Unidos hicieron saber que se oponían a cualquier alteración del *status quo* en Cuba; el Congreso de Panamá convocado por Bolívar culminó en fracaso; y tanto México como Colombia perdieron interés en el destino de Cuba. El espectro de la repetición de los sucesos de Haití volvió a convertirse en la obsesión dominante de la clase acaudalada cubana y Varela se vio forzado a archivar su proyecto independentista. Después de la condena en 1830 de los conspiradores de El Águila Negra (la versión mexicana de los Rayos y Soles de Bolívar) tuvieron que pasar largos años para que los cubanos se interesaran nuevamente en tentativas separatistas.

A pesar de su radicalismo, sin embargo, Varela nunca había sido indiferente a los temores de los "hombres de provecho" a quienes conceptuaba como guías de la sociedad colonial. De las páginas de *El Habanero* se desprende con bastante claridad que su autor desaprobaba la participación en el movimiento emancipador de capas y clases sociales capaces de solviantar a la masa negra y mestiza. Y en vano se buscará en dichas páginas algo más que veladas alusiones al problema de la esclavitud (problema cuya solución aparentemente Varela había pospuesto para después que se consumara la separación

---

[26] Véase "Paralelo."

de España).[27] El ex-diputado a Cortes, pues, no carecía de prudencia ni de flexibilidad táctica, como lo demostró cuando el replanteo de las fuerzas internacionales dejó a Cuba aislada frente a un recrudecido colonialismo español. En estas circunstancias no vaciló en recomendar cautela a sus discípulos de la Isla, como consta de la larga carta que él y Tomás Gener (1787-1835) dirigieron a tres de ellos el 12 de septiembre de 1834, con motivo de la publicación de la obra de Charles Compte sobre la esclavitud. La obra no debía publicarse, rezaba la carta, porque lo que predicaba el autor francés equivalía a decirle a "los negros que [ellos] deberían tener también su Washington y su Lafayette, quiere decir, que deberían levantarse y ser libres o matar blancos." El mensaje del libro era un "botafuego," y por eso era preferible no darle publicidad. Lo aconsejable era tratar de "aumentar la población blanca y concluir el tráfico de negros," porque así se preparaba el campo y se abreviaba el término de la esclavitud. De lo contrario la detestable "institución doméstica" "no tendría fin a menos que no fuera con la destrucción de los blancos."[28]

Esta sugerencia de Varela (inspirada en la premisa de que "la esclavitud de los negros es la causa de la esclavitud de los blancos"[29]) tampoco tuvo acogida en la Isla. La ignoraron, por supuesto, los abolicionistas radicales que protagonizaron las conspiraciones antiesclavistas de 1837-1845, instigados principalmente por Inglaterra. Esta trataba de presionar a la débil España para que la imitara en ponerle fin a la trata y a la esclavitud misma, y para ello se valió de su cónsul en La Habana David Turnbull, quien dio inicio a un movimiento que eventualmente se encaminó a hacer de Cuba un protectorado negro bajo la tutela inglesa. Este movimiento se ramificó en una serie

---

[27] Olivia Miranda Francisco, "El pensamiento de Félix Varela: coherencia y sistematicidad en sus ideas filosóficas, políticas y sociales," *Revista de la Universidad de La Habana*, no. 232, pp. 15-40.

[28] Texto en Domingo del Monte, *Centón Epistolario*, La Habana, Academia de la Historia, 1923, II, pp. 92-96.

[29] *Ibid.*

de levantamientos de dotaciones de esclavos en la región de Matanzas, todos los cuales fueron brutalmente sofocados por las autoridades españolas como eslabones de la tristemente célebre conspiración de La Escalera (1844).

Fueron tales las proporciones de esta conspiración, que en ella se vieron involucrados hasta discípulos de Varela como José de la Luz y Caballero (1800-1862) y Domingo del Monte (1804-1853), quienes fueron acusados de favorecer la supresión de la trata, entre otras cosas. Pero ni Don Pepe ni del Monte, ni tampoco José Antonio Saco (1797-1879) fueron enteramente fieles a los postulados de su maestro. Es verdad que combatieron el tráfico negrero, pero Saco, por ejemplo, fundado en las conclusiones de la antropología racista de su tiempo, creía que "la nacionalidad cubana... la única de que debe ocuparse todo hombre sensato, es la formada por la raza blanca." De ahí que tratar de integrar blancos y negros en una sola unidad cultural no pasara de ser un desatino. Lo que había que hacer era deshacerse del negro, barrerlo, eliminarlo, "limpiar a Cuba de la raza africana," como escribió del Monte, que compartía los mismos prejuicios.[30] Esta tesis —eco de la sustentada décadas atrás por Arango y Parreño— era la que predominaba entre los liberales criollos de la época, y era igualmente la de Luz y Caballero, amigo de Saco y gran admirador del "tono digno y elevado que sabía adoptar" en sus debates con sus antagonistas.[31] No puede negarse que estos próceres, voceros del sector más avanzado de la burguesía cubana, contribuyeron notablemente a la formación de la conciencia nacional con sus persistentes censuras al sistema colonial español. Pero comparados con su maestro se quedaron cortos.

Lo mismo debe decirse de su actitud con respecto a la cuestión de la independencia. En relación con esta cuestión el ejemplo más ilustrativo es también el de Saco, cuyo nacionalismo se suele exaltar porque se opuso a la anexión de Cuba a los Estados Unidos, manteniendo que ello conllevaría la pérdida de la nacionalidad. Su larga vida

---

[30] Citado por Castellanos, *Cultura Afrocubana*, I, p. 269.

[31] *Ibid.*, I, p. 258, pp. 273-274.

le permitió contemplar cómo la intransigencia española le dio el puntillazo a las ilusiones reformistas de los cubanos en la Junta de Información, y ser testigo igualmente del primer estallido independentista. Saco, sin embargo, condenó la Guerra de los Diez Años como una "funesta insurrección," igual que antes había dicho que los que pensaban en la independencia eran "tontos o pícaros" y calificó de "piratas de la peor especie" a los expedicionarios de Narciso López.[32] Del Monte dijo cosas por el estilo en su tiempo al enjuiciar los partícipes en los Rayos y Soles de Bolívar,[33] y Luz y Caballero no se quedó atrás al dar su opinión sobre ésta y otras intentonas revolucionarias. La idea de la independencia, a su juicio, no cabía en la mente de las personas sensatas.[34] Rafael María Mendive (1821-1886), el mentor de Martí, fue otro intelectual criollo que albergó serias dudas sobre cualquier cambio que no fuese alcanzado por vía evolutiva. No fue hasta que fue reducido a prisión y deportado a España en 1869 que se adhirió a la causa independentista.

Después de la conmoción de La Escalera algunos discípulos de Varela como Don Pepe se alejaron de la palestra política, pero otros llegaron incluso a subirse a la carreta del anexionismo. Durante la década que siguió fue esta la tendencia predominante en la burguesía criolla (y en la española radicada en la Isla), que vio en la anexión a los Estados Unidos el modo de eliminar el peligro de que la metrópoli cediera a la presión inglesa y aboliera la esclavitud. El anexionismo tuvo muchas facetas diferentes y las motivaciones y propósitos de sus propugnadores fueron muy variadas: Además de los interesados en preservar la esclavitud o eximirse de pagar los aranceles que gravaban el azúcar en los Estados Unidos, los había que escribieron versos condenando los horrores de La Escalera, como el rico mecenas de

---

[32] Citado por Rafael Soto Paz, *La falsa cubanidad de Saco, Luz y del Monte*, La Habana, Alfa, 1941, p. 42.

[33] Citado por Max Henríquez Ureña, *Panorama histórico de la literatura cubana*, Puerto Rico, Ediciones Mirador, 1963, I, p. 160.

[34] Soto Paz, *La falsa cubanidad*, pp. 75-78.

Saco, José Luis Alfonso (1810-1881), o que lo eran solamente por cálculo y que eran abolicionistas a largo plazo, como Gaspar Betancourt Cisneros (1803-1866). Otros creían que la anexión era la antesala de la independencia, o simplemente la consideraban como el medio más adecuado para disfrutar los derechos civiles y políticos de que gozaban los norteamericanos. Pero ni siquiera los que soñaban con las bienandanzas del paraíso cívico norteño estaban dispuestos a admitir a negros y mulatos como iguales. Los criollos se habían situado en los antípodas de Varela. El concepto de la nacionalidad estaba en crisis.[35]

Como la mayoría de los hacendados cubanos siguió aferrada a la esclavitud hasta el instante mismo de su desaparición (1886), en lo que a ellos se refiere esta situación se prolongó durante varias décadas. Pero aún así las cosas empezaron a cambiar. No se debió esto a la creciente tecnificación de la producción del azúcar como han planteado los historiadores marxistas, porque estudios recientes han demostrado que mientras más compleja se hizo la tecnología más productivo fue el trabajo esclavo.[36] Los cambios se debieron más bien a factores no económicos. La institución servil había entrado en plena decadencia, y no era ya Inglaterra su único enemigo. Otras naciones europeas también la habían eliminado y condenado, y era ya obvio que España no tardaría mucho en seguir el mismo camino. En lo relativo a Cuba, además, hay que tener presente el hecho decisivo de la Guerra de Secesión norteamericana (1861-1865), la cual no sólo enarboló el impresionante ejemplo de la proclama de emancipación de Lincoln, sino que dio también un golpe casi mortal al tráfico de esclavos a Cuba, que hasta entonces había estado mayormente en manos norteamericanas. Como resultado de todos estos acontecimientos, cambios de actitud comenzaron a hacerse ostensibles, no sólo entre los exiliados cubanos en los Estados Unidos sino entre los elementos

---

[35] Castellanos, *Cultura Afrocubana*, II, pp. 34-51, pp. 68-70.

[36] Uno de los estudios más recientes es el de Laird W. Bergad, *Cuban Rural Society in the Nineteenth Century: The Social and Economic History of Monoculture in Matanzas*, Princeton, N.J., Princeton University Pess, 1990, pp. 217-239.

progresistas de la Isla. Gradualmente empieza a abrirse paso la idea de que, además de suprimir la trata (lo cual ocurrió, de todos modos, a partir de 1868), había que acabar también con la nefasta "institución doméstica." Y lo que es sin duda más importante desde el punto de vista de la nacionalidad: los ilustres cubanos de la clase dominante que son designados para representar a Cuba en la Junta de Información que se convoca en Madrid abandonan el exclusivismo racista que había prevalecido anteriormente y proclaman su fe en la fusión de las razas y en la participación política de los libres de color. ¿Estarían conscientes de que simplemente estaban desempolvando las ideas de Varela?[37]

En el orden político los acontecimientos también tomaron un nuevo giro. El anexionismo, tras fracasos repetidos, tuvo que ser descartado al quedar liquidada la esclavitud en los Estados Unidos. Algunos anexionistas como Gaspar Betancourt Cisneros y el Conde de Pozos Dulces (1809-1877) comenzaron a derivar hacia el independentismo, y Pozos Dulces, en particular, llegó a establecer la correlación entre independencia y abolición como facetas diversas de un proceso único. La liberalización de la política española a partir de 1858, sin embargo, y las concesiones a la opinión pública cubana que hizo el general Francisco Serrano al tomar posesión como Capitán General de la Isla al año siguiente hicieron renacer entre los criollos la esperanza de obtener de la metrópoli cambios fundamentales en la vida política y social de la colonia. Así nació un nuevo movimiento reformista cuyos líderes fueron los que hablaron a nombre de Cuba en la Junta de Información que inició sus labores en la capital española el 30 de octubre de 1866. El objetivo de la Junta era discutir posibles reformas de la estructura política de Cuba y Puerto Rico, intercambios y conversaciones que sustancialmente no pueden haber diferido mucho de los debates de Varela con los diputados españoles en las Cortes cuarenta años atrás. Aparentemente, sin embargo, los delegados cubanos habían olvidado lo que ocurrió en aquella oportunidad. Pero si así fue, en efecto, no tardaron mucho en persuadirse de que se habían equivocado al abrigar nuevas esperanzas sobre la posibilidad

---

[37] Castellanos, *Cultura Afrocubana*, II, p. 134.

de obtener la autonomía evolutivamente y por la vía pacífica. Al regresar a La Habana comprendieron que la metrópoli no les había dejado más que una alternativa: la guerra.

Realización histórica del modelo de Varela

No sabemos en qué medida, pero es bastante probable que al alzarse en La Demajagua el 10 de octubre de 1868 Carlos Manuel de Céspedes (1819-1874) y el grupo de "impacientes" que él capitaneaba hayan precipitado la reacción cubana al fracaso de la Junta de Información. Por eso no deja de ser un tanto desconcertante que Céspedes no haya exhibido el mismo radicalismo en lo relativo a las cuestiones capitales de la nacionalidad. Que personalmente era abolicionista, por ejemplo, no puede dudarse, porque dio la libertad a sus propios esclavos el mismo día del alzamiento. Durante los primeros meses de la revolución, no obstante, siguió un curso zigzagueante que oscilaba entre la emancipación gradual con indemnización y la posposición del problema hasta después del triunfo de la bandera republicana. Entre otras consideraciones, Céspedes no deseaba alarmar a los hacendados y otros elementos acomodados que habían apoyado su gesto de rebeldía. Fue esa misma preocupación la que llevó también a los camagüeyanos, a pesar de sus anhelos democráticos y el radicalismo de sus ideas, a convertir en ilusorio el conocido precepto de la constitución de Guáimaro que declaró libres a todos los habitantes de la República sin distinción. Obviamente lo incluyeron por mantener la fidelidad a sus principios liberales y para satisfacer las ansias de los elementos populares que se habían incorporados al ejército libertador. Pero, pocos meses después, la Cámara de Representantes que ellos mismos crearon en Guáimaro aprobó el llamado "Reglamento de Libertos", que reguló de tal manera la vida y el trabajo de los esclavos segregados de sus amos que en la práctica lo que hizo fue prolongar la servidumbre. Tal fue la situación que prevaleció en el campo insurrecto durante los dos primeros años de la guerra.[38]

Más o menos durante este mismo período, ni Céspedes ni mucho menos los camagüeyanos tuvieron tampoco una idea muy clara del otro aspecto de la nacionalidad: la independencia. No es necesario insistir, por supuesto, en su patriotismo, su desinterés, su amor a la libertad y su férrea determinación de separar a Cuba de España. En lo que se nubló su visión de la realidad fue en su creencia de que el mejor modo de lograr esa finalidad era mediante la anexión de la Isla a los Estados Unidos. Durante los meses que siguieron a La Demajagua Céspedes envió varias cartas a la república norteña (la primera de ellas, avalada por las firmas de otros jefes insurrectos, dirigida al Secretario de Estado William H. Seward) solicitando la unión de Cuba a "esos importantes Estados." Él, que tantas diferencias tuvo con los camagüeyanos, en esto no discrepó en lo más mínimo de ellos, puesto que la tendencia anexionista era muy fuerte en Camagüey, mucho más que en Oriente. Así lo evidenciaron Ignacio Agramonte (1841-1873), Salvador Cisneros Betancourt (1828-1914) y otros líderes de la región en los mensajes que también ellos dirigieron al gobierno y a diversas personalidades norteamericanas, incluyendo una comunicación de 6 de abril de 1869 al General Ulises Grant, presidente electo de la Unión, expresándole que "Cuba desea, después de conseguir su libertad, figurar entre los Estados de [esa] Gran República." No es sorprendente, por tanto, que cuando cespedistas y camagüeyanos confluyeron en Guáimaro con el objeto de institucionalizar la revolución, uno de los primeros acuerdos que se adoptaron (acuerdo de la Cámara de Representantes de 29 de abril de 1869) fuera el de informar al pueblo y al gobierno de los Estados Unidos que era deseo casi unánime de los cubanos incorporarse a la federación norteamericana. El acuerdo fue debidamente sancionado por Céspedes, y se tomó accediendo a una

---

[38] *Ibid.*, pp. 142-145.

petición suscrita por 14,000 ciudadanos, en su mayoría camagüeyanos.[39]

Las razones que tuvieron los hombres del 68 para adoptar estas actitudes equívocas y a veces contradictorias no fueron muy distintas de las que en el pasado habían movido a reformistas y anexionistas. Por una parte, desconfiaban de la capacidad de los cubanos para conquistar la independencia por sí sólos y temían que la "terrible contienda" en que estaban envueltos fuera a prolongarse demasiado. Por otra, respetaban y admiraban las instituciones y el régimen de vida de los Estados Unidos, que para ellos constituía una garantía de seguridad y estabilidad. Además, estaban todavía amedrentados por el "abismo de males" en que podía sumirlos una "encarnizada guerra de razas," palabras usadas por el propio Céspedes en su carta de 3 de enero de 1869 a José Valiente, representante de la república en armas en Estados Unidos.[40] Aquellos hombres, pues, a pesar de que casi todos procedían de regiones donde el porcentaje de esclavos era comparativamente bajo, no habían podido librarse aún del lastre que las tensiones y conflictos de las décadas precedentes (incluyendo los temores azuzados por la propaganda española) habían acumulado sobre la mentalidad de las clases dirigentes criollas.

Como es sabido, no pasó mucho tiempo antes de que los avatares de la guerra los llevaran a sacudirse de encima semejante impedimenta. El designio anexionista falló fundamentalmente a consecuencia de la inveterada renuencia de Estados Unidos a aceptar la incorporación de Cuba a la Unión en otros términos que no fueran los suyos propios. Y el miedo a los excesos raciales fue amenguando gradualmente a medida que el ejército libertador fue nutriéndose de elementos de color (negros y mulatos libres y esclavos recién liberados) y éstos fueron subiendo de grado y adquiriendo autoridad

---

[39] Véase Alberto García Menéndez, *Tendencias anexionistas en los movimientos de independencia de 1868 en el Caribe hispánico*, San Juan, Puerto Rico, *Separata del Boletín de la Academia de la Historia*, VIII, (30 de julio de 1983), *pássim*.

[40] *Ibid.*, p. 17.

e influencia sin pretender aplastar a los blancos. La violenta reacción española al levantamiento cespedista también contribuyó a desvanecer ilusiones, afilar percepciones y definir actitudes. Cuando los líderes insurrectos se convencieron de que ya nada podía esperarse del gobierno de Grant y de que tendrían que enfrentarse al poderío de la metrópoli únicamente con los recursos que tenían a su disposición en la manigua, adoptaron dos decisiones trascendentales: una fue descartar los titubeos y ambigüedades y enarbolar gallardamente el pendón de la independencia total y absoluta; la otra fue completar la redención de los esclavos proclamando el cese inmediato de la servidumbre en el campo insurrecto (*Circular* de Céspedes de 25 de diciembre de 1870).

No puede suponerse que estas medidas tuvieron el efecto inmediato de apartar definitivamente a los cubanos de sus viejos resabios. Siguió habiendo cubanos anexionistas (con los que tuvo que habérselas Martí) y reformistas (que constituyeron el núcleo autonomista posterior al Zanjón), y costó tiempo y esfuerzo para neutralizar los residuos discriminatorios que persistieron en la misma manigua y sobrevivieron a la abolición de la esclavitud en el país. Pero después del paso dado por los hombres del 68 estas actitudes pasaron a un nivel secundario en la vida política cubana. El independentismo se convirtió en la tendencia predominante y la integración racial en su condición fundamental. Cuando al mulato Antonio Maceo se le permitió visitar La Habana en febrero de 1890 y se hospedó en el hotel Inglaterra, el general español Camilo Polavieja informó horrorizado al Ministro de Ultramar en Madrid que fue "visitado y acompañado por considerable número de representantes de familias criollas, algunas muy notables por su posición social, y singularmente por la juventud que llena los salones y los centros literarios y científicos de la capital. Ninguna de estas personas se recataba de dar a Maceo el título de General."[41] Polavieja obviamente no se dio cuenta de que estaba asistiendo a la inauguración de una nueva era en la historia de Cuba.

---

[41] Camilo García Polavieja y del Castillo, *Relación documentada de mi política en Cuba*, Madrid, Minuesa, 1898, p. 109, p. 114.

Fue así como al cabo de los años, en el terreno de los hechos y por virtud de su fuerza incontrastable que entró en vías de realización el proceso de diferenciación e integración de la nación cubana. Este proceso se puso en marcha en toda su plenitud sólo cuando los cubanos convinieron en la inseparabilidad del independentismo y el abolicionismo, los dos elementos esenciales del modelo de la nacionalidad desarrollado por Varela hacía ya casi medio siglo. No hay elementos de juicio para sostener que su pensamiento determinó o influyó en el curso de los acontecimientos. Pero sí hay indicios bastante claros de cuál puede ser el resultado de las investigaciones que se emprendan. Por ejemplo, el sacerdote integrista Juan Bautista Casas, que vivió en La Habana siete años durante el interregno del Zanjón, publicó en España poco después del Grito de Baire un libro titulado *La guerra separatista de Cuba, sus causas, medios de terminarla y evitar otras*. Según Casas, entre las causas principales e inmediatas del conflicto se encontraban "las filosofías de Varela (si no recordamos mal el apellido) en el Real Colegio Seminario de San Carlos y San Ambrosio," donde hallaron un "eco profundo en la generación actual, como lo hallaron en la precedente."[42] Otro indicio, quizás más elocuente y revelador: en 1892, al visitar Martí un nuevo club revolucionario fundado por un grupo de jóvenes en Cayo Hueso que se llamaba "Rifleros de La Habana," lo primero que hizo su presidente al saludar al Delegado del Partido Revolucionario Cubano y evocar con ese motivo "todas las libertades que gozar deben los pueblos libres del continente americano" fue rendir tributo a Varela.[43] ¿Por qué habrían de recordar aquellos jóvenes cubanos el nombre de Varela cuando estaban enfrascados en la organización de la guerra de independencia si su pensamiento no tenía vigencia histórica?

---

[42] Citado por Manuel Maza, S.J., "J. B. Casas, un cura político en la Cuba de los 1890," *Estudios Sociales* (República Dominicana), 73 (julio-septiembre, 1988), p. 15.

[43] José Martí, "Rifleros de la Habana," *Patria*, Nueva York, 28 de mayo de 1892.

La irrefutable lógica de esta pregunta se irá viendo cada vez con más claridad a medida que la investigación progrese y aparezcan indicios cada vez más concluyentes.

Padre Félix Varela y Morales

Una semilla es pequeña, comparada al árbol que sale de ella, pero sin la semilla no tendremos nunca el árbol que nos dará las flores que perfuman y los frutos que alimentan. No hay árboles sin semillas, ni cosechas sin siembras. Hace ciento cincuenta años se sembraba una semillita en un destierro de la que salió un árbol que dió sus flores y frutos ocho décadas más tarde y del que casi todos los presentes disfrutamos.

En este año 1974 hacen ciento cincuenta años que un sembrador, el Padre Félix Varela, en el terreno duro de un destierro, regado con sus propias lágrimas, sembró la semilla de la libertad cubana en las páginas del periódico "El Habanero".

Félix Varela y Morales fue un sacerdote católico cubano que por su amor a la Libertad tuvo que morir en el destierro después de haberlo vivido treinta años.

Nació en La Habana el 20 de Noviembre de 1788 y murió en San Agustín de la Florida el 18 de Febrero de 1853.

Hay épocas en que los hombres parecen que duermen. Epocas en que los hombres no piensan, no descubren los grandes valores. Cuando dormimos estamos vivos, pero actuamos como si estuviéramos muertos. Hay hombres que son como un despertador para los pueblos y el Padre Varela despertó un pueblo que dormía, que no había descubierto el gran valor de la libertad y la posibilidad de obtenerla. El fue maestro y despertador de hombres. En sus clases del Seminario de San Carlos en La Habana, enseñó a pensar a la juventud cubana y desde su destierro prendió el fuego en sus corazones que fue creciendo, hasta darnos el sagrado árbol de la libertad con la República. Martí dijo: "Una nación libre es el resultado de sus pobladores libres", y el buen sacerdote de Jesucristo enseñó constantemente con su predicación evangélica la manera de hacerse libres para hacer libre a la Patria. En sus cartas a Elpidio llama a cada uno a liberarse de los tres monstruos de la sociedad: la impiedad, la superstición y el fanatismo. En El Habanero aquel "patriota entero" como lo llamara el Apóstol de la Independencia, invita a todos a liberar la Patria.

El hijo de Francisco Varela, natural de España y de Josefa Morales de La Habana se distinguió desde su niñez por un gran amor a la verdad. Vino a San Agustín de la Florida con su abuelo Bartolomé Morales, donde pasó sus primeros años y fue a La Habana para estudiar en el Seminario de San Carlos donde terminó su Filosofía y su Teología. Fue ordenado de sacerdote en el año 1811 y continuó enseñando en el mismo Seminario, la Filosofía, la Física, la Química, la Retórica.

El Padre Varela revolucionó los métodos de la enseñanza de la época, tan insistentes en la memorización sin preocuparse tanto de la comprensión. Su trabajo no sólo se redujo al cambio de los métodos, sino que formó los maestros para ponerlos en práctica. De él Don José de la Luz llegó a decir que "fue el primero que nos enseñó a pensar" y esto no es poco en un pueblo.

El Padre Varela fue gran escritor. Escribió en latín, en español y en inglés. Sus obras manifiestan su pensamiento claro y recto frente a la realidad de su tiempo. Habló cada vez que fue necesario sin ningún temor: "un hijo de la libertad, un alma americana, desconoce el miedo". (Abril de 1821).

Entre sus obras sobresalen: Propositiones Variae ad Tyronum Exercitationem (1811); Elenco de las Doctrinas que enseñaba en Filosofía el Padre Varela (1812); Institutiones Philosophiae Eclecticae ad Usum Studiosae Juventutis Editae (1812-14); Lección preliminar del Curso de 1818; Apuntes Filosóficos sobre la Dirección del Espíritu Humano (Habana 1818) y las Lecciones de Filosofía (4 volúmenes, Habana 1818-20) su más importante trabajo.

Era músico y tocó el violín hasta su muerte, en los escasos tiempos que le dejaba el ministerio por las almas. Gran orador sagrado, pasando su mensaje de manera simple, clara y en pocas palabras.

Varela enseñó también en el Seminario la Cátedra de Constitución. Su magnífico trabajo "Observaciones sobre la Constitución Política de la Monarquía Española" le ganó la admiración de muchos.

Representó a Cuba en las Cortes de España de 1822 y 1823 con Leonardo Santos Suárez y Tomás Gener. Figuró en diversas comisiones y tuvo a su cargo muchas ponencias. Algunas de estas se refirieron a "los males de la Patria", "la fuerza naval", "la ordenanza del ejército", "los conspiradores contra el sistema constitucional", "los facciosos aprehendidos", "exención de los reemplazos de los vecinos de Ultramar", "el arreglo del clero", "la abolición de la esclavitud", "el gobierno de las provincias de Ultramar" y "la independencia de las provincias americanas".

El fracaso de las cortes hizo salir a Varela con Gener y Santos Suárez al exilio a través de Gibraltar amparándose en el suelo inglés desde donde llegaron a los Estados Unidos el 17 de Diciembre de 1823. De New York fue a Filadelfia donde comenzó a escribir EL HABANERO en el año 1824. Por este tiempo tradujo al español "A Manual of Parliamentary Practice" de Thomas Jefferson y los "Elements of Agricultural Chemistry" de Humphrey Davy.

El 1825 vino a New York donde comenzó su ministerio como asistente de la Parroquia de San Pedro y más tarde como párroco en las Parroquias El Cristo y La Transfiguración. Con una entrega total al pueblo de Dios a quien servía con una caridad sobresaliente y que ganaba la admiración no sólo de su pueblo sino también del pueblo americano, gastaba sus horas de descanso en escribir publicando su Miscelánea Filosófica (Habana 1819), Los Poemas de Manuel Zequeira (1829) y las Cartas de Elpidio sobre la Impiedad, la Superstición, y el Fanatismo (New York 1835-1838).

Sus artículos llenos de luz religiosa, patriótica o cultural salían en los medios de comunicación de la época como "Truth Teller" (1825), "The New York Weekly Register" y el "Catholic Diary" (1833), "El Mensajero Semanal"

(1828-31) de New York y en la "Revista Bimestre" en (1831) de La Habana. Por un tiempo fue editor del "Young Catholic's Magazine" y también por un tiempo del "Catholic Expositor and Literary Magazine".

El santo cubano como lo llamara también Martí fundó varias escuelas parroquiales y una creche donde se cuidaban los niños durante el día, de las madres que tenían que salir a trabajar. Fue nombrado Vicario General de New York. Varela asistió como teólogo a los sínodos de Baltimore en 1837 y en 1846 fue honrado por el Seminario de Saint Mary's con el doctorado en Teología en 1841.

El exiliado cubano se retiró a San Agustín muy enfermo donde murió, "vino a morir cerca de Cuba, tan cerca como pudo", (Periódico Patria de José Martí, Agosto 6 de 1892).

El pensamiento político de Varela.

Varela quiso la libertad de Cuba. No predicó como tampoco Martí el odio a España, y a los españoles ni a los europeos en general sino a un régimen que mantenía el gobierno de España y que no permitía una Cuba libre como él buscaba. Su ideario lo expresa en esta frase que no era otra cosa que su lema: "Estoy contra la unión de la isla a ningún gobierno y desearía verla tan isla en política como lo es en naturaleza".

El ideario del Padre Varela podía resumirse en tres frases:

Una Cuba absolutamente libre.

Libertad conquistada por los propios cubanos.

Dicha conquista libertadora debía fomentarse y desenvolverse dentro de la misma isla.

Una Cuba absolutament libre. Varela no acepta una libertad a medias. Cuba para él es isla por naturaleza independiente de toda otra nación y así él la quiere políticamente. He aquí algunas frases del Habanero: "Los pueblos que por su debilidad se hallan en el triste estado de colonias, esto es, en el de producir para los goces de otro más fuerte, sólo pueden soportar esta desigualdad social en virtud de una recompensa que encuentran en la protección y garantía que se les presta; pero en el momento en que voluntariamente o por necesidad son abandonados, y lo que es más, expuestos por su protector nominal a una ruina inevitable, ¿bajo qué pretexto puede exigirse este sacrificio? Es preciso estar muy alucinado para sostener semejante absurdo".

Libertad conquistada por los propios cubanos. El Habanero es una cantera de ideas que hicieron reflexionar y harán reflexionar a todos los que lo lean y mucho más a los que lo mediten. Así dice: "Ningún gobierno tiene derechos. Los tiene si el pueblo para variarlo cuando él se convierta en medio de ruina en vez de serlo de prosperidad. Aun siguiendo las doctrinas de los legitimistas, sería imposible demostrar que un pueblo está obligado a sacrificarse por ser fiel a su legítimo señor cuando éste le abandona o no puede favorecerle, y cuando ni él ni su amo (si es que los pueblos tienen amos) sacan ninguna ventaja de semejante sacrificio, sino el placer de que diga un rey: "Se sacrificó un pueblo para que yo fuese su amo".

Refiriéndose a la conquista por las propias manos dice: "Una revolución formada por auxilio de extranjeros, aunque sean hermanos, no tiene todo el carácter de espontaneidad que es necesario para inspirar confianza, pues aunque nadie ignora que en la isla de Cuba hay el mismo amor a la independencia que en el resto de América, siempre será un motivo, o por lo menos un pretexto para dudar de su permanencia, la misma necesidad que se afectará que ha habido de una fuerza extranjera".

Dicha conquista libertadora debe fomentarse y desenvolverse dentro de la misma Isla. Varios artículos del Habanero tratan de este tema tan firme en el que nos enseñó a pensar: ¿Es necesario, para un cambio político en la isla de Cuba esperar las tropas de Colombia o México?, ¿Necesita la isla de Cuba unirse a algunos de los gobiernos del continente americano para emanciparse de España? ¿Qué debería hacerse en caso de una invasión?, ¿Es probable una invasión? Pero oigamos la respuesta que nos da el propio Padre Varela: "Desgraciadamente, aún entre los mismos que desean la independencia de la isla de Cuba, se ha esparcido hasta cierto punto la infundada opinión de que sólo puede efectuarse, o que por lo menos se efectuará con menores males, esperando la invasión de tropas extranjeras. Persuadido de la inexactitud evidente de este modo de pensar, no quise detenerme mucho en refutarlo, contentándome con insinuar en el número anterior que la pérdida de capitales y la efusión de sangre debe ser mucho mayor en el caso de una invasión que en un movimiento propio de aquel pueblo por más que quiera exagerarse sus horrores; . . . y termina el artículo diciendo: "En una palabra: todas las ventajas económicas y políticas están en favor de la revolución hecha exclusivamente por los de casa, y hacen que deba preferirse a la que pueda practicarse por el auxilio extranjero". Les felicito por hacer posible que cada cubano posea y lea el tesoro que le escribió el bondadoso sacerdote que nos enseñó a pensar. El Habanero dará sus frutos como los dió en el siglo pasado.

Mi bendición desde este lugar por donde peregrinan los devotos de todos los municipios de Cuba y donde depositan su plegaria por la Libertad de la Patria al Todopoderoso, en las manos de la Virgen de la Caridad, La Patrona de Cuba.

Monseñor Agustín A. Román

MEMORIA

QUE DEMUESTRA LA NECESIDAD DE EXTINGUIR LA ESCLAVITUD DE LOS NEGROS EN LA ISLA DE CUBA, ATENDIENDO A LOS INTERESES DE SUS PROPIETARIOS(*)

Por el presbítero don Félix Varela, diputado a Cortes

La irresistible voz de la Naturaleza clama que la Isla de Cuba debe ser feliz. Su ventajosa situación, sus espaciosos y seguros puertos, sus fértiles terrenos serpenteados por caudalosos y frecuentes ríos, todo indica su alto destino a figurar de un modo interesante en el globo que habitamos. Cubríala en los primeros tiempos un pacífico y sencillo pueblo que, sin conocer la política de los hombres, gozaba de los justos placeres de la frugalidad, cuando la mano de un conquistador condujo la muerte por todas partes, y formó un desierto que sus guerreros no bastaban a ocupar. Desapareció como el humo la antigua raza de los indios conservada en el continente a favor de las inmensas regiones donde se internaban. Sólo se vieron habitadas las cercanías de varios puertos, donde el horror de su misma victoria condujo a los vencedores rodeados de una pequeña parte de sus víctimas, y las cumbres de lejanos montes, donde hallaron un espacioso asilo algunos miserables que contemplaban tristemente sus albergues arruinados, y las hermosas llanuras en que poco antes tenían sus delicias.

(*) Obras de Félix Varela y Morales, Vol. III, Editorial de la Univerisdad de La Habana, 1944.

No recordaría unas ideas tan desagradables como ciertas si su memoria no fuera absolutamente necesaria para comprender la situación política de la Isla de Cuba. Aquellos atentados fueron los primeros eslabones de una gran cadena que, oprimiendo a millares de hombres, les hace gemir bajo una dura esclavitud sobre un suelo donde otros recibieron la muerte, cadena infausta que conserva en una Isla, que parece destinada por la Naturaleza a los placeres, la triste imagen de la humanidad degradada.

Era imposible que el canal de comunicación de dos mundos no recibiera el torrente de luces del civilizado y los inmensos tesoros que poseía el inculto, y aun era más imposible que con tales elementos no hubiera bastado un solo siglo para formar una nueva Atlántida. Sin embargo, la tenebrosa política de aquellos tiempos (si es que entonces tenía alguna la España), después de haber dejado la Isla casi desierta, procuró impedir la concurrencia no sólo de los extranjeros, sino aun de los mismos nacionales, escaseando los medios de una inmigración que hubiera consolidado los intereses de los nuevos poseedores.

Se declaró en seguida una tremenda guerra a la prosperidad de aquellos países, creyéndolos destinados por la Providencia para enriquecer a éstos, e ignorando las verdaderas fuentes del engradecimiento de unos y otros, fuentes obstruidas por la avaricia de algunos con perjuicio de todos.

Esta conducta del Gobierno produjo un atraso en la población de aquella hermosa Isla y animó a una potencia, cuyas luces la han inclinado siempre a diversos y seguros caminos para hallar sus intereses, animó digo, a la Inglaterra en la empresa de brindarnos brazos africanos que cultivasen nuestros campos. La Inglaterra, esa misma Inglaterra que ahora ostenta una filantropía tan hija de su interés como lo fueron sus pasadas crueldades, y yo no sé si diga como lo son sus actuales, pero disfrazadas opresiones, esa misma Inglaterra, cuyo rigor con sus esclavos no ha tenido ejemplo, esa misma introdujo en nuestro suelo el principio de tantos males. Ella fué la primera que con escándalo y abominación de todos los virtuosos no dudó inmolar la humanidad a su avaricia, y si ha cesado en estos bárbaros sacrificios es porque han cesado aquellas conocidas ventajas. Pero ¡qué digo han cesado! . . . El Brasil . . . yo no quiero tocar este punto . . . la Inglaterra nos acusa de inhumanos, semejante a un guerrero que después de inmolar mil víctimas a su furor, se eleva sobre un grupo de cadáveres, y predica lenidad con la espada humeante en la mano y los vestidos ensangrentados. Ingleses, en vuestros labios pierde su valor la palabra filantropía; excusadla, sois malos apóstoles de la humanidad.

Una funesta imprevisión de nuestro Gobierno en aquellos tiempos fue causa de que no sólo aprobase el tráfico de negros, sino que, teniéndolo como un especial beneficio, asignó un premio de cuatro pesos fuertes por cada esclavo que se introdujese en la Isla de Cuba, además de permitir venderlos al precio que querían sus dueños, como si los hombres fueran uno de tantos géneros de comercio. De este modo se creyó que podía suplirse sin peligro la falta de brazos, ¡sin peligro, con hombres esclavos! El acaecimiento de Santo Domingo advirtió muy pronto al Gobierno el error que había cometido; empero siguió la introducción de negros. . .

Sin embargo, me sirve de mucha complacencia poder manifestar a las Cortes, que los habitantes de la Isla de Cuba miraron con horror esa misma esclavitud de los africanos que se ven precisados a fomentar, no hallando otro recurso, pues además de la falta de brazos para la agricultura, el número de sirvientes libres se reduce al de algunos libertos, digo algunos, porque es sabido que aun esta clase no quiere alternar con los esclavos, y sólo cuando no hallan otra colocación se dedican al servicio doméstico. Mucho menos se encuentran criados blancos, pues aun los que van de Europa, en el momento que llegan a la Habana no quieren estar en la clase de sirvientes. De aquí resulta que los salarios son exorbitantes, pues el precio corriente es de catorce a veinte duros mensuales, y siendo una cocinera u otro criado de algún mérito, jamás baja de veinticinco duros.

Suplico al Congreso me dispense que haya molestado su atención, refiriendo pormenores caseros, pues su noticia ilustra mucho para la inteligencia del extraordinario fenómeno de que un pueblo ilustrado y amable como el de la Habana, compre esclavos y más esclavos. El Gobierno, lo repetiré mil veces, el Gobierno es quien puede evitar esto, proporcionando el aumento de libertos que por necesidad tendrán que ocuparse en el servicio doméstico, bajando el precio de los salarios que con el tiempo será muy moderado cuando se destierre la esclavitud, y algunos blancos no tengan a menos dedicarse a igual servicio. Me atrevo a asegurar que la voluntad general del pueblo de la Isla de Cuba es que no haya esclavos, y sólo desea encontrar otro medio de suplir sus necesidades. Aunque es cierto que la costumbre de dominar una parte de la especie humana inspira en algunos cierta insensibilidad a la desgracia de estos miserables, otros muchos procuran aliviarla, y más que amos son padres de sus esclavos.

Yo estoy seguro de que pidiendo la libertad de los africanos conciliada con el interés de los propietarios y la seguridad del orden público por medidas prudentes, sólo pido lo que quiere el pueblo de Cuba. Mas yo no quiero anticipar el plan de mis ideas, y suplico a las Cortes me permitan continuar la narración de los hechos que sirven de base a las proposiciones que debo hacer sobre esta materia.

La introducción de africanos en la isla de Cuba dio origen a la clase de mulatos, de los cuales muchos han recibido la libertad por sus mismos padres, mas otros sufren la esclavitud. Esta clase, aunque menos ultrajada, experimenta los efectos consiguientes a su nacimiento. No es tan numerosa, pues no ha recibido los refuerzos que la de negros de los repetidos cargamentos de esta mercancía humana, que han llegado de Africa; pero como son menos destruídos, se multiplican considerablemente. Ambas clases reunidas forman la de originarios de Africa, que según los cómputos más exactos a principios de 1821, excedía a la población blanca como tres a uno. Los esclavos se emplean en la agricultura y en el servicio doméstico, mas los libres están casi todos dedicados a las artes, así mecánicas como liberales, pudiéndose decir que para un artista blanco hay veinte de color. Estos tienen una instrucción, que acaso no podía esperarse, pues la mayor parte de ellos saben leer, escribir y contar y además su oficio que algunos poseen con bastante perfección, aunque no son capaces de igualar a los artistas extranjeros, por no haber tenido más medio de instruirse que su propio ingenio. Muchos de ellos están iniciados en otras clases de conocimientos, y acaso no envidian a la generalidad de los blancos.

La necesidad, maestra de los hombres, hizo que de su infortunio sacaran los originarios de Africa estas ventajas, pues hallándose sin bienes y sin estimación han procurado suplir estas faltas en cuanto les ha sido posible por medio de trabajo, que no sólo les proporciona una cómoda subsistencia, sino algún mayor aprecio de los blancos; al paso que éstos han sufrido un golpe mortal por la misma civilización de los Africanos. Efectivamente, desde que las artes se hallaron en manos de negros y mulatos se envilecieron para los blancos, que sin degradarse podían alternar con aquellos infelices. La preocupación siempre tiene gran poder, y a pesar de todos los dictámenes de la filosofía, los hombres no se resignan a la ignorancia cuando un pueblo justa o injustamente desprecia tales o cuales condiciones. De aquí se infiere cuan infundada es la inculpación que muchos han hecho a los naturales de la Habana, por su poco empeño en dedicarse a las artes, y no falta quien asegura que el mismo clima inspira la ociosidad. El Gobierno es quien la ha inspirado, y aun diré más, quien la ha exigido en todas épocas. Yo sólo pido que se observe que esos mismos artistas oriundos de Africa no son otra cosa que habaneros, pues apenas habrá uno u que no sea de los criollos del pais.

Las leyes son las únicas que pueden ir curando insensiblemente unos males tan graves, mas éstas por desgracia los han incrementado, autorizando el principio de que provienen. El africano no tiene por la

Naturaleza un signo de ignominia, y sus naturales no hubieran sido despreciados en nuestro suelo si las leyes no hubieran hecho que lo fueran. La rusticidad inspira compasión a las almas justas, y no desprecio; pero las leyes, las tiránicas leyes, procuran perpetuar la desgracia de aquellos miserables, sin advertir que el tiempo, espectador tranquilo de la constante lucha contra la tiranía, siempre ha visto los despojos de ésta sirviendo los trofeos en los gloriosos tiempos de aquella augusta madre universal de los mortales.

Resulta, pues, que la agricultura, y las demás artes de la Isla de Cuba, dependen absolutamente de los originarios de Africa, y que si esta clase quisiera arruinarnos le bastaría suspender sus trabajos y hacer una nueva resistencia. Su preponderancia puede animar a estos desdichados a solicitar por fuerza lo que por justicia se les niega, que es la libertad y el derecho de ser felices. Hasta ahora se han creído que su misma rusticidad les hace imposible tal empresa; pero ya vemos que no es tanta, y que, aun cuando lo fuera, serviría ella misma para hacerlos libres, pues el mejor soldado es el más bárbaro cuando tiene quien le dirija. Pero ¿faltarán directores? Los hubo en la isla de Santo Domingo, y nuestros oficiales aseguraban haber visto en las filas de los negros los uniformes de una potencia enemiga, cuyos ingenieros dirigían perfectamente todo el plan de hostilidades.

Pero, ¿a qué recurrir a la época pasada? ¿Los países independientes no pueden dar esta dirección y suministrar otros medios para completar la obra? En el estado actual de Haití, con un ejército numeroso, aguerrido, bien disciplinado, y lo que es más, con grandes capitales, ¿no podría emprender nuestra ruina que sería su mayor prosperidad? Ya la ha emprendido, pues se sabe que dirigieron a nuestras costas dos fragatas con tropas para formar la base del ejército, que muy pronto se hubiera aumentado extraordinariamente, mas el naufragio de dichos buques libertó a la Isla de Cuba de esta gran calamidad. Se advierte una frecuente comunicación entre ambas islas, cuando antes apenas se recibían dos o tres correspondencias al año. En el estado de independencia en que se halla la de Santo Domingo, ya sea que los negros acometan a los blancos, y se apoderen de toda la Isla, ya sea que se unan por tratados pacíficos, no han de ser unos y otros tan estúpidos que no conozcan el mal que pueden recibir de la Isla de Cuba, y las ventajas que experimentarían insurreccionando. Es, pues, casi demostrado que hay una guerra entre las dos islas, y que la de Santo Domingo no perderá la ventaja que le presta el gran número de nuestros esclavos, que sólo espera un genio tutelar que los redima.

Por lo que hace a Bolívar, se sabía en la Habana que había dicho que con dos mil hombres y el estandarte de la libertad, tomaría la Isla de Cuba, luego que esto entrase en sus planes.

Otro tanto debe esperarse de los mejicanos, y si por nuestra desgracia, llegamos a tener una guerra con los ingleses, yo no sé que dificultad podrán tener en arruinar la Isla de Cuba cuando son amos del mar y les sobra talento y libras esterlinas (por más pobres que estén) para introducirnos millares de emisarios.

Es preciso no perder de vista que la población blanca de la Isla de Cuba se halla casi toda en las ciudades y pueblos principales, mas los campos puede decirse que son de los negros, pues el número de mayorales, y otras personas blancas que cuidan de ellos es tan corto, que puede computarse por nada. También debe advertirse que saliendo veinte leguas de la Habana, se encuentran dilatados terrenos enteramente desiertos, y así está la mayor parte de la Isla. Todo esto manifiesta la facilidad con que se puede desembarcar un ejército, organizado, y emprender su marcha sin que se tenga noticia de ello hasta que no esté encima de alguno de los puntos principales, y que cualquier enemigo puede apoderarse de nuestros campos que le entregarán gustosos sus moradores, y destruir de un golpe nuestra agricultura, que es decir nuestra existencia.

Se aumentan nuestros temores con la rápida ilustración que adquieren diariamente los libertos en el sistema representativo, pues la imprenta los instruye, aunque no se quiera, de sus derechos, que no son otros que los de hombre, tan repetidos por todas partes, y les hace concebir deseos muy justos de ser tan felices como aquellos a quienes la Naturaleza sólo diferenció en el color.

La imagen de sus semejantes esclavos los atormenta mucho, porque recuerda el oprobio con que se mira su origen, y es muy natural que estos hombres procuren de todos modos quitar este obstáculo de su felicidad libertando a sus iguales. Además, su inferioridad a los blancos nunca ha sido tan notable para ellos ni tan sensible como en el día, que por la Constitución están privados de los derechos políticos, que sólo se les franquea una puerta casi cerrada por su naturaleza, y aún se les excluye de formar la base de la población representada, de modo que son españoles, y no son representados. Ellos no tanto desean serlo, como sienten el desprecio de la exclusión, porque al fin un artista, un hombre útil a la sociedad en que ha nacido se ofende mucho de ver que se le trate como un extranjero, y tal vez como a un bruto.

Cuando se habla de libertad entre esclavos, es natural que éstos hagan unos terribles esfuerzos para romper sus cadenas, y si no lo consiguen, la envidia los devora, y la injusticia se les hace más sensible. Los blancos de la Isla de Cuba no cesan de congratularse por haber derrocado el antiguo despotismo, recuperando los sagrados derechos de hombres libres. Y ¿quieren qué los originarios de Africa sean espectadores tranquilos de estas emociones? La rabia y la desesperación los obligará a ponerse en la alternativa de la libertad o la muerte.

Debo advertir a las Cortes que en los oriundos de Africa se nota un conocido desafecto a la Constitución, pues jamás han dado el menor signo de contento, cuando es sabido que en todas las fiestas y regocijos públicos ellos son los primeros en alborotar por todas partes. Los sensatos observaron en la Habana que cuando llegó la noticia del restablecimiento del sistema pareció que la tierra se había tragado los negros y mulatos, pues se podían contar los que había en las calles, sin embargo de la alegría general, y por algún tiempo guardaron un aire sombrío e imponente. No se crea que esto lo hacen por ignorancia, por adhesion al antiguo sistema, pues ya sabemos que por dos veces han procurado derrocarlo, declarándose libres, y estoy seguro de que el primero que dé el grito de independencia tiene a su favor a casi todos los originarios de Africa. Desengañémonos: Constitución, libertad, igualdad, son sinónimos;

y a estos términos repugnan los de esclavitud y desiguladad de derechos. En vano pretendemos conciliar estos contrarios.

Pero supongamos que tenemos todos los medios para una gloriosa resistencia, y que salimos vencedores: claro está que ya habrán cesado todas nuestras relaciones mercantiles, destruyéndose enteramente la agricultura, y una gran parte de la población así blanca como negra. En muchos años, nuestro país no podrá prestar seguridad al comerciante para sus empresas, y este estado de decadencia animará al mismo u otro enemigo a un nuevo asalto que consume la obra. La Isla de Cuba, cuyo comercio merece tanta consideración en todo el orbe, quedará reducida a un depósito de pobres pescadores hasta que se apodere de ella otra potencia que sacará las ventajas que ha despreciado la España. No nos alucinemos, la Isla de Cuba en un coloso, pero está sobre arena; si permanece erigido es por la constante calma de la atmósfera que le rodea; pero ya tenemos probabilidad de que le agiten fuertes huracanes, y su caída será tan rápida y espantosa como inevitable, si con anticipación no consolidamos sus cimientos.

En tales circunstancias no queda otro recurso que remover la causa de estos males procurando no producir otros que puedan comprometer la tranquilidad de aquella Isla, quiero decir, dar la libertad a los esclavos de un modo que ni sus dueños pierdan los capitales que emplearon en su compra, ni el pueblo de la Habana sufra nuevos gravámenes, ni los libertos en las primeras emociones que debe causarles su inesperada dicha, quieran extenderse a más de lo que debe concedérseles, y por último auxiliando a la agricultura en cuanto sea posible para que no sufra, o sufra menos atrasos por la carencia de esclavos.

Nos faltan medios para tan ardua empresa y el siguiente proyecto de decreto presenta algunos de cuya utilidad juzgarán las Cortes con su acostumbrada prudencia.

PROYECTO DE DECRETO

SOBRE LA ABOLICION DE LA ESCLAVITUD EN LA ISLA DE CUBA Y SOBRE LOS MEDIOS DE EVITAR LOS DAÑOS QUE PUEDEN OCASIONARSE A LA POBLACION BLANCA Y A LA AGRICULTURA

LIBRES POR AÑOS DE SERVICIOS

Se declara libre todo esclavo que hubiere servido quince años continuados al amo a quien actualmente pertenece. Cuando el esclavo fuere criollo, o se hubiere comprado muy pequeño, se empezará a contar su servicio desde los diez años de edad, y como esto no puede saberse a punto fijo (respecto a los conducidos de Africa), se graduará por aproximación.

En lo sucesivo se contarán los quince años de servicio, aunque hayan sido diversos amos, y así tendrá entendido todo el que compre un esclavo después de la publicación de este decreto, que sólo durará su dominio sobre dicho esclavo el tiempo que a éste le falte para cumplir los quince años de servicio.

Cuando un esclavo quiera libertarse, contará como parte de precio el tiempo que hubiere servido a su amo actual, y sólo le pagará lo que falte, que se deducirá dividiendo el precio en que le compró dicho amo por los 15 años que debió servirle.

LIBRES POR NACIMIENTO

Son libres los criollos que nacieren después de la publicación de este decreto. Los amos de sus madres estarán obligados a mantenerlos y curarlos hasta la edad de diez años, y en recompensa continuarán sirviéndose de ellos hasta los veinte años sin pagarles salario y sin más obligación que la de mantenerlos y curarlos.

Si un criollo a los diez años de edad quisiera indultarse de la obligación de servir hasta los veinte al amo de su madre, le abonará doscientos cincuenta pesos fuertes para indemnización del costo de su crianza.

Cuando un criollo mayor de diez años, pero menor de veinte, quiera indemnizar al amo de su madre, contará el tiempo de servicio después de los diez años de su edad, como precio ya entregado, y rebajará lo que corresponda a los doscientos cincuenta pesos de indemnización, según lo dispuesto en el orden de los esclavos.

Si un criollo mayor de diez años no quisiera continuar en el servicio del amo de su madre sino pasar al de otro, sólo se hará un traspaso de deuda con derecho a exigir servicio, hasta que cumpla los veinte años de edad, a menos que no satisfaga, y en dicha deuda se hará la rebaja que corresponda al tiempo que hubiera servido el criollo después de los diez años de edad, según lo dispuesto en el artículo anterior.

LIBRES A COSTA DE LOS FONDOS PUBLICOS Y DE LAS CONTRIBUCIONES VOLUNTARIAS
JUNTA FILANTROPICA

Se establecerá en la capital de cada provincia de la Isla de Cuba una Junta principal con el título de Filantrópica compuesta del Jefe político que será el Presidente, el Obispo o el superior eclesiástico, el Intendente, dos individuos de la Junta Provincial, y otros dos del Ayuntamiento, que sacarán por suerte en una y otra corporación.

Habrá otras juntas subalternas y dependientes de la anterior con el mismo título en todas las cabezas de partido. Dichas juntas se compondrán del Jefe político subalterno donde lo hubiera, y en su defecto del Alcalde de primera elección, dos regidores sacados por suerte y el cura párroco.

Las juntas principales nombrarán un Secretario asignándole cincuenta pesos fuertes mensuales, que se pagarán de los fondos públicos, y quedará a su arbitrio removerlo y sustituirlo por otro sin dar cuenta, pues éste no se reputa empleo dado por el Gobierno.

ENCARGOS COMUNES ASI A LAS JUNTAS PRINCIPALES COMO SUBALTERNAS

Llevar una cuenta exacta del número de esclavos que existen en su distrito, que es el mismo que el del partido, indicando el sexo, edad, precio y dueño de cada uno. En cuanto a los africanos, cuya edad se ignora, se pondrá ésta aproximadamente.

Con este fin exigirán de los amos una noticia exacta, que darán en el término de tres meses, pasados los cuales no se les admitirá dándose por concluído el censo, y para que los amos puedan hacer constar que dieron noticias de sus esclavos en tiempo oportuno, se les entregará una lista de ellos firmada por todos los individuos de la junta a que se hubieran presentado, y conservarán esta lista como documento. Hacer que los nuevos libertos se dediquen a la agricultura, a las artes, al servicio doméstico, o alguna ocupación útil; pero dejándoles plena libertad para elegir la clase de esta ocupaciones que más les agrade. El liberto que a los dos meses no se empleare en alguna de dichas ocupaciones será compelido por la junta en cuyo distrito se hallase, destinándole a tal o cual ejercicio, que sólo podrá dejar cuando se aplique a otro libremente. Lo mismo deberá hacer la Junta siempre que conste que un liberto está dos meses sin ejercicio.

Exigir que los libertos hagan constar cada dos meses por alguna persona que merezca la confianza de la Junta, o por otros medios de igual valor, que se hallan dedicados y continúan en las ocupaciones de que habla el artículo anterior. Si contravinieren a este mandato, dará cuenta al poder judicial para que les imponga tres días de cárcel por la primera vez, y nueve por la segunda, repitiéndose esta pena si continuaren faltando. Estas funciones de la Junta, de ningún modo impedirán las que en iguales casos ejercen los ayuntamientos y las autoridades locales.

ENCARGOS DE LAS JUNTAS PRINCIPALES

Recibir los fondos destinados a la libertad de los esclavos. Dichos fondos se compondrán:

1.- Del 3% de los derechos de aduana y administración de toda la provincia.

2.- El 2% de las rentas municipales de todos los ayuntamientos.

3.- El 1% de la renta del clero en toda la provincia.

4.- El 1% de las rentas de capellanías y obras pías.

5.- El 1% de la renta de correos.

6.- El producto de las bulas de la cruzada en toda la provincia.

7.- Las lanzas y medias annatas de los títulos de Castilla existentes en la provincia.

8.- Los bienes de los conventos suprimidos, o que se suprimieren en la provincia.

9.- Las donaciones que hagan los amantes de la humanidad. Con este fin se abrirá una suscripción por la Junta para colectar por meses, o de una vez las cantidades que se quieran dar, y además se establecerá en todas las iglesias de la provincia, sean o no parroquias, unas cajas donde sin rubor pueda cada uno echar la cantidad más corta con que quiera contribuir.

Estas cajas deberán tener tres llaves de diversa construcción, de las cuales conservará una el párroco o superior de la iglesia, si no fuere parroquia, y las dos restantes dos regidores sacados por suerte; y donde no hubiere ayuntamiento, dos vecinos nombrados por la Junta del Partido. Cada semana concurrirán los llaveros para abrir las cajas y contada la cantidad certificarán los tres.

Todos estos fondos se depositarán en la Tesorería nacional, exigiendo del Tesorero el documento competente para instruir la cuenta de entradas que debe llevar la Junta. Dichos fondos serán tan sagrados que perderá el empleo toda persona que les diere otra inversión, aunque sea momentáneamente y bajo cualquier pretexto.

Además del libro de asiento en que consta el número de esclavos que se hallen en el distrito del partido de la capital con expresión de las circunstancias ya indicadas, llevarán otro libro con el título de asiento general en que estén apuntados todos los esclavos de la provincia, indicando las mismas circunstancias.

En este libro se colocarán los nombres de los esclavos, según los años de servicio que tuvieren, dividiéndose en tres clases: la primera desde uno hasta cinco años; la segunda, desde cinco a diez, y la tercera desde diez hasta quince, bien que este número nunca puede estar cumplido, pues en tal caso ya es libre el esclavo.

Al fin de cada mes publicará una lista de las cantidades que se hubiesen recibido en el anterior, indicando su origen, y con especialidad los donativos, con expresión de los nombres de los contribuyentes, y asimismo las cantidades colectadas en la caja de cada iglesia en toda la provincia; y si de alguna de ellas aún no se supiere, por hallarse muy distante, se expresará así, lo cual debe observarse respecto de todo ingreso que no se haya realizado, para que de este modo quede el público satisfecho.

Cada dos meses se hará públicamente un sorteo en que entrarán tantos números cuantos fueren los esclavos de toda la provincia. Luego que salga un número por suerte, se buscará en el margen del libro de asiento general, y a continuación se verá el nombre del esclavo, su precio y dueño, todo lo cual se apuntará inmediatamente por el Secretario. De este modo se continuará la extracción de números hasta que la suma de los valores de los esclavos que hayan salido en suerte, sean iguales al fondo disponible que tiene la Junta.

Si fueren tantas las bolas que no basta un globo para contenerlas, sin que sea muy incómodo, se repartirán en varios, poniendo en cada uno igual número de bolas, y si hubiere números impares, se agregarán por suerte al globo que correspondan, para lo cual tendrán por fuera los globos indicaciones del primero, segundo, etc. En este caso, cada suerte sacará de un globo, empezando por el que tiene la denominación del primero, y jamás se sacarán dos bolas seguidas de un mismo globo.

Si comparada la suma de los valores de los esclavos que hayan salido en suerte con el fondo disponible, se viere que sobra una cantidad que no baje de trescientos pesos fuertes, se procederá a sacar otros números y si el precio del esclavo que saliere en suerte excediere a dicha cantidad, esperará el amo un mes para recibir todo el precio; y hasta entonces no se le dará dinero alguno, ni se declarará libre ningún esclavo; mas si el dueño no compareciere en el término del mes a recibir el precio de dicho esclavo, le abonará en lo sucesivo un salario como libre si lo conservare en su servicio. Dicho salario será graduado por la Junta según el mérito del esclavo.

Como los esclavos pueden desmerecer de su precio por enfermedades y otras muchas causas, luego que salieren en suerte se reconocerán por un médico y un cirujano nombrados por la Junta, y después serán tasados por dos individuos, uno de ellos nombrado por la Junta, y otro por el amo, teniendo los tasadores en consideración el dictamen que hubieren dado los facultativos de medicina y cirugía. Si no convinieren en la tasación, se partirá la diferencia de ambos precios. Del mismo modo, si el amo no se conformase con el dictamen de estos facultativos, se nombrarán otros dos, uno en medicina y otro en cirugía, a cuya decisión deberá estarse sin más altercado.

Cuando los esclavos fueren tasados en mayor precio del que costaron, sólo se pagará éste; pero si fueren tasados en menos, se pagará el precio de tasación. Sin embargo, cuando el esclavo valga menos, no por enfermedad, sino por haber sido comprado en tiempo en que era mayor el precio corriente de los esclavos, se abonará todo su importe.

En la Tesorería nacional se hará la entrega del precio de los esclavos, en moneda efectiva, por orden de la Junta, que pasará al intento una lista de todos los esclavos que deben libertarse por haber salido en suerte, indicando sus precios y sus dueños. Hecho el pago, se dará inmediatamente a los libertos, si concurrieren, o a sus antiguos amos o apoderados de éstos, una papeleta firmada por el Tesorero en que se diga: Queda libre por el precio de. . . N., que pertenece a F. y será obligación de los antiguos amos presentar esta papeleta con el nuevo liberto, si existiere en el distrito, ante el Secretario de la Junta Filantrópica para que, conservando dicha papeleta como comprobante de inversión, ponga el nombre del liberto en un libro que tendrá para este objeto, con el título de asiento de libertos por la Junta Filantrópica, e inmediatamente entregará a dicho liberto un documento concebido en estos términos: F. que era esclavo de S., es libre por el precio de . . . entregado en Tesorería de orden de la Junta Filantrópica en (aquí la fecha) y queda su nombre en el censo de libertos. Firmarán el Presidente y el Secretario, y no se extenderá otra escritura; pues a ésta se da todo el valor necesario sin que intervenga escribano alguno. Así estos documentos como las papeletas de Tesorería, se imprimirán dejando los claros necesarios para poner nombres y fechas. La impresión de unos y otros, será pagada de los fondos de la Junta con el visto bueno del Presidente y firma del Secretario.

No se admitirá reclamación de ninguna especie, y en ningún tiempo, contra la libertad concedida a los esclavos por la Junta.

Con el objeto de fomentar la agricultura, se prohibe que concurran a la capital los libertos que salieren en suerte y pertenecieren a otro distrito. Si contravinieren, serán obligados a regresar inmediatamente; pues sólo se les permitirá venir a la capital o a su distrito a los cuatro años de obtenida su libertad, a menos que la Junta se lo conceda o el Gobierno los llame.

Concluído el sorteo, se remitirá con la mayor brevedad a cada Junta subalterna la lista de los esclavos que hayan salido en suerte y correspondan a su distrito.

La Junta principal hará imprimir y publicar una lista de todos los esclavos que hayan salido en suerte, dividiéndolos según los distritos a que pertenezcan, con expresión de sus amos, para que ocurran a recibir el precio de dichos esclavos en el término de un mes, y presenten a éstos si existieren, en el distrito de la Junta principal, en el término de ocho días, para que se proceda a su tasación por los trámites indicados. Si el amo que se indica en la lista hubiere ya vendido el esclavo, se presentará, sin embargo, dentro del mismo término, por sí o por otra persona, a dar razón del nuevo amo, y éste también deberá presentarse, aunque el primero lo haga; pues ambos deben concurrir. El amo que contraviniere a cualquiera de las disposiciones de este artículo, pagará diez pesos de multa en favor del fondo.

Llevar un libro de censos de esclavos, con especificación de las circunstancias que se han indicado, otro de libertos y otro de cargo y data de las cantidades que recibieron y de las que envíen a la Junta principal.

Remitir a la Junta principal una copia del censo de esclavos inmediatamente que se concluyere, que será a la mayor brevedad, y después de cada dos meses una nota de los que hubieren muerto, o se hubieren libertado, exigiendo para este fin que todo amo dé noticia de libertad o muerte de los esclavos.

Igualmente remitirá todos los meses a la Junta principal las cantidades que hubiere colectado.

Avisar a los amos de los esclavos que han salido en suerte, que en el preciso término de un mes, si no se hallan a más de cuarenta leguas de la capital, y de dos meses, si estuvieren a mayor distancia se presenten por sí, o por apoderado en la Tesorería general de la provincia a recibir el precio de dichos esclavos. Si existieran los amos en otro distrito, a menos que no sea el de la capital, oficiará la Junta de dicho distrito, para que les intime lo mandado, y esta Junta contestará el oficio cuando haya concluido su encargo, que será a la mayor brevedad, indicando la fecha en que hizo su intimación.

En el preciso término de tres días, después de recibir las listas, avisará a los amos, para que en el de ocho presenten los esclavos que han salido en suerte, y se tasen por dos individuos nombrados por la misma Junta, y otros dos por el amo, reconociéndose antes por dos médicos o cirujanos que nombrará la Junta, o

por un solo facultativo, ya sea en Medicina o en Cirugía, sino hubiere otro en el pueblo. Si el amo no existiere en el distrito y no hubiere dado personas que
tasen por su parte, la Junta las nombrará para que no
se entorpezca el acto. En esta tasación se procederá
según lo prevenido a las Juntas principales.

Cuando los amos no se conformaren con el dictamen
de los médicos nombrados por la Junta, conducirán
sus esclavos a la capital para que sean reconocidos
por los facultativos que tiene nombrados la Junta
principal; mas el esclavo siempre quedará libre,
cuando expire el término que señala el artículo y del
modo que expresa el siguiente:

Concluído el término que se ha prefijado a un amo
para recibir el precio de su esclavo, aunque no conste
haberse realizado la entrega, declara la Junta por libre
a dicho esclavo, dándole una papeleta concebida en
estos términos: Queda Libre N., esclavo de F.
(firmarán el Presidente y Secretario) y valdrá este documento hasta que se le entregue el que remitirá la
Junta principal. Luego que se reciban las cartas de
libertad remitidas por la Junta principal, se
entregarán a los libertos, sentando sus nombres en el
censo a que correspondan, y dando cuenta a dicha
Junta de haberlo ejecutado.

DE LA INTRODUCCION DE ESCLAVOS Y DEL PASE DE ESTOS, DE UNAS PROVINCIAS A OTRAS

Se permite que vuelvan a cada provincia, los que se
compraron en ella, debiendo sus amos presentarlos a
la Junta principal y especificar haberlos comprado en
la provincia. Dicha junta mandará apuntar el nombre
de este esclavo en el asiento general y agregará al

globo a que tocare por suerte el número que corresponda.

No se permite vender un esclavo fuera de la provincia; y aunque salga de ella para acompañar a su amo u otra causa, siempre entrará en suerte en dicha provincia a que corresponde, y no donde se halle.

Se prohibe extraer de la isla esclavos, aunque sea bajo el pretexto de acompañar a sus propios amos. El que contraviniere, pagará 800 pesos de multa, y si presentare el esclavo que había extraido, sólo pagará 100 pesos.

TERMINO DE LA ESCLAVITUD

Luego que se hayan sacado todos los números hará la Junta Filantrópica principal, una declaración solemne de quedar libre todo esclavo que se halle en la provincia, pues los que no constan en el censo se han introducido clandestinamente, o se han ocultado de un modo culpable y quedan libres en pena del delito de sus amos.

Si posteriormente fueren presentados algunos de los que habla el artículo, supuesto que serán muy pocos, se abonará su importe según las reglas prefijadas, y esto se extenderá hasta un año después de haberse hecho la declaratoria que expresa el artículo anterior.

FUNCIONES DE LAS JUNTAS FILANTROPICAS DESPUES DE EXTINGUIDA LA ESCLAVITUD

No habiendo ya esclavos, quedarán reducidas las funciones de las Juntas, así principales como subalternas, respecto de los libertos, a vigilar sobre que se ejerciten útilmente y al mismo tiempo que no sea ilusoria la libertad que han adquirido, y que ni sus antiguos amos ni otro alguno se prevalga de su debilidad e ignorancia para un fin tan depravado. Este encargo se supone que las Juntas le habrán ejercido respecto de cada liberto, desde el momento en que adquiera su libertad, y en el caso de que habla este artículo, no harán más que continuar en tan laudables funciones.

(Año 1822).

EL HABANERO.

Papel Político, Científico y Literario.

REDACTADO POR

F. VARELA.

TOM. I. Nº I.

FILADELFIA:

EN LA IMPRENTA DE STAVELY Y BRINOHURST,

No. 70, Calle tercera del sud.

1824.

Portada interior del periódico *El Habanero*.

... Die natura al nascimento umano,
Verso il caro paese ov'altri è nato
Un non so che di non inteso affeto,
Che sempre vive e non invecchia mai.
Come la calamita, ancor che lunge
Il sagace nocchier la porti errando
Or dove nasce or dove more il sole,
Quell'occulta virtute ond'ella mira
La tramontana sua non perde mai:
Cosi chi va lontan dalla sua patria
Benché molto s'aggiri, e spesse volte
In peregrina terra anco s'annidi
Quel naturale amor sempre ritiene
Che pur l'enchina alle natie contrade.

PASTOR FIDO.

MÁSCARAS POLÍTICAS

Es tan frecuente entre los hombres encubrir cada uno de sus verdaderas intenciones y carácter, que la persuasión general de que esto sucede, parece que debía ser un preservativo para evitar muchos engaños en el trato humano; pero desgraciadamente hay ciertos medios que sin embargo de ser bien conocidos, producen siempre su efecto, cuando se saben emplear, y la juventud, que por ser generosa, siempre es incauta, cae con frecuencia en los lazos de la más negra perfidia. Yo llamo a estos medios *máscaras políticas,* porque efectivamente encubren al hombre en la sociedad, y le presentan con un semblante político muy distinto del que realmente tendría si se manifestase abiertamente. Son muchas estas máscaras, pero yo me contraeré a considerar las principales, que son *el patriotismo y la religión;* objetos respetables, que profanados, sirven de velo para encubrir las intenciones más bajas, y aún los crímenes más vergonzosos.

Los que ya otra vez he llamado *traficantes de patriotismo* tienen tanta práctica en expender su mercancía, que por más defectuosa que sea, consiguen su venta con gran ganancia, porque siempre hay compradores incautos. La venta se hace siempre por empleos o por dinero, quiero decir, por cosa que lo valga; pues nadie es tan simple que pida una cantidad por ser patriota. Es cierto que algunas veces sólo se aspira a la opinión, mas es por lo que ella puede producir; pues tal especie de gente no aprecia sino lo que da autoridad, o dinero.

Hay muchos signos para conocer estos traficantes. Se observa un hombre que siempre habla de patriotismo, y para quien nadie es patriota, o solamente lo son los de cierta clase, o cierto partido. Recelemos de él, pues nadie afecta más fidelidad, ni habla más contra los robos que los ladrones. Si promete sin venir al caso derramar su sangre por la Patria, es más que probable que en ofreciéndose no sacrificará ni un cabello. Si recorre varias sociedades secretas (como los que en España fueron sucesivamente masones, comuneros, etc.) *enmascarado* tenemos, y mucho más si el cambio es por el influjo que adquiere la sociedad a donde pasa, bien que jamás deserta uno de éstos de la sociedad preponderante, a menos que en la otra no encuentre algunas utilidades individuales, que acaso son contrarias al bien general, mas no importa.

Sin embargo, debe tenerse alguna indulgencia respecto de ciertos pretendientes, que siendo buenos patriotas, tienen la debilidad de arder en el deseo de un empleo, y entran en la sociedad que creen tener más influjo, y sucesivamente las recorren todas (como me consta por experiencia) para ver dónde consiguen. He dicho que debe tenerse alguna indulgencia, porque a pesar de que su conducta no es laudable, suelen tener un verdadero amor patrio, y ni por el empleo que solicitan ni por otra utilidad alguna serían infieles a su patria. Pero éstos no son muy comunes, y su principal defecto consiste en confundirse con los *enmascarados circulantes;* pues al fin un ambicioso es más sufrible que un infame hipócrita político. Aún en algunos casos no podrá graduarse de ambición el esfuerzo imprudente de algunos por colocarse en la sociedad, y a veces por huír de la miseria.

Otro de los signos para conocer estos especuladores es que siempre *están quejosos,* porque saben que el *sistema de conseguir es llorar.* Pero ellos lo hacen con una dignidad afectada, que da a entender que el honor de la Patria se interesa en su premio, más que su interés particular.

Suele oírseles referir las ventajas que hubieran sacado no siendo fieles a su patria, las tentativas que han hecho los enemigos para ganárselos, la legalidad con que han servido sus empleos; cosas que también hacen, y deben hacer los verdaderos patriotas, pero cuando la necesidad y el honor lo exigen, y con cierta modestia tan distante de la hipocresía como del descaro y atrevimiento. La Patria a nadie debe, todos sus hijos la deben sus servicios. Cuando se presentan méritos patrióticos es para hacer ver que se han cumplido unas obligaciones. Esta debe ser la máxima de un patriota. Un especulador viene por su paga; pídala *en efectivo* como un mercenario, désele, y vaya en paz. ¡Cuántas veces se les oye decir que están arrepentidos de haber hecho servicios a la Patria, y que si hubieran consultado mejor sus intereses hubieran sido sus enemigos! Estos viles confunden siempre la Patria con el gobierno, y si éste no les premia (merezcan o no el premio) aquélla nada vale.

Para conseguir su venta con más ventaja, suelen hacer algunos sacrificios, y distinguirse por algunas acciones verdaderamente patrióticas; pero muy pronto van por la paga, y procuran que ésta sea cuantiosa, y valga más que el bien que han hecho a la Patria. Ellos emprenden una *especulación política* lo mismo que una especulación mercantil; arriesgan cierta cantidad para sacar toda la ganancia posible. Nada hay en ellos de verdadero patriotismo; si el enemigo de la Patria les paga mejor, le servirán gustosos, y si pueden recibirán de ambas partes. Sobre todo, el medio más seguro para conocer estos enmascarados es observar su conducta. Yo jamás he creído en el patriotismo de ningún pícaro. Por más que se diga que la vida pública es una cosa y la privada es otra, prueba la experiencia que éstas son teorías y vanas reflexiones, sobre lo que pueden ser los hombres, y no sobre lo que son. Hay sus fenómenos en esta materia, quiero decir, hay uno u otro hombre inmoral en su conducta privada, y de excelente conducta como hombre público, o cuando se trata del bien de la Patria, aunque hablando con toda franqueza yo no he conocido ningún hombre de esta especie, y creo que sería muy difícil demostrar uno. He oído hablar mucho sobre esta materia, pero nunca se ha pasado de raciocinios. Sobre todo, los casos extraordinarios no forman regla en ninguna materia.

Debe tenerse presente que los pícaros son los que más pretenden pasar por patriotas, pues convencidos de su poca entrada en la sociedad, y aún del desprecio que merecen en la vida privada, procuran por todos medios conseguir algo que les haga apreciables, y aún necesarios. Ellos siempre son temibles, y es desgraciada toda sociedad, grande o pequeña, donde tienen influjo y aprecio hombres inmorales.

Muchos aspiran a este título de patriotas entre la gente incauta e ignorante, para hacerse temer aún de los que los conocen, y saben lo que valen. Hablan, escriben, intrigan, arrostran a todo el mundo, todo lo agitan, no paran un momento, arde en su pecho el sagrado fuego del amor patrio, se difunde esta opinión, y está conseguido el intento. Si se les persigue, está en ellos perseguido el patriotismo; si se les castiga, son víctimas del amor patrio; en una palabra, consiguen ser temidos. Piden entonces premio por no hacer daño, y como siempre hay hombres débiles, ellos logran su proyectada ganancia.

También deben contarse entre estos enmascarados cierta clase de tranquilizadores, que tienen la particular gracia de producir los males y curarlos. Todo lo componen y tranquilizan, porque no hacen más que dejar de descomponer y atizar, y las cosas por su misma naturaleza vuelven al estado que tenían. ¡Cuántas disensiones y trastornos populares se han producido sin otro objeto que el de componerlos después, y ameritarse sus autores! Si no consiguen remediar el mal, por lo menos hacen ver sus esfuerzos para impedirlo y esto les adquiere el título de buenos patriotas. Sacrifican mil víctimas, pero esto no importa si hacen su ganancia.

Hay aún otra clase de tranquilizadores más hábiles, que son los que saben fingir males que no existen, y abultar los verdaderos en términos que la multitud se persuada que está en gran peligro, y después mire como a sus libertadores a los que han sido sus verdugos. Todo fingen que se debe a su celo, actividad y prudencia; si no hubiera sido por ellos, el pueblo hubiera sufrido horribles males. Hacen como algunos médicos ignorantes que para ameritarse ponderan la gravedad del enfermo, aunque sea poco más de nada lo que tenga. ¡Qué partido saca de la sencillez de muchos la sagacidad de algunos!

Otra de las máscaras que mejor encubren a los pícaros es la religión. Estos enmascarados agregan a su perfidia el más execrable sacrilegio. Se constituyen defensores natos de una religión que no observan, y que a veces detestan. La suponen siempre perseguida y abatida. Se dan el aire de confesores, y a veces el de mártires de la fe (¡bien merecen ser mártires del diablo!) atribuyendo a las personas más honradas, y aún a las más piadosas, las ideas e intenciones más impías y abominables. En una palabra, ellos conocen el influjo de las ideas religiosas, y saben manejarlas en su favor. Mas esta especie de máscara ya casi no merece el nombre de tal, pues sólo produce su efecto entre personas muy ignorantes.

Hay otro medio de cubrirse con la religión, o mejor dicho con el fanatismo, aún más especioso, y consiste en presentar los males que efectivamente produce este monstruo, y causar otros tantos y acaso más, que incluídos en el mismo número, se les atribuye el mismo origen, y quedan sus autores jugando a dos caras. No hay cosa mejor para el que tiene que dar cuentas que la quema de un archivo, porque luego se dice que todos los papeles estaban en él. Así en el orden político suelen atizar el fanatismo los que quieren que produzca estragos, para declamar contra él, y atribuirle todos los males. Hay otros menos perversos que no fomentan ni incitan directamente el fanatismo, pero sí se aprovechan de la ocasión que él les ofrece. Suelen también constituirse entonces en sus perseguidores, pero es o para inflamarlo, o para sacar algún partido ventajoso en otro respecto. En todos estos manejos infernales aparece la religión como objeto principal, cuando sólo está sacrílegamente convertida en una verdadera máscara.

Siempre abundan estos enmascarados, porque siempre

hay hombres infames, para quienes las voces patria y virtud nada significan, pero en los cambios políticos es cuando más se presentan, porque entonces hay más proporción para sus especulaciones. Nada hay más fácil que conocerlos si se tiene alguna práctica en observar a los hombres. Esta es la que yo recomiendo a la juventud para quien principalmente escribo.

CAMBIA COLORES

En todas las mutaciones políticas se observa que los hombres mudan de conducta porque mudan de intereses, pero sin embargo hay una gran diferencia entre los que cediendo a la imperiosa ley de la necesidad se conforman con obedecer, y aún aspiran a merecer por su buena conducta en el nuevo orden de cosas, y los que van mudando de opinión según advierten que se mudan las cosas, y procuran ostentar que nunca pensaron como todo el mundo sabe que han pensado, o que por lo menos nunca se sabe cómo piensan, pues no consta cuándo fingen. La prudencia aconseja no arrostrar temerariamente y ser víctima de un deseo inasequible, pero esta misma prudencia y el honor exigen que los hombres no se degraden y se pongan en ridículo ostentando diversos sentimientos y diverso plan de ideas según el viento que sopla.

En la caída de la Constitución española se han observado muchos de estos cambia colores que a semejanza de los lagartos iban mudándose poco a poco, y tomando diversas apariencias hasta tener la que conservan de serviles, y que dejarían muy pronto si las cosas se mudasen. Era una diversión, y una rabia, ver algunos de estos lagartos en la plaza de San Antonio de Cádiz. Según se iban estrechando las distancias, variaban de lenguaje, y hombres que antes eran exaltados furiosos, iban apareciendo más que moderados, al día siguiente un sí es no es serviles, hasta que en los últimos momentos ya eran como los lacayos de Palacio. Muchos de los empleados empezaron por decir: *Al fin parece que conservarán los empleos... puede ser que el rey cumpla... algo es algo... qué hemos de hacer* —Al poco tiempo ya decían:— *Es claro que el sistema constitucional, por bueno que sea, nos ha perdido,* y últimamente ya preguntaban: *¿Cuándo se capitula con los franceses? ¿cuándo se acaba esto?* En el día estarán en España pasando por fieles vasallos del rey los que más de una vez acusaban a las Cortes de débiles porque no proporcionaban un medio de matarle. Ahora estos mismos delatarán hasta a su padre por liberal, así como antes delataban a toda clase de personas ante la opinión pública como serviles, y delataban sólo ante la opinión, porque en el tiempo constitucional no podía procederse contra nadie por su modo de pensar, sino por sus operaciones, o verdaderos delitos. Estos mismos dicen ahora con frecuencia: *en el tiempo de las llamadas Cortes, en el llamado sistema constitucional, en el desgraciado tiempo de anarquía,* etc., etc. Y antes decían: *¡en el tiempo del despotismo, en la cruel época de la esclavitud y tiranía!*

Aunque los cambia colores son bichos que abundan en todos los países, yo no he podido menos de hablar de los de España, porque verdaderamente han sido los más particulares y descarados. La sucesión que ha habido de gobiernos, ya absoluto, ya constitucional, los ha puesto en el caso de darse a conocer, y a la verdad que ha habido hombres bien ridículos. Su convicción ha sido siempre instantánea: en el momento en que ha caído una clase de gobierno se han convencido de sus vicios y de las perfecciones del que le ha reemplazado. La desgracia de estos cambia colores ha hecho que vuelva el gobierno anterior, y ellos en el momento se han convencido de que no tiene aquellos vicios que pensaban, y que es el mejor del mundo. Lo más particular es que se empeñan en persuadir (y persuaden a algunos) de que jamás han variado de opinión, sino que *por prudencia, por evitar una persecución, por no sacrificarse inútilmente*... Como si no fuese tan fácil distinguir las operaciones dictadas por la prudencia, de las que no tienen otro origen que la ambición, y rastrero interés.

Estos indecentes, en el tiempo constitucional, no había daño que no atribuyesen al tiempo del absolutismo. Nada había hecho el rey que no fuese un absurdo; aún aquellas cosas de una utilidad conocida eran perjudicialísimas, y ahora, por el contrario, de todo tienen la culpa la Constitución y los constitucionales. Si no se hubiera interrumpido el gobierno absoluto bajo el mejor de los reyes (que antes era el mayor de los tiranos), ¡qué bienes no hubiera conseguido la nación! Infames, el hombre que no puede hablar lo que piensa, calla si tiene honor.

Es cierto que en todo cambio de sistema político puede haber sus *convertidos,* y efectivamente la gran fortuna de un nuevo gobierno es formarse prosélitos entre los que antes eran sus enemigos; pero la ficción del convencimiento es lo más degradante y ridículo que puede imaginarse. Esta es muy fácil de conocer, y sólo creen que está oculta los mismos que la hacen. El nuevo gobierno, si no es muy estúpido, desprecia estos entes como debe, o a lo menos toma sus precauciones antes de poner en ellos su confianza (que jamás les concederá si conoce sus intereses), y respecto del pueblo quedan siempre marcados, y se les desprecia como a unos hombres bajos, que no tienen otro fin que la especulación. Los hombres de honor cuando mudan de opinión es por un convencimiento, y presentan las razones que les han obligado a hacerlo; pero jamás niegan su antiguo modo de pensar, porque como su conciencia nada les acusa, y siempre han tenido por objeto el bien de su patria, no creen que deben encubrirse. Estos inspiran confianza y mucho más si la observación que se ha hecho de ellos manifiesta que siempre han tenido igual conducta: estos son una verdadera ganancia para un nuevo gobierno; pero éstos son muy raros, así porque no es fácil encontrar hombres de tales sentimientos, como porque es muy difícil convencer en materias políticas. ¿Quién convence a un verdadero liberal de que es bueno el gobierno absoluto? *Ad calendas graecas.*

Nada hay más respetable que la firmeza de carácter en los hombres, y la ingenuidad. Algunos serviles, aunque pocos, dieron gran ejemplo de estas virtudes en tiempo de la Constitución. Jamás negaron que sus ideas habían sido y eran contrarias, y que sólo un convencimiento o la experiencia de los bienes que produjese el nuevo sistema podría hacerles variar de ideas. Estos hombres, lejos de ser molestados, inspiraban cierto respeto, y los liberales les miraban con bastante consideración. Se reconoció en ellos un alma firme y pundonorosa, y se esperaba que desengañados producirían muchas ventajas. Por el contrario, muchos que habían sido los más encarnizados perseguidores de los liberales, quisieron dar prontamente pruebas, no de liberalismo, sino de desenfreno, mas tuvieron la desgracia de que a muy pocos engañaron. El desprecio sigue siempre a los cambia colores.

CONSIDERACIONES SOBRE EL ESTADO ACTUAL DE LA ISLA DE CUBA

Por muy poco que se reflexione sobre el estado actual de la isla de Cuba se conocerá claramente que su riqueza debe ir decayendo rápidamente hasta desaparecer, y con ella toda la felicidad de sus habitantes, para quienes el no tener una vida cómoda es estar en extrema miseria, y ésta será más sensible que en ningún otro país, porque sin duda quedarán en pie todas las preocupaciones y costumbres hijas de la abundancia sin existir los medios de llevarlas adelante. Al sufrimiento de la escasez se agregará el de la vergüenza en la mayor parte de las familias, y su estado será verdaderamente lamentable. No es éste un vaticinio (¡pudiera yo vaticinar a mi patria días más felices!); es una deducción bien clara de los hechos que están a la vista de todo el mundo.

La isla de Cuba ha sido rica por su situación geográfica, sus excelentes puertos, sus fértiles terrenos, la naturaleza de sus frutos, que por muchos años casi no han sido rivalizados, o por lo menos no lo han sido en términos de impedir su venta con ventajas considerables. Agregábase a estas causas una bastante poderosa, y es que gracias a ciertos jefes cuya memoria será eterna entre los que amen aquel suelo, a pesar de los ataques del gobierno superior, supieron usar de un *obedezco sin dar cumplimiento* que ha proporcionado a la Isla no sólo el libre comercio, sino una consecuencia necesaria en el estado de las demás provincias de América, que fué constituirla como la proveedora de casi todas ellas, pasando los géneros extranjeros, bajo bandera española, del puerto de La Habana a los demás de América, donde por causas que no es de este momento manifestar, no se tenía igual franquicia, y sus habitantes más tímidos o menos mañosos no supieron proporcionárselas.

Desde que empezó la insurrección de Costa Firme han sido enormes las erogaciones de la Isla, y los perjuicios causados por los corsarios de Colombia; pero aún quedaba alguna indemnización por las ventajas considerables de las expediciones a otros puertos; mas en el día todo falta, y cada vez faltará más. Ya muchas de las casas de seguro se niegan a asegurar ninguna clase de propiedad que salga de los puertos de la Isla para los demás de América, y la que accede es con un premio considerable; no hace muchos días que en esta ciudad se ha asegurado a 17 por 100 después de haberse negado al aseguro la mayor parte de las casas, bajo toda especie de condición. Los colombianos aumentan cada día su fuerza naval, y dentro de poco tiempo se pondrán en aptitud de que no se les escape ni un buque. Si a esto se agrega el saqueo de los piratas, cuyo número se aumentará diariamente, es fácil conocer cuál será la situación de la Isla. De la marina española no hay que esperar sino que gaste un millón de pesos todos los años (y en algunos mucho más de un millón) y que jamás tenga un buque corriente.

Al mismo tiempo, inundan de azúcar y café los mercados de Europa otros muchos países, donde son infinitamente menores los gastos de producción, y no hallándose expuestos a otros riesgos que los del mar, rivalizan, y aún puede decirse que excluyen la concurrencia de los frutos cubanos. Es, pues, evidente que la riqueza de la Isla debe retrogradar a pasos gigantescos y que con la *santa apatía* la muerte sería por consunción, si no hubiera quien la abreviase.

Es preciso no perder de vista que en la isla de Cuba no hay *opinión política,* no hay otra opinión que la *mercantil.* En los muelles y almacenes se resuelven todas las cuestiones de Estado. ¿Cuál es el precio de los frutos? ¿Qué derecho colectan las aduanas? ¿Alcanzan para pagar las tropas y empleados? He aquí las bases; lo demás queda para entretener las tertulias (cuando se podía hablar), pero no produce ni producirá un verdadero efecto político. Las sociedades secretas de que tanto se teme han sido bien insignificantes en este punto. La mayor parte de los asociados, después de haber hablado en ellas con acaloramiento, llegan a sus casas, y ya todo paró; nada queda sino el deseo de que continúen los goces. Sólo el ataque de las bolsas puede alterar el orden político de la Isla, y como éste no dista mucho, pues que ya empieza a sentirse, es claro que el actual gobierno tiene mucho que temer. Llamo ataque de bolsas a los efectos de una guerra en que todas son pérdidas y no hay ni una ganancia; llamo ataque de bolsas el que obligara a cerrarse muchas casas de comercio, y a arruinarse muchos hacendados, sin necesidad de que haya un movimiento popular, ni pisen los enemigos el territorio. Mas esto me conduce a una consideración algo más seria y en que es preciso hablar con toda claridad.

Ya hasta los niños de escuela saben que concluirse la guerra del Perú y efectuarse la invasión de la Isla por las tropas colombianas es casi todo uno. Si son ciertas las últimas noticias, dicha guerra está casi terminada, pero aun cuando así no sea, creo que toda la probabilidad está en favor de los patriotas. Pongámonos pues en el caso de la invasión, que es inevitable, y reflexionemos que no basta que un pueblo quiera estar quieto si otros más fuertes se empeñan en que no lo esté. La invasión producirá indudablemente infinitos males, pero no estamos ya en el caso de discurrir sobre ellos, pues no es punto en que se nos permite elegir; la necesidad y utilidad de Colombia serán las causas impulsivas, y éstas no se remueven estándose quietos.

Es evidente que si los invasores guardan alguna moderación, si en vez de darse el aire de conquistadores, toman el de protectores, si respetan las propiedades, y sobre todo si no hacen la guerra a otra clase de personas que a los que tomen las armas contra ellos, su partido será numerosísimo, pues se les unirán muchos que seguramente tomarían las armas contra ellos si observasen otra conducta, y en este número cuento no sólo a los naturales sino también a los europeos. La persecución que a unos y otros se ha hecho y está haciendo por opiniones políticas, y si se quiere por operaciones contra el actual gobierno, los ha predispuesto a adoptar cualquier partido, y poniéndolos en contacto por la identidad de desgracia, hará que se reunan los que no ha mucho que casi querían degollarse mutuamente. Es un error calcular sobre el odio que se ha procurado difundir entre naturales y europeos. Este ni es como se supone, ni durará más tiempo que el que dure en generalizarse algo más la identidad de peligro. El horizonte político no promete otra cosa, y es menester no olvidar que prescindiendo de rencillas particulares cuyo efecto se contrae a cierto número de personas, los odios de partidos cesan luego que variando el interés, único móvil del mundo, varía la opinión, y es de temer que los que antes

eran más anti independientes sean los más acalorados
protectores de la independencia de la Isla, si consideran
que sólo de ese modo están seguros. Muchos de los
comprometidos, ya por constitucionales, ya por independientes (que en el estado actual es lo mismo), aun
cuando no pensasen unirse a los invasores tendrán que
hacerlo, pues atraerán sobre sí tal sospecha, y se verán
en tanto peligro de ser presos o asesinados, que no les
quedará otro partido, pues no todos tienen proporción
ni ánimo para andar peregrinando por países extranjeros.

Es preciso no equivocarse. En la isla de Cuba no
hay amor a España, ni a Colombia ni a México, ni a
nadie más que a las cajas de azúcar y a los sacos de
café. Los naturales y los europeos radicados reducen su
mundo a su isla, y los que sólo van por algún tiempo
para buscar dinero no quieren perderlo. Las demás provincias de América les han dado lecciones muy amar-
gas, y ninguno ha venido a la isla de Cuba a trabajar
por largo tiempo, para perderlo todo en una revolución.
En el día es sabido que han sacado del país, y no para
llevarlo a España, gran parte de sus capitales, y en el
momento en que las cosas se estrechen será inmensa
la salida de propiedades, para estar sus dueños en disposición de emigrar en caso apurado. El que tenga un
peso tendrá también muy buen cuidado de sepultarlo, y
no quedarán más bienes visibles que las fincas (las que
no se arruinaren), improductivas por sí solas, y de ningún valor en tales circunstancias. Faltando los capitales y
los brazos puede inferirse el resultado.

¿Qué deberá, pues, hacerse? He aquí lo que nadie
ignora y todos preguntan. Para la ignorancia afectada
la mejor respuesta es el silencio.

CONSPIRACIONES EN LA ISLA DE CUBA

Dos conspiraciones ha habido en la isla de Cuba, o mejor dicho: dos jaranas para alterar su estado o forma política, ambas con el mismo fin aunque con distinto nombre. Quiero decir: ambas para la independencia de la Isla, pero tomando la segunda el viso de restauradora de la Constitución española. Esta es una prueba de que por más que se diga, empiezan ya a ponerse en relación naturales y europeos, y aunque es cierto que ha sido corto el número y que como he dicho, merece más el nombre de una jarana que de una revolución, sin embargo no puede ocultarse que aún este pequeño paso indica que la opinión empieza a girar, y como volteada una parte de los europeos, es temible que el cambio sea más general, puso en cuidado al Gobierno este pequeño movimiento, no por lo que era, sino por lo que podía ser.

La primera conspiración, llamada de los Soles, fué formada exclusivamente por naturales, y ésta ha sido la gran dicha del Gobierno, pues se le facilitó presentarla a los ojos de los europeos como destructora de sus fortunas y aún de sus vidas. Algunas imprudencias de parte de los naturales habían predispuesto los ánimos para esta persuasión, que en consecuencia no fué muy difícil. Esta decantada conspiración, que tanto ruído ha hecho, en realidad no consistía más que en unos esfuerzos inútiles por innecesarios para generalizar entre los naturales la opinión de independencia y tenerlos dis-

puestos para cuando llegase el caso. Casi todos los llamados conspiradores, que después de serlo no agregaron
nada a lo que habían sido desde que supieron andar, no
tienen otro delito para el actual Gobierno. Un corto
número entró, no en planes, sino en conversaciones
perjudiciales al mismo objeto que se proponían, y otro
aún mucho más corto y puede decirse nulo, sin conocimiento de todo el resto, formó proyectos menos acer-
tados, que hubieran sido disueltos por todos generalmente.

Se han hecho y acaso continúa haciéndose innumerables prisiones, y como el delito de los presos es casi
general, también lo es la inseguridad y el sobresalto. La
mayor parte de los delatores se anticipan a serlo por
ponerse a cubierto, pero son cómplices de los delatados,
y yo no sé si el Gobierno ignora que los presos, a lo
menos la mayor parte de ellos, no son los que sirvieron
de base, y los que valían más en la conspiración, y que
si las cosas se llevasen con rigor sería menester convertir las ciudades en cárceles.

Ya en el sistema infame de las delaciones encontraron
algunos el medio de hacer mal, pero otros más diestros,
hiriendo por los mismos filos, parece que van hallando
el de impedirlo. Se hacen ya delaciones bien capciosas,
y se multiplican en términos que agitan los ánimos, y en
cierto modo ponen en ridículo al Gobierno, fingiéndole
gigantes, para que arremeta. Quiera Dios que esta arma
que se ha puesto en manos de la perversidad no produzca un efecto muy contrario del que se propone el
Gobierno. Quiera Dios que el disgusto general no
conduzca a una revolución sangrienta, por ser fruto
de la desesperación. Apenas hay una familia que por
parentesco o por amistad no esté relacionada con al-

guno de los que están presos, o de los que temen estarlo por hallarse en el mismo caso, y tal vez más implicados. Aún los que no han dado paso alguno que les comprometa, temen una venganza que cuando menos les hará pasar un mal rato, como ya ha sucedido con una familia respetable. La confianza que había en aquel país para hablar cada uno con libertad lo que quería en su casa o en la de sus amigos, falta enteramente, y el Gobierno debe temer mucho que un pueblo, privado por un espionaje de la *libertad de hecho* de que siempre ha gozado, y que ha sido el mayor vínculo de su unión a la Península, busque en sí mismo (que es donde únicamente existe) su felicidad, o por lo menos la remoción de un tormento.

En mi concepto, las llamadas conspiraciones, si han hecho algo en favor de la independencia, ha sido proporcionar que haya muchos presos, y otros que teman estarlo. Cada prisión vale por mil proclamas; lejos de extinguir el fuego de la insurrección lo que hace es excitarlo, pues el amor despierta en unos el deseo de la venganza, y otros a quienes poco interesan las personas, se alegran de la oportunidad. Es un aviso de que un partido va teniendo fuerza el que se hagan planes que motiven prisiones, y los que estaban predispuestos saben que hay gente de arresto con qué contar y que sólo necesita reforzarse. Una conspiración sorprendida es un ejército dispersado que sólo necesita reunirse y aumentarse para volver a la batalla. El Gobierno verdaderamente no ha podido menos de tomar algún partido para contener a los conspiradores, sea cual fuere la importancia de la conspiración, pero la experiencia me autoriza para decir que se ha equivocado en los medios, y que ahora es cuando existe la verdadera conspiración, que es el disgusto de innumerables familias. Mientras el Gobierno no pueda dar garantías al comercio de la Isla y a los capitales existentes en ella, no necesita más conspiración, y mucho menos será necesaria si a esto se agrega el furor que inspiran las persecuciones en un país donde nunca las ha habido.

SOCIEDADES SECRETAS EN LA ISLA DE CUBA

Las conspiraciones perseguidas hasta ahora son obra de sociedades secretas, y éstas son el más firme apoyo del Gobierno, y el día que sepa que están verdaderamente extinguidas es cuando más debe temer. Parecerá ésta una paradoja, pero es una verdad muy obvia, pues aun cuando no se quisiese discurrir sobre su fundamento, bastarían los hechos para demostrarla. En primer lugar, las dichosas sociedades secretas entre los españoles y entre todos los que hablan este idioma son de *secreto a voces*. Todo el mundo sabe su objeto y operaciones, y sólo se ignoran algunas puerilidades, y algunos manejos bien subalternos e insignificantes cuando se tiene conocimiento de lo principal. Por otra parte, el Gobierno hace entrar en ellas sus espías, y nada se le escapa, y por consiguiente pone los medios de dividir la opinión y evitar todos los golpes; mientras mayor sea el número de las sociedades secretas tanto mayor es la probabilidad, o mejor dicho la certeza de que jamás harán nada.

Las sociedades de la isla de Cuba, lo mismo que las de España, no son más que la reunión en secreto de un partido, que ni adquiere ni pierde por semejante reunión, y lo que hace es perturbarlo todo aparentando misterios donde no hay más que mentecatadas en unos, picardía en otros, y poca previsión en muchos que de buena fe creen que todos los asociados operarán siempre como hablan, y que tienen la misma honradez que el!os. Estos hombres se hacen entrar en tales sociedades para darlas valor y prestigio. Por lo regular en semejantes sociedades sólo la juventud entra de buena fe, pues en los primeros años de la vida del hombre, cuando aún no ha adquirido el hábito de fingir, ni los dobleces de la sociedad, y tiene todo el vigor de la naturaleza, parte siempre por derecho, y se arroja abiertamente hacia el crimen o hacia la virtud. La voz *patria* siempre electriza el alma de un joven y todo lo arrostra por ella, pero en mayor edad se oyen siempre al mismo tiempo las voces *ambición, riqueza.*

Yo no apruebo semejantes sociedades en ningún país, pero sí aseguro que hay una gran diferencia entre las que existen en pueblos donde reinan las virtudes cívicas por un hábito que han contraído insensiblemente los hombres de promover el bien público, y las que se forman en pueblos donde las instituciones no han inspirado este carácter. Estoy muy distante de impugnar estas sociedades por motivos religiosos. Bajo este aspecto sólo encuentro en ellas una infracción de las leyes civiles donde están prohibidas, y de las leyes esclesiásticas entre los católicos, fundadas no tanto en la convicción de que semejantes sociedades tengan por objeto atacar la religión, cuanto en la posibilidad de que esto suceda, en el escándalo que producen, y en los males que pueden causar a la sociedad, pues desde que se dice que un número de personas se reunen en secreto hay derecho para sospechar, pues nadie está obligado a creer que son virtuosas porque ellas lo dicen, y al fin el que se esconde tiene que ocultar. Sin embargo, yo jamás afirmaré que estas sociedades tienen por objeto atacar la religión, y en tal caso tampoco creo que se gana mucho con perseguirlas. Si las sociedades son verdaderamente secretas, ¿cómo se sabe que su objeto es im-

pugnar la religión? Y si no son tan secretas que deje
de traslucirse su objeto, ¿por qué se las da una publicidad y un valor que no tienen? ¿Por qué se aumenta
el número de sus prosélitos persiguiéndolas? ¿Por qué
no se consideran como una reunión de impíos, que no lo
son porque estén reunidos, sino que están reunidos
porque lo son? ¿Dejarán de serlo porque no se reunan?
¿Dejarán de reunirse porque se les prohiba? Al contrario: es darles una importancia que acaso no tienen y
excitar el espíritu de venganza, y hacer que se les reúnan
muchas personas, cuyo carácter es la novedad, la singu-
laridad y la contienda, pues sin duda hay muchos hombres que gustan de estar siempre en campañas políticas
y religiosas, sin más razón sino que su espíritu se cansa
de un modo de pensar y de un proceder monótono y
quiere agitarse. Por hacerse raro hay hombre que se
hace libertino, y si todos fueran libertinos se haría de-
voto. Una gran parte de los que entran en tales sociedades no tienen otro objeto sino decir que están en
ellas, hablar con misterio, hacer cuatro morisquetas, y
suponer que son hombres de importancia con quienes
se cuenta para grandes negocios, aunque sean unos
trompos que bailan lo mismo de púa que de cabeza.

Los hombres que en público carecen de virtudes y talento, sin duda no adquieren estos dones porque se
junten en privado, antes al contrario, dan rienda con
menos temor a sus pasiones. En un pueblo donde la
moral pública aún no esté cimentada no en las leyes,
sino en la opinión y carácter de los hombres, no debe
esperarse que las reuniones secretas sean de otra naturaleza. Todas estas asociaciones aspiran a engrande-
cerse, así por el número de asociados, como por el valimiento que pueda tener cada uno de ellos, y de aquí

resulta que la admisión es muy poco escrupulosa, y sin saber cómo, los hombres de bien e instruídos se ven asociados con pícaros y tontos.

Cuando estas sociedades secretas no tienen más que objeto político, o mejor dicho objeto de especulación, el primer paso que dan es declarar una intolerancia política, aún más cruel que la religiosa; la Patria sólo es para los individuos de la sociedad; todos los que no le pertenecen, no son patriotas ni pueden aspirar a obtener ventaja alguna. Los empleos (y este es todo el negocio) son el patrimonio de la sociedad, y el Gobierno, sea el que fuere, no ha de seguir otro dictamen, ni tener otro impulso sino el que ella le comunique; en una palabra: se forma una aristocracia de un nuevo orden que no consiste en títulos de grandeza, pero produce los mismos efectos bajo un aspecto democrático, pues tiende a constituír en árbitros de la suerte del pueblo a cierto número de individuos. Haciendo lo mismo cada una de las sociedades, resultó la guerra sorda y espantosa que tanto estrago ha causado en la infeliz España.

Otro de los males que producen en los pueblos nacientes o no constituídos las sociedades secretas es la desconfianza general, porque en tales casos se sabe que se despliegan todas las pasiones y miras ambiciosas de que es susceptible el corazón humano, y todo el mundo teme que el objeto de los asociados sea oprimir a los demás para gozar ellos. Supongamos que una sociedad secreta está formada de las personas más virtuosas, que sus miras son las más justas, ¿y podrá persuadir, no digo a todos, pero siquiera a la generalidad? ¿No será de temer que degenere, y que si al principio es santa, acabe por ser infernal? Sus enemigos (porque los tiene toda sociedad), ¿no esparcirán mil voces alarmantes contra ella, y no será esto origen de infinitos males y continuos sobresaltos? ¿No provocará la formación de otras sociedades antagonistas, produciendo daños mayores que los bienes que acaso puede producir? Así es como toda la sociedad se divide en facciones, y en facciones que con cierta puerilidad ridícula proceden como por apuesta a quién vence, prescindiendo de las ventajas de la victoria, y de los sacrificios hechos para conseguirla.

No es menor el inconveniente que resulta de lo mucho que se exageran y se hacen sonar estos negocios de sociedades secretas en un pueblo poco experto. Cualquier junta secreta se supone desde luego que tiene gran número de partidarios que extienden su influjo por todas partes y que sus proyectos son diabólicos. De aquí el disgusto universal, y aún el terror de las personas poco reflexivas, al mismo tiempo que los especuladores políticos aparentan que sólo viven por la Patria, que a sus desvelos debe ésta el ver contenida una multitud de gente perversa que en las tinieblas meditaba destruirla, etc. Cualquiera que medite sobre esta materia conocerá que no me he equivocado, o por lo menos que no carezco de fundamento cuando afirmo que en los países como la isla de Cuba estas sociedades son indirectamente el apoyo del Gobierno, ya sea que hablemos de las que se forman con este objeto, ya de sus contrarias. Mientras los ánimos estén divididos, el Gobierno está seguro, o a lo menos tiene más consistencia, pues en un país donde por desgracia hay una especie de población tan heterogénea como en la isla de Cuba se necesita una unión mucho mayor que en otros pueblos para cualquier empresa política, y la experiencia acaba de demostrarlo...

Todo el mundo sabe que los comuneros y los masones del rito de España eran todos europeos y antin-
dependientes, y que en contraposición estaban los masones del rito de York, la sociedad de la Cadena y la de
los Soles, compuestas todas de naturales. De este modo
se marcó mucho más la separación de naturales y europeos y se encendió el odio mutuo hasta el extremo de
causar inquietudes a los hombres pacíficos y sensatos.
Pero ¿qué hacían estas sociedades? Predicar a convertidos como suele decirse. Los europeos reunían europeos, y los naturales hacían lo mismo; ¡como si unos y
otros no estuviesen naturalmente cada cual en su
partido!

En la isla de Cuba nadie duda de que para conservar
su estado político, sea el que fuere, es necesaria la unión,
y nada la interrumpe más que estas asociaciones. Si son
formadas por naturales, suponen los europeos que son
contra ellos, y al contrario. Es un error pensar que en
un pueblo que se halla en la situación crítica en que está
la isla de Cuba se puede hacer nada bueno sin unión, y
aún es mayor error creer que se conseguirá esta cordia-
lidad reuniéndose cada partido en secreto. Las sociedades secretas de la isla de Cuba, como dije anteriormente, no son más que la reunión de los partidos, y por
eso se vieron muy pronto masones de España y masones
del rito de York, que quiere decir reunión de los naturales, que sin atender más que a su país prescindían enteramente de España, y reunión de españoles europeos
que a todo trance estaban resueltos a promover los intereses de su país natal. Estos mismos se dividieron como
en España en masones y comuneros, enemigos capitales,
pero que sin embargo en la isla de Cuba convenían en

hacer frente a los naturales, siempre que se tratase de separar la Isla de la madre patria.

Cualquiera conocerá que la formación de una sociedad de europeos da origen a otra de naturales, y al contrario, las cuales sin aumentar como he dicho el número de los que quieren la independencia, ni el de los que la contrarían, sólo sirven para encender más el odio y preparar al país días más funestos. Mientras la diferencia sólo consistía en haber nacido unos acá, y otros allá, y suponer por consiguiente los europeos que a los naturales les interesa muy poco la España, y éstos que los europeos sólo atienden al interés peninsular, la división no era tan sensible, pero desde el momento en que cada uno de los partidos (llamarélos así, ya que por desgracia han querido que lo sean) se figura que su contrario trabaja en secreto para destruirlo, se exaltan las pasiones, calla la razón y sólo se atiende a buscar medios de venganza. Aún los que no entran en las sociedades secretas, toman interés por una y otra parte, pues es idéntica la causa; no hay europeo, sea o no sea masón, o comunero, que no esté con unos y otros si se figura que los naturales forman reuniones para tramar su ruina, y por el contrario no hay natural que no esté dispuesto a auxiliar a las sociedades secretas de los suyos si conoce que los europeos se reunen para querer dar el tono como suele decirse y oponerse a la felicidad del país. Yo repetiré una y mil veces que mientras haya sociedades secretas habrá un odio infernal entre naturales y europeos y que a la verdad el gobierno acaso podrá sacar partido, pero también puede suceder que estalle la revolución en términos muy desastrosos.

Debe tenerse muy presente una observación, que hará muy distinta la suerte de la isla de Cuba respecto a las demás partes de América, y es que se procede sobre datos conocidos. Se saben ya los efectos de ciertas tentativas, se conoce la fuerza con que se puede contar, y cuál es la naturaleza de los recursos, y lo que es más: casi toda la población pensadora. No puede encontrarse una gran masa a quien alucinar, pues el más rústico de nuestros campestres tiene buena o mala su opinión sobre lo que conviene a la Isla y es familia a quien se necesita convencer. Es muy corto el número de los que pueden ser conducidos maquinalmente, y aún éstos sólo podrán moverse en un sentido que es el que les halaga.

Sería de desear que los naturales y los europeos, en vez de formar asociaciones que agravan el mal, lejos de curarle, meditaran sobre el estado de la Isla, se acercaran unos a otros, empezasen a conocerse, no por hablillas y tonterías, sino por la confrontación de intereses, que es como se saca la verdadera opinión en un pueblo donde como he dicho anteriormente discurre la mayor parte, pues nadie duda que los hombres piensan como utilizan. ¿Por qué no ha habido hasta ahora revolución en la Isla? No es por otra causa sino porque hay muchos que piensan, pero las circunstancias podrán llegar a ponerse en términos que los mismos pensadores crean que lo mismo se arriesga de un modo que de otro, y estos momentos serán muy peligrosos.

Los desgraciados acaecimientos de otros países han inspirado, no hay duda, gran desconfianza en la isla de Cuba entre naturales y europeos, mas es porque no se ha querido meditar. En los demás países, el choque de naturales y europeos ha amenazado calamidad, pero no ruina, y en algunos ni aún gran pérdida. Pero ¿sucede así en la isla de Cuba? Yo prescindo de un acae-

cimiento que no pocos temen, y acaso no sin razón, y
limitándome precisamente a los efectos inmediatos de
un choque entre europeos y naturales en la isla de
Cuba, creo demostrar que ni unos ni otros están por
ahora en ánimo de chocar y que sólo una desgracia a
que podrá dar lugar en lo sucesivo la imprudencia de
una y otra parte los hará venir a las manos.

Los europeos, el día que desgraciadamente empezasen la guerra con los naturales, si escapan con la vida,
pierden por lo menos toda su fortuna. Su suerte será
desgraciadísima, pues si van a España será a perecer, si
pretenden pasarse a otros países de América donde ya
son bien recibidos todos los que vienen de la Península,
porque ha cesado el odio que sólo inspiraban las circunstancias, no tendrán tampoco muy buena acogida,
porque al fin no inspirarán confianza unos hombres
que salen de un país por choques con los americanos;
si pretenden irse a otros países extranjeros, el distinto
idioma, usos, clima, y lo que es más: el distinto carácter
del manejo de negocios, donde un aprendizaje suele
costar muy caro, es un obstáculo casi insuperable. Por
otra parte los capitales no reditúan, o no producen lo
que en la isla de Cuba, al paso que los gastos son pocos
o menores, y en algunos países casi los mismos. Además, una gran parte de los europeos están casados en el
país, tienen sus familias a quienes, a pesar de las opiniones políticas, no pueden dejar de querer, y aún el
mismo país después de haber vivido en él muchos años
y hecho su fortuna les inspira amor. Yo no me puedo
persuadir de que los europeos de quienes hablo miren
la isla de Cuba con la indiferencia que la de Córcega o
la de Sicilia. De estas consideraciones deduzco que el
interés y la voluntad de los europeos radicados en la

isla de Cuba es guardar armonía con los naturales. Consideremos ahora cómo piensan éstos.

Sea cual fuere el éxito del choque con los europeos, nuestra pérdida es segura, no sólo por el temor común a unos y otros, sino porque nuestras fincas y todos nuestros capitales han de sufrir un menoscabo. Nuestra riqueza está toda sobre los campos, y un solo año de pérdida en las cosechas nos causa gravísimos males, que serán incalculables si, como es de temer, se arruinan las fincas. Nuestro comercio cesa en el momento que los capitales extranjeros se crea que no tienen seguridad en la Isla a causa de una revolución. Es preciso cubrir de luto muchas familias, ocasionar la desgracia de muchos amigos, y esto en una población corta jamás deja de ser muy temible. Muy pocos podrán matar un europeo sin dar muerte al padre de una esposa, al marido de una hermana, al pariente o al padre de un amigo, etc., etc. Esto es cruelísimo, es repugnante al carácter amable de los hijos de aquel suelo, y aún lo es más a su ilustración y principios. En ningún país de América están tan enlazadas las familias y los intereses, y éstos en ninguna parte son más conocidos. Deduzco, pues, igualmente que no hay en los naturales tal determinación de matar europeos, ni de cometer todos esos robos y demás crímenes que algunos mal intencionados han sabido ponderar, y persuadir, con descrédito e infamia de un país que por tantos títulos debía merecerles otra consideración. Lo que conviene es que todos trabajen por remediar los males que seguramente ha producido la desunión, y que no perdiendo de vista las circunstancias en que se halla la Isla, pongan los medios de conciliar los intereses de todos, pues aunque de las consideraciones que acabo de hacer se deduce que la armonía entre naturales y europeos tiene vínculos muy fuertes en aquel país, los giros de la opinión y las circunstancias pueden ser tales que por algunos momentos sólo se atienda a la venganza, o a la remoción de un mal presente, bien que sea seguida por una pérdida futura que se atenderá muy poco.

El pueblo más sensato, el que más medita sobre sus intereses, tiene momentos desgraciados en que todo se olvida y parece que la sociedad retrograda al estado de barbarie. Ejemplos funestísimos nos han dado de esta verdad las naciones más cultas, y no debemos presumir que poseamos más cordura que todas ellas. Los movimientos de un pueblo ilustrado y pacífico son siempre una consecuencia de largos sufrimientos, o de repetidas tentativas para exasperarlo, y siempre van acompañados de la desesperación, que es la fuente de todos los desastres. Vivíamos en la isla de Cuba con la mayor armonía naturales y españoles europeos. Cada cual tenía sus opiniones, pero esto no interrumpía de modo alguno, no sólo las relaciones comunes, pero ni aún las de estrecha amistad. Jamás se oía una expresión que pudiese ofender a unos ni a otros, pues si algo se hablaba era con tanta reserva, que ella misma indicaba la consideración mutua que se tenían ambos partidos. La imprudencia de algunos empezó aún mucho antes de caer el sistema constitucional a faltar a este miramiento, que podríamos llamar una especie de convenio tácito, y todo el mundo vió los funestos efectos que produjo y se están viendo sus consecuencias... Con unas denominaciones ridículas, que parecen entretenimientos de niños que sólo se proponen entretenerse burlando, y no expresiones de hombres sensatos, se empezó a dividir más la opinión, o mejor dicho, a sustituirse a ella el resentimiento, y empezaron a temerse mutuamente aún los que más se habían apreciado. ¡Qué diferencia tan notable en la sociedad! Los hombres de juicio que meditaban sobre sus resultados no podían dejar de lamentarse, mas por fortuna el desengaño de muchos individuos de una u otra parte ha minorado y aún puede decirse que impedido los males. Yo desearía que mis compatriotas (y doy este nombre no sólo a los naturales de mi país, sino a los que le han elegido por patria) tuviesen siempre por norma que en la Isla sólo deben distinguirse dos clases: los amigos de su prosperidad con preferencia a todos los países de la tierra, y los egoístas que sólo tratan de hacer su negocio aunque se arruine la Isla; en una palabra: patriotas y especuladores, y que el nacimiento no constituye a nadie ni en una ni en otra clase.

No puedo concluír este artículo sin llamar la atención de mis compatriotas sobre las astucias de los gabinetes extranjeros. La isla de Cuba es punto muy interesante y puede tener mucha influencia en las miras políticas de los que por bajo cuerda están moviendo la máquina, y es preciso quitarles un medio de tomar parte abiertamente... No creo oportuno extenderme en estas consideraciones que no he hecho más que insinuar, porque no sé si al desenvolverlas tendría toda la prudencia necesaria en un asunto tan delicado.

CIENCIAS NATURALES

TEMPERATURA DEL AGUA DEL MAR A CONSIDERABLES PROFUNDIDADES

Siempre se había deseado hacer algunos ensayos que pudiesen conducir a formar idea de las alteraciones que experimenta la temperatura del agua del mar según las profundidades, y si estas alteraciones son unas mismas en todas las latitudes, supuestas unas mismas profundidades, porque esto puede conducir al conocimiento del estado interior de nuestro Globo, dando valor o desvaneciendo la opinión del calor central, sostenida por Buffon y otros físicos y naturalistas. En estas observaciones debía asimismo tenerse muy presente lo que altera la temperatura del agua del Océano el retroceso de las polares, y al contrario, lo que éstas se alteran por la mezcla de aquéllas aún a grandes distancias.

Deseando, pues, repetir con alguna más exactitud los experimentos que habían practicado varios físicos, y en la zona tórrida donde hasta ahora no se habían hecho, creyó el capitán Edward Sabine que uno de los parajes más a propósito era el paso entre el Gran Caimán y el cabo de San Antonio en la isla de Cuba, lat. $20\frac{1}{2}$ N. long. 83-$\frac{1}{2}$ O., en cuyo paraje consideró que las aguas estaban al abrigo de la acción inmediata del Océano por la interposición de la isla de Cuba y que al mismo tiempo proporcionaba toda la profundidad necesaria para las observaciones. En una palabra: se reunían en cuanto era posible las dos circunstancias que hasta ahora se han echado de menos en los demás ensayos practicados, que es conseguir que el agua esté como aislada respecto del Océano y que al mismo tiempo fuese muy profunda, o como se expresa este físico: formara un vaso muy hondo lleno de agua en la zona tórrida.

Es fácil percibir que esta circunstancia no puede verificarse con todo rigor en ningún paraje del mar, pero sin embargo el elegido por Sabine se acerca mucho, no sólo por la circunstancia antes indicada, sino por la naturaleza de las corrientes. En una carta al célebre Humphry Davy, a cuya instancia había emprendido Sabine estas observaciones, da la relación de ellas, que procuramos extractar.

Eligió un día bien claro y en calma, puso el buque a la capa, y por varias observaciones se cercioró de que casi no tenía movimiento alguno hacia adelante o hacia atrás, y que sólo se movía un poco a Sotavento, cuya desviación graduó con toda la exactitud posible.

Como la gran presión que debe experimentar el agua del mar a grandes profundidades puede alterar su temperatura, creyó Sabine que debía hacer sus experimentos impidiendo esta presión, y permitiéndola para observar la diferencia en uno y otro caso. Tenía, pues, construidos al intento dos cilindros de hierro dentro de los cuales colocó dos termómetros de Six, o termómetros de registro, que indican la temperatura que ha habido aunque después se altere, como sucede también en el termómetro de Ruthenfort. Estos termómetros estaban sostenidos por un alambre espiral para impedir que se quebrasen en caso de chocar los cilindros contra alguna peña o contra el costado del buque al sacarlos.

Uno de los cilindros estaba cerrado por un extremo y

tenía en el otro por donde se introdujo el termómetro un tornillo para cerrarlo ajustando perfectamente por medio de una rodaja de cuero. En el otro cilindro entraba libremente el agua, y así se consiguió observar las alteraciones sustraída y permitiéndola.

Usó de una sondaleza de 1,230 brazas y al extremo de ella colocó otros cilindros a distancia de dos o tres brazas uno de otro.

No era posible medir la profundidad con toda exactitud, porque al fin el movimiento del buque aunque corto separaba la cuerda de la perpendicular, pero sin embargo esta desviación no era considerable, pues según los cálculos, venía a ser como media milla por hora, y habiendo tardado 25 minutos los cilindros en descender hasta desenvolverse toda la cuerda de 1,230 brazas, es claro que suponiendo el descenso a 1,000 brazas, se forma un cómputo muy bajo, pues no corresponden 230 brazas a la desviación, que debió ser mucho menor en los 25 minutos; pues 230 brazas darían una desviación de cuatro quintos de milla, que sin duda es mayor que la observada. Se convenció por este cálculo Sabine de que los cilindros se hallaban algo más de 1,000 brazas de profundidad y que podía tomar este número como efectivo.

Habiendo extraído los cilindros se encontró que el termómetro indicada 45°.5 en el que daba paso libre al agua, y 49°.5 en el cerrado, siendo la diferencia de cuatro grados, pero acaso provino en parte del mayor tiempo en que estuvo el primer termómetro en contacto con el agua. Efectivamente, a pesar de todas las precauciones se encontró que el agua se había introducido en el cilindro, y sólo parece que hubo alguna diferencia en el tiempo en que estuvo como forcejeando para entrar. Según repetidas observaciones, la temperatura del agua cerca de la superficie era de 82,5 a 83,2, según las distintas horas, y por consiguiente a la profundidad de 1,000 brazas había una diferencia de temperatura de 37 grados.

Sería de desear, como observa el mismo físico, que se repitiesen estos experimentos aprovechando días semejantes y colocando los cilindros a distintas distancias para observar si el decrecimiento de las temperaturas es proporcional a las profundidades, lo cual conduciría a muchas deducciones interesantes en la física. Sería asimismo muy conveniente repetir los experimentos a distintas latitudes, para observar si es también proporcional a ellas el decrecimiento de temperatura, supuesta una misma profundidad.

Anteriormente es cierto que se había hecho varios experimentos sobre esta materia, pero con aparatos menos proporcionados, Perrón, que ha sido el que más se ha dedicado a estas observaciones, carecía del termómetro de registro, posteriormente inventado, y así tuvo que valerse del medio de evitar la conductibilidad del calórico usando algunos cuerpos poco conductores. Introdujo un termómetro ordinario en una serie de cajas cuyos intermedios llenó con paja, carbón, estuco u otros cuerpos de igual naturaleza y proporcionó que el agua no pudiese entrar en el aparato sino hallándose éste a gran profundidad, y que introducida no pudiese salir. Como las sustancias exteriores no daban paso al calórico, creyó Perrón que podía observarse la verdadera diferencia producida en el termómetro por el agua a una profundidad dada. También se han practicado los experimentos por este físico sin permitir la entrada del agua, sino conservando el aparato sumergido un tiempo suficiente para que a pesar de la mala conductibilidad de las sustancias que le componen pueda dar paso al calórico que saliendo de la capacidad donde se incluía el termómetro debía producir un descenso en él, o bien al contrario un ascenso si el agua del mar estaba más caliente a grandes profundidades que en la superficie. El mismo tiempo que había empleado el calórico en atravesar dichas sustancias, debía tardar para producir una nueva alteración termométrica, y así creyó Perrón que daba lugar a extraer el aparato antes que se hubiese producido ninguna diferencia en el termómetro.

Por mucha que fuese la exactitud de estos aparatos y la destreza de los que practicasen los experimentos, es fácil conocer, como observa Sabine, que están sujetos a mil equivocaciones, porque es muy difícil graduar la verdadera conductibilidad de las sustancias en todos los casos y por otras muchas circunstancias accidentales que absolutamente pueden evitarse.

Sin embargo, de los experimentos de Perrón pueden deducirse datos interesantes en esta materia donde es imposible conseguir una exactitud matemática, bien que pueden llevarse a mayor grado de corrección practicándolos con el termómetro de registro y con todas las demás circunstancias indicadas por Sabine. De dichos experimentos resulta que a una profundidad de 2,144 pies, habiendo permanecido el aparato 22 minutos en ella y habiendo tardado sensiblemente el mismo tiempo en su introducción y extracción, los resultados eran aproximados a los obtenidos por Sabine. En la latitud de 5 grados N. y a una profundidad de S. 200 pies, bajaba el termómetro 38 grados T. y a la latitud 4 grados N. y a una profundidad de 2,144 pies, la diferencia termométrica era de 42 grados F. Es de esperar que ul-

teriores observaciones presenten un número de datos
suficientes para discurrir con exactitud sobre esta materia.

ACCION DEL MAGNETISMO SOBRE EL TITANIO

El profesor Wollaston había creído que los cristales cúbicos del titanio sólo eran atraídos por el imán cuando contenían algunas partículas de hierro de la piedra ferruginosa en que se le encuentra, pero habiendo hecho observaciones posteriores ha encontrado que estos cristales, aunque no son tan fáciles de atraer por el imán que pueda sostenerlos, sin embargo cuando se suspenden por un hilo y se aproximan a un imán es suficiente la fuerza magnética para desviarlos 20 grados de la perpendicular.

Habiendo hecho varios ensayos sobre la fuerza con que el imán atrae a otros metales encontró que un cubo de hierro que sólo pesaba un gramo unido a una cadenita de plata que tenía 80 ó 90 veces su peso era suspendido por un imán, y que este mismo suspendía un grano de cobalto a un peso de 20 a 30 gramos.

Dedujo de aquí que acaso la pequeña cantidad de hierro que está naturalmente ligada y no simplemente adherida al titanio, puede ser la causa del fenómeno, y que no está demostrado si el titanio por sí solo es o no atraído por el imán. El profesor Wollaston hizo esta especie de retractación en una memoria que leyó en la Real Sociedad de Londres en 19 de junio de 1823.

PROPAGACION DEL SONIDO

Una de las materias que han presentado en la física fenómenos más particulares es la propagación de los sonidos. En diversas épocas se han hecho observaciones acerca de ella, y muchas veces se ha deducido, sólo por el cálculo. Mr. Goldingnan acaba de hacer en Madrás los últimos experimentos que tenemos sobre este particular. Ellos le han ocupado por mucho tiempo, y verdaderamente se necesita una constancia y paciencia ilimitadas para practicar la multitud de experimentos de este sabio. En las transacciones filosóficas de Londres se han publicado las dilatadísimas tablas que los contienen. Yo en este artículo me contentaré con dar una idea del modo de las observaciones y de sus principales resultados.

En Madrás, el Castillo de San Jorge y el de Santo Tomás tiran un cañonazo por el amanecer y otro al ponerse el sol. En medio de estos fuertes está el observatorio aunque mucho más cerca del de Santo Tomás que del de San Jorge. Medidas estas distancias con exactitud, se tenía una situación muy útil para los experimentos.

Diariamente antes de salir el sol y de ponerse se colocaban diversas personas en observación de ambos fuertes para esperar el momento del cañonazo. Tenían excelentes cronómetros para medir el tiempo entre verse la luz y percibirse el sonido. Unas personas absolutamente no se comunicaban con las otras a fin de cotejar después las observaciones hechas sin engaño. Estas operaciones se repitieron por mucho más de un año, cuidando de observar siempre el estado de la atmósfera, en cuanto a las indicaciones del barómetro, termómetro e higrómetro. La siguiente tabla expresa el término medio de una multitud de observaciones, y a continuación pondremos otra que contiene los resultados que se tenían anteriormente por los cálculos de otros físicos para que pueda con más facilidad formarse un cotejo.

TABLA
DE LA VELOCIDAD MEDIA EN CADA MES

Meses	Altura media del			Velocidad del sonido en segundos
	Barómetro	Termómetro	Higrómetro	
	Pulgadas	o	Sequedad	Pies
Enero	30,124	79,05	6,2	1101.
Febrero	30,126	78,84	14,70	1117.
Marzo	30,072	82,30	15,22	1134.
Abril	30,031	85,79	17,23	1145.
Mayo	29,892	88,11	19,92	1151.
Junio	29,907	87,10	24,77	1157.
Julio	29,914	86,65	27,85	1164.
Agosto	29,931	85,02	21,54	1163.
Septiembre	29,963	84,49	18,97	1152.
Octubre	30,058	84,33	18,23	1128.
Noviembre	30,125	81,35	8,18	1101.
Diciembre	30,087	79,37	1,43	1099.

VELOCIDAD DEL SONIDO SEGUN VARIOS FISICOS

	Pies en un segundo
Newton	986
Roberts	1300
Boyle	1200
Walker	1338
Marsennus	1874
Flemsteed y Halley	1142
Académicos florentinos	1148
Académicos franceses	1172

FENÓMENO OBSERVADO POR EL PROFESOR SILLIMAN EN EL CHRYOFORO DE WOLLASTON

Diariamente se presentan al físico nuevos fenómenos, o por lo menos nuevos resultados de los fenómenos conocidos que le ejercitan en varias investigaciones, y le indican lo que debe evitar en el uso de los instrumentos. Ninguno es tan sencillo ni de una teoría más clara que el Chryophoro de Wollaston, y sin embargo un fenómeno inesperado llama la atención del acreditado profesor Silliman y le ha sugerido una precaución que debe tomarse al construir este instrumento.

Usaba Silliman de uno cuyos globos tenían pulgada y media de diámetro, y estaban unidos por un tubo de 15 pulgadas. Habiendo sumergido el globo vacío en una mezcla de nieve y ácido nítrico, advirtió que los vapores del agua que se hallaban en el globo opuesto se iban condensando, y aún llegaron a ser tan abundantes y a enfriarse en tal grado que se congelaron produciendo como una costra en todo el interior del globo. Hasta aquí el fenómeno nada tenía de extraordinario, sino la perfección y prontitud con que se había producido un efecto bien conocido; mas hallándose Silliman en esta observación reventó el globo opuesto que contenía el agua con una fuerza y estruendo extraordinario, lo que hasta ahora no se sabe que haya ocurrido jamás en este instrumento.

No podía este efecto atribuirse a otra causa que a la dilatación del agua, que sin embargo en ningún otro

Chryophoro lo ha producido, mas Silliman observa que el suyo estaba lleno de agua hasta más de la mitad del globo y a esta causa atribuye el fenómeno. Luego que se congelaron rápidamente las primeras capas de agua y que esta congelación se extendió hasta algo más abajo del centro del globo, se formó un sólido que no podía ascender porque su base era un círculo máximo de la esfera y no podía reducirse en términos de ocupar el hueco de ninguno de los otros círculos menores, como era preciso para que el sólido ascendiese.

Resultó, pues, que el agua inferior a este sólido, al congelarse, no tenía modo de extenderse hacia arriba y todo el impulso debió hacerlo hacia los lados y al fondo, y como esta nueva congelación debió ser muy rápida, como lo había sido la primera, porque los vapores continuaban condensándose con igual rapidez en el globo opuesto, necesariamente debió reventar el globo con toda la fuerza que se observó.

El profesor Silliman deduce de este fenómeno que en la construcción del Chryophoro sólo debe llenarse hasta un tercio el globo que contiene el agua y que un descuido en esta materia es una imperfección en el instrumento.

Mas es preciso confesar que el Chryophoro construído de la manera ordinaria, esto es: con globos de cristal hechos al soplo, siempre estará expuesto a un accidente semejante, cuando la congelación se haga tan rápidamente como en el caso ocurrido a Silliman, pues usó la mezcla frigorífica más fuerte, esto es: la nieve mezclada con ácido nítrico. He dicho que siempre estará expuesto porque siendo estos globos necesariamente muy delgados bastará a veces la dilatación lateral del hielo para reventarlos aunque esto no sea fácil, y de todas maneras es interesante la precaución que indica el citado profesor. Acaso convendría dar la forma cilíndrica al recipiente que contiene el agua, pudiendo en este caso ser algo más grueso el cristal.

... Die natura al nascimento umano,
Verso il caro paese ov'altri è nato
Un non so che di non inteso affeto,
Che sempre vive e non invecchia mai.
Come la calamita, ancor che lunge
Il sagace nocchier la porti errando
Or dove nasce or dove more il sole,
Quell'occulta virtute ond'ella mira
La tramontana sua non perde mai:
Cosí chi va lontan dalla sua patria
Benché molto s'aggiri, e spesse volte
In peregrina terra anco s'annidi
Quel naturale amor sempre ritiene
Che pur l'enchina alle natie contrade.

PASTOR FIDO.

TRANQUILIDAD DE LA ISLA DE CUBA

No basta que un pueblo quiera estarse quieto, dije en el número anterior, si otros más fuertes se empeñan en que no lo esté. ¿Y quién duda que ésta es la situación de la isla de Cuba? Yo prescindo de cuál sea la verdadera voluntad de aquel pueblo, pero no puedo prescindir de la de los que le rodean y de los medios que tienen para conseguir su cumplimiento. No recalcitraría sobre estas ideas que pueden ocurrir a cualquiera que medite sobre la situación de aquel país, si las circunstancias no se estrechasen por momentos, y la indolencia no creciese desgraciadamente a la par que se aumenta el peligro. Debo a mi patria la manifestación de estas verdades, y acaso no es el menor sacrificio que puedo hacer por ella el hablar cuando todos callan, unos por temor, y otros porque creen que el silencio puede, si no curar los males, por lo menos disimularlos; y quieren recrearse con la apariencia de un *bienestar* de que ellos mismo no aciertan a persuadirse.

No es tiempo ya de tratar de derechos. Lo es sólo de observar los hechos y prever sus resultados, si es que puede llamarse previsión la de un futuro que casi tenemos ya en las manos. El continente americano después de innumerables sacrificios se halla libre e independiente, pero le es indispensable alejar hasta la idea de que España tiene posesiones en América. En esto convienen todos los países, y acaso más que ninguno los Estados Unidos, porque su práctica de negocios políticos los pone más al alcance de todas las consecuencias del influjo europeo, por medio de una nación débil como la España. No es, pues, una suposición, sino un hecho constante, que todos reunen sus esfuerzos para separar de España la isla de Cuba, que es el punto más interesante y por lo mismo el más perjudicial a los intereses americanos, si se conserva bajo el dominio de una potencia europea. Consideremos ahora los medios que tienen para conseguir su intento.

Por lo que hace a este país, es claro que los tiene todos, pero no los emplea abiertamente por la harmonía que hasta cierto punto debe guardar con los gabinetes de Europa, mientras no medie una guerra; mas todo el mundo sabe que hay mil modos de salir de este embarazo, y de operar tan eficazmente como los demás pueblos de América, porque es una misma la causa, y uno mismo el interés.

Además, yo no puedo menos de hacer una observación, que indica ya el medio de que sin duda se valdrán estos Estados, para intervenir en los negocios de la isla de Cuba. Esta se halla inundada de piratas en tales términos, y con tanta crueldad, que con dolor oigo (pues jamás puedo olvidar que es mi patria) que se la llama el Argel de América, puesto que los mismos que cometen estos atentados se han querido dar el nombre de musulmanes. El gobierno de la Isla, débil o indolente, pues no me atrevo a llamarle cómplice como algunos sospechan, no pone remedio a este mal que se aumenta cada día, en términos que los piratas parece que forman ya una nación temida, si no reconocida por aquel gobierno. Es bien notorio que los piratas no son únicamente los que salen al mar, sino los compradores de los efectos, que animan estas empresas con su codiciosa y criminal conducta. Todo el mundo sabe quiénes son estos compradores, menos el Gobierno, que sólo se ocupa en saber quién niega que es esclavo, para hacerle entender que tiene un amo.

Como los que más sufren en estas piraterías son los Estados Unidos, contra los cuales no parece sino que la España ha declarado de hecho una guerra —y una guerra sin leyes de naciones, puesto que sus súbditos, y los ajenos que se guarecen en su territorio, no cesan de saquear buques americanos y matar sus tripulaciones, llegando hasta a tener la crueldad de dar fuego a aquéllos con la gente dentro—, es claro que esta nación tiene un derecho para remediar por sí el mal que otros o consienten o no pueden evitar, y que exigirá, no una satisfacción de papeles, sino de hechos, y ya pueden inferirse los resultados. Hasta ahora sólo los detiene la consideración de Inglaterra, pero con una causa tan justa no es muy difícil un convenio entre las dos naciones.

Las repúblicas de Colombia y México, que se presentan abiertamente hostiles, tendrán muy pronto todos los medios necesarios para arruinar la Isla, pues a la marina que cuenta la primera, agregará la segunda seis fragatas y otros buques que acaban de contratarse, y de los cuales se asegura que algunos están ya en el mar dirigiéndose a los puertos mexicanos, adonde acaso habrán llegado a esta fecha. Como el castillo de San Juan de Ulúa, donde debe tomarse es en la boca de los puertos de La Habana y Matanzas, no puede quedar mucha duda sobre el destino de dichas fuerzas marítimas. En el puerto de Campeche se asegura que hay reunidos de cuatro a seis mil hombres, y que continuaban reuniéndose. Nadie puede figurarse que estas tropas tengan otro objeto que el de una invasión, pues seguramente no están esperando a los peninsulares, que lo que menos pueden, aunque no lo que menos piensan, es venir a conquistar la América. Y si al mismo tiempo (como casi es sabido) hacen los colombianos un desembarco por su parte, la empresa no es muy difícil. Yo estoy bien lejos de creer que un corto número de soldados, sea cual fuere su valor y decisión, basta para dominar la Isla, si hubiese una completa defensa; mas ya he hecho ver en el número anterior, que no es éste el caso que debe esperarse.

Pero supongamos que la temeridad, tomando el nombre de heroísmo, sostiene denodadamente la guerra, no ya contra los invasores, sino contra la gran parte de la población que se les unirá, ¿cuál debe ser el resultado? La ruina del país y la victoria de sus verdaderos enemigos... Los que hasta ahora han sacrificado todo a la tranquilidad de la Isla por un principio de especulación, y no por amor a España ni por fidelidad al rey, yo aseguro que al ver que todo lo pierden, abogarán por la cesación de la guerra, y sólo un corto número de fanáticos políticos se determinará a perder su fortuna y la de todo el país, para sucumbir al fin con una gloria infructuosa, que perteneciendo a todos a nadie afecta, y cuya idea va siempre asociada con la de la barbarie, pues sus efectos son la miseria y desolación.

Entre tanto la España, ocupada por un ejército extranjero que la inspira justos temores, además de chuparle el poco jugo que la queda; dividida en partidos que se hacen una guerra a muerte, y que jamás podrán conciliarse; sin recursos de ninguna clase, y con infinitas causas que destruyan los pocos que acaso puedan proporcionarse; amenazada por los colosos europeos de correr la suerte de los Estados débiles cuando sirven de

obstáculo, o puede convenir a las miras de los poderosos; sin contar con nadie porque de nadie debe fiarse;
arruinado el comercio, atrasada la agricultura, parali-
zadas las pocas artes que poseía; en una palabra, sin más
que el nombre de nación, que acaso perderá muy pronto;
esta España, digo, es el único apoyo de la isla de
Cuba. Yo prescindo de las causas; el hecho es (y el
hecho inevitable) que la Isla está abandonada a sí
misma, después de haberla comprometido hasta el último extremo respecto de los demás países de América,
por haber sido la verdadera España que ha hecho la
guerra a todos ellos, pues de la península jamás ha venido ni un real para este objeto, y sin los recursos proporcionados por Cuba, hace tiempo que a los españoles
se les hubiera olvidado que tuvieron colonias, y que
ahora para continuar unida a España, se vería la Isla
en la absoluta necesidad de entrar en una guerra sangrienta, de la cual no puede resultar sino su ruina.

Es cierto que en La Habana se esperan tropas de la
península, pero esta esperanza es de aquellas que suelen
inspirarse astutamente a los pueblos para entretenerlos
o atemorizarlos, según conviene. Se dice por cartas
particulares, que están dadas las órdenes para que se
embarque en la Coruña el regimiento de la Unión, y
pase a La Habana; pero como para este negocio se necesitan más pesetas que órdenes, y la España está exhausta, es más que probable que los pobres soldados no
tendrán que atravesar el mar. Por otra parte, es sabido
que los argelinos han empezado a hostilizar a los españoles, y esto exigirá poner en el Mediterráneo alguna
fuerza naval, y como en línea de buques (como en casi
todas) se halla la nación en estado de nulidad, yo no sé
si habrá algunos que mandar con dicha expedición, la

cual, si no viene con una fuerza naval respetable, se expone a ser batida y apresada.

Pero supongamos que sale la tal expedición y que llega felizmente a su destino, suposición que apenas puede hacerse, ¿qué se habrá adelantado? Obligar a los invasores a que empleen mayor número de tropa, mas no a que desistan de su empresa, ni que dejen de conseguirla. Soldados se vencen con soldados, y seguramente España no puede aumentar ni reemplazar los suyos en la Isla, como lo harán sus enemigos. Se aumentarán los gastos, sufrirá el pueblo, y se precipitará la revolución, lejos de impedirse. Yo prescindo de los que morirán del vómito cuando empiece el verano, y de los que viéndose en el caso de cebarse en la sangre de un pueblo que nada les ha hecho y que les ofrece mucho, se negarán a ser sus verdugos, y preferirán ser sus compañeros. Los más ilustrados se avergonzarán de ser los opresores de un pueblo, los enemigos de la libertad, y los ministros de un gobierno que ellos mismos detestan. Es pues enteramente infundada toda esperanza que pueda tenerse de sostener la Isla, por que venga de España uno u otro regimiento, pero aún es más infundado esperar que venga. Por otra parte, ¿quién ignora que la isla de Cuba se toma en el mar? Mientras mayor sea el ejército que tenga dentro, mayor es el gasto, mayor la miseria, y más segura la reacción del pueblo, si se le obstruyen todos los canales de su comercio, y por consiguiente se arruina su agricultura. Es preciso no equivocarse: la remisión de un corto número de tropas a la isla de Cuba, es como aquellos remedios que suelen aplicar los médicos a los enfermos moribundos, más por cumplir con el arte, que por sanar al paciente.

Yo deseo llamar la atención ahora sobre la naturaleza de todo pacto social, y con especialidad del que liga a las colonias con su madre patria, maternidad inventada por especulación política, pero que sin embargo conviene no impugnar al presente, sino que deduzcamos las consecuencias que se desprenden de ella misma, procediendo según los principios adoptados por sus defensores.

Todo pacto social no es más que la renuncia de una parte de la libertad individual para sacar mayores ventajas de la protección del cuerpo social, y el gobierno es un medio de conseguirlas. Ningún gobierno tiene derechos. Los tiene sí el pueblo, para variarlo cuando él se convierta en medio de ruina, en vez de serlo de prosperidad. Aún siguiendo las doctrinas de los *legitimistas,* sería imposible demostrar que un pueblo está obligado a sacrificarse por ser *fiel a su legítimo señor,* cuando éste le abandona, o no puede favorecerle, y cuando ni él ni su amo (si es que los pueblos tienen amos), sacan ninguna ventaja de semejante sacrificio, sino el placer de que diga un rey: se sacrificó todo un pueblo por que yo fuese su amo; ya no existe para mí, pero tampoco existe para otros ni para sí mismo. De sus moradores, unos perecieron en la guerra, otros han buscado su seguridad en la fuga, y el resto llora sobre los sepulcros de los que amaba, suspira por los que se le han alejado, contempla las ruinas de toda su fortuna, pero al fin está cubierto de la gloria de la *fidelidad,* y transmite a las generaciones futuras la memoria de su valor y decisión. ¿Distaría mucho este heroísmo de la brutalidad? Pasaría, sí, a los siglos venideros la oprobiosa memoria de un pueblo que creyó que sólo existía para un hombre a quien se ofreció en inútil y bárbaro sacrificio, por decir: *te fuí fiel.* Los pueblos que por su debilidad se hallan en el triste estado de colonias, esto es, en el de producir para los goces de otro más fuerte, sólo pueden soportar esta desigualdad social, en virtud de una recompensa que encuentran en la protección y garantía que se les presta; pero en el momento en que voluntariamente o por necesidad son abandonados; y lo que es más: expuestos por su *protector nominal* a una ruina inevitable, ¿bajo qué pretexto puede exigirse este sacrificio? Es preciso estar muy alucinado para sostener semejante absurdo.

Mas ¿por qué me alejo de la cuestión principal, o mejor dicho: por qué entro en cuestiones cuando todas son inútiles? Quiera o no quiera Fernando, sea cual fuere la opinión de sus vasallos en la isla de Cuba, la revolución de aquel país es inevitable. La diferencia sólo estará en el tiempo y en el modo, y desde este punto de vista es como quisiera yo que se considerase el asunto. En vano se cansan los tranquilistas en ponderar las ventajas de su estado actual y todos los horrores de la revolución (horrores que ellos mismos producen y lamentan), pintando como monstruos a los que no piensan como ellos; en vano se pregonan los beneficios recibidos de España y las bondades del Rey. Todo eso no viene al caso. Hablando de beneficios habría mucho que decir... pero... tampoco viene al caso. La isla de Cuba sigue la ley de la necesidad, y así como por ella se conserva dependiente, por ella misma puede verse precisada a tomar otro partido.

Para este caso, que quizás no dista mucho, deben prepararse los ánimos. Sea cual fuere la opinión política de cada individuo, deben todos reconocer el gran principio de la *necesidad,* y hacer todo lo posible para que su aplicación no produzca males. Una lucha imprudente es una ruina probable y a veces cierta. Es preciso reunir todos los esfuerzos para sacar ventajas de la misma necesidad.

Lo que más debe desearse en la isla de Cuba sea cual fuere su situación, es que los hombres de provecho, los verdaderos patriotas se persuadan que ahora más que nunca están en la estrecha obligación de ser útiles a su patria, obligación en cuyo cumplimiento va envuelta su utilidad personal; que depongan una timidez cohonestada con el nombre de modestia, que tomen parte en todos los negocios públicos con el desinterés de un hombre honrado, pero con toda la energía y firmeza de un patriota. No abandonen el campo para que se señoreen en él cuatro especuladores y alguna chusma de hombres degradados, que sin duda, se animarán a tomar la dirección del pueblo si encuentran una garantía de su audacia en la inoportuna moderación de los hombres de bien. El crimen no es osado sino mientras la virtud se muestra débil, y aunque es cierto que según la expresión de un sabio, el patriotismo es el último recurso de los perversos, y en circunstancias difíciles sobran siempre por desgracia hombres que afectando un interés público, jamás se mueven sino por los degradantes estímulos de la avaricia o la ambición, también es cierto que es muy fácil correrles esta máscara y hacerlos aparecer con su verdadero semblante. Tales hombres sólo pueden contar con una masa de infames o de alucinados, y como jamás la generalidad de un pueblo es de perversos, ni tampoco puede ser alucinado, sino por algunos momentos, los triunfos de esta clase de especuladores son muy efímeros, y jamás se consiguen cuando los buenos patriotas se presentan en la lid.

Hasta ahora el pecado político casi universal en aquella Isla, ha sido el de la *indiferencia*: todos han creído que con pensar en sus intereses y familias han hecho cuanto deben, sin acordarse de que estos mismos objetos de su aprecio siguen la suerte de la Patria, que será lamentable si no toman parte en ella los hombres que pueden mejorarla, y aún hacerla feliz. No quiera Dios que a la desgracia se agregue la ignominia, y que muchos ni siquiera se atrevan a tributar el último homenaje a su malhadada patria, derramando algunas lágrimas sobre sus ruinas, por no aumentar el remordimiento, recordando que pudieron salvarla; quiera Dios que la ignorancia que se afecta no conduzca a una destrucción que sólo pueda lamentarse.

¿Pero qué?, dirán algunos, ¿es la revolución de la isla de Cuba lo que intenta persuadir un hijo de este suelo? ¡La revolución, que equivale a la ruina del país; la revolución, cuyos horrores apenas puede contemplar sin estremecerse toda alma sensible! ¿Es la sangre de sus compatriotas la que quiere que riegue unos campos donde ahora, tranquilos y felices, recogen los frutos con que la naturaleza premia su trabajo, y los regala abundantemente? ¡Ah! Este será el lenguaje con que el interés momentáneo procurará callar la voz imperiosa de la razón que manifiesta su inconstancia. Mas, ¿qué importa? La verdad siempre ha tenido enemigos, y jamás la calumnia ha dejado de atacar a sus defensores. Sin embargo, yo tengo el noble orgullo de persuadirme de que no habrá uno solo tan olvidado de sí mismo que conociéndome, y entre los que me conozcan, tenga la impudencia de llamarme sanguinario. ¡Ah! esa sangre es la que yo quiero impedir que se derrame; esos bienes son los que yo quiero ver afianzados, esa paz es la que yo anhelo porque se cimente. Deseando que se anticipe la revolución, sólo intento contribuír a evitar sus males. Si se deja al tiempo será formada, y no muy tarde, por el terrible imperio de las circunstancias; un hado político la decreta, ella será formada por el mismo gobierno español, que desconociendo sus intereses, y alimentándose con ficciones que ya sobre ser temerarias tocan en ridículas, no dará paso alguno para conservar lo poco que le queda, y teniendo como siempre ha tenido por sus enemigos a todos los que le han dicho la verdad y le han aconsejado aproveche siquiera los escombros de su arruinado edificio, dará lugar a la destrucción de un pueblo al que no da otra defensa que llamarle *siempre fiel* (¡malhadada fidelidad!); pero entonces ¡con cuántas desventajas!

Aún los más obstinados en la adhesión a España, creo que si no han perdido el sentido común, confesarán que una gran parte de la población de la Isla (para mí es casi toda) está por su independencia, y otra sólo está por su interés particular y se agregará a los que puedan garantizarlo; que es más que probable la invasión de la Isla, y que con tales elementos es casi evidente su toma. ¿Y cuál será en este caso probabilísimo, cuál será, digo, su desgraciada suerte? ¿Se habrá economizado la sangre? ¿Sentirá mucho verterla un ejército extranjero (porque a mí nadie me alucina con parentescos de pueblos), pisando un país donde sólo encuentra objetos de venganza? ¿Quedarán en aquellos campos los frutos que forman su riqueza? ¿Qué propiedad o qué vida estará garantizada? ¡Ah! Es preciso confesar que hay apatías más crueles que las mismas furias. Una revolución inevitable, prevista y no preparada, es a la vez la ruina y la ignominia de un pueblo.

Jamás he dado a nadie el trabajo de adivinar mis opiniones; siempre he hablado con franqueza, y mucho más debo usarla cuando se interesa el bien de mi patria. Yo opino que la revolución, o mejor dicho: el cambio político de la isla de Cuba es inevitable. Bajo este supuesto, para sacar todas las ventajas posibles y minorar los males, debe anticiparse y hacerse por los mismos habitantes, callando por un momento la voz de las pasiones, no oyendo sino la de la razón y sometiéndose todos a la imperiosa ley de la necesidad. Sea cual fuere la opinión política de cada uno, todos deben convenir en un hecho, y es que *si la revolución no se forma por los de casa, se formará inevitablemente por los de fuera, y que el primer caso es mucho más ventajoso.* En consecuencia, la operación debe ser uniforme. *Pensar como se quiera; operar como se necesita.* Si por desgracia, se diere lugar a la invasión de tropas colombianas o mexicanas, es menester unirse a ellas; no tomar la defensa de un gobierno que sólo pide sacrificios inútiles; cambiar el orden de cosas, y despedir prontamente los huéspedes con las indemnizaciones que fueren justas y con las pruebas de la más sincera amistad y gratitud. Cualquier otro partido que se tome, es inútil, es absurdo, y es destructor del país. ¿Por qué se pelearía entonces? ¿Por la tranquilidad? Sería el medio de perderla para siempre. ¿Por la riqueza? Sería el medio de aniquilarla. ¿Por el comercio? ¡Ah! Este desaparecería en el momento. ¿Por un amo? No puedo hacer a mi país la injuria de suponerlo. No; no presentará la historia al mismo tiempo en el otro hemisferio a la inmortal Ipsara haciendo prodigios de valor por ser libre en medio de los esclavos, y en éste, a la interesante Cuba luchando entre los libres por ser esclava.

Compatriotas: salvad una patria cuya suerte está en vuestras manos. ¡Ah! ¿y perecerá en ellas? Echad una sola mirada sobre un futuro, que ya tocamos: no permitáis que vuestro nombre pase con execración a las generaciones venideras. Al que fuere tan débil que aún tema cuando la patria peligra, cuyo temor es ignominia, concédasele la vida en castigo de su crimen; arrastre, sí, una existencia marcada en todos momentos con abominación y oprobio. Súfranse estos tímidos, pero represe los que no lo fueren para asesinar la patria siéndolo sólo para libertarla. Son nuestros todos los que piensen ó por lo menos operen como nosotros, sean de la parte del mundo que fueren. Unión y sincera amistad con ellos. Son enemigos todos los que por cualquier respecto lo fueren de la Patria. Firmeza y decisión para castigarlos. Olvido sobre lo pasado. La generosidad en cada partido, no es ya sólo una virtud moral; es un deber político, cuya infracción convierte al patriota en asesino de su patria. Unión y valor; he aquí las bases de vuestra felicidad.

Preveo todo lo que maquinará contra mí el espíritu de adulación, que es bajo y cruel mientras está en pie su ídolo, e ingrato y variable luego que perece. Nada me aterra; no ha puesto la pluma en mis manos la invectiva ni el elogio; condúcela el bien de mi patria, y nada me afectan las voces de sus enemigos. Mi posición autoriza a cualquiera para calumniarme suponiéndome miras particulares; lo conozco, y confieso con la franqueza que me es propia, que esa consideración me ha detenido hasta ahora, esperando que otros a quienes la desgracia no ha herido como a mí, sacasen en favor de la Patria todas las ventajas que les da su feliz posición. Mas ya que todo el mundo calla, yo no sé callar cuando mi patria peligra, y habiéndola sacrificado todos los objetos de mi aprecio, yo no la negaré este último sacrificio; su imagen jamás se separa de mi vista, su bien es el norte de mis operaciones, yo la consagraré hasta el último suspiro de mi vida. Es cierto que yo no puedo encontrar donde quiera mi Habana, como pretendió Horacio se encontrase su decantada Ulubre; es cierto que desde el momento en que la desgracia de mi patria envolvió la mía, sólo me he consolado repitiendo con frecuencia las memorables palabras que el orador de Roma puso en boca de Tito Anio Milón: *si mihi frui patria bona non licet at carebo mala;* y he suspirado constantemente por verla en un estado digno de ella misma; pero no me conoce el que no se persuada de que viviría gustoso aún en las heladas regiones del polo, si esto lo exigiese el bien de mi patria. Yo vivo tranquilo y superior a mi suerte. La imagen de Wáshington, presentada por todas partes en las calles y casas de un pueblo *racionalmente* libre y sólidamente feliz, al paso que me inspira una envidia perdonable, me convence de que no es ficticio el bien que deseo para mi patria. El testimonio de mi conciencia, he aquí un bien inamisible, de que no podrá privarme toda la saña de mis enemigos ni el poder de los tiranos. Yo he dado un adiós eterno a los restos de una familia desgraciada, y en medio de un pueblo libre mi existencia sin placeres, pero sin remordimientos, espera tranquila su término. Acúsese cuanto se quiera mi intención, pero respóndase, si es que se puede, a mis razones. Débiles: calumniadme; ése es el único recurso que os queda.

ESTADO ECLESIASTICO EN LA ISLA DE CUBA

Sin una injusticia manifiesta no se atreverá a negar nadie que el estado eclesiástico en la isla de Cuba, sólo tiene el nombre de estado, porque al fin son muchos hombres que llevan un mismo género de vida, y ejercen unas mismas funciones como ministros de la única religión admitida en el país, mas no porque formen un cuerpo con intereses contrarios a la generalidad, ni se mezclen jamás en los negocios políticos, sino como individuos particulares los que han querido hacerlo (que son muy raros), pero nunca reclamando derechos de corporación, ni con pretensiones que indiquen no un interés de los individuos aisladamente, sino el del cuerpo como por desgracia sucede en otros países.

Es innegable que dondequiera que hay hombres reunidos bajo cualquier orden o principios, hay cierto espíritu *de corporación,* tan natural e inevitable, que es la mayor locura pretender destruírlo, pues la oposición sólo sirve para aumentarlo. La sociedad, aún prescindiendo de las divisiones jerárquicas, tiene otras muchas producidas por la distinta profesión y contacto de los intereses de los hombres, y el gran tino político consiste en saberlas dirigir con prudencia, y sacar de ellas todo el partido posible en favor de todo el cuerpo social. El cimiento de esta gran obra sólo puede ser un bien general y éste no puede ser otro que la conservación del cuerpo que sostiene todas estas clases, como el tronco las diversas ramas. Las pretensiones exorbitantes llevan consigo mismas el carácter de infundadas y efímeras, y aunque halagan a los que las abrigan, jamás les convencen de su perpetuidad, y la experiencia no menos que la razón demuestra que en circunstancias críticas hay muy pocos hombres que se aventuren a perder un bien constante y fácil de conservar, por hacer tentativas para adquirir un bien improbable en su existencia y en su duración.

El clero de la isla de Cuba vale más como propietario que como corporación, y la generalidad no debe sus propiedades a su Estado, sino a su familia y país. Las congruas no son más que un requisito para la ordenación, pero habrá muy pocos (si es que hay algunos) que funden en ellas su subsistencia. Tienen tanto motivo de interés civil como todos los demás del pueblo, de quienes no se distinguen sino por el ropaje. Si el azúcar y el café valen, y si las casas rinden un buen alquiler, seguramente no se interesan menos los eclesiásticos que los seglares en estas ventajas que no trocarían por ninguna especie de privilegio de consideración social. No hay, no, en la isla de Cuba la multitud de eclesiásticos miserables que en otros países donde el hambre pone a prueba la virtud.

El número de eclesiásticos en aquella Isla, lejos de ser excesivo, en algunas partes es insuficiente, y donde están acaso más aglomerados de lo que convendría, no por eso gravan el pueblo, pues como he dicho, viven de caudales propios y no se distinguen de los demás ciudadanos sino en su ministerio. Sólo se sostienen de fondos públicos los párrocos, y aquellas personas absolutamente necesarias al culto, las cuales, sea cual fuere la situación de la Isla, han de permanecer en sus destinos. Las rentas que disfrutan son bastante moderadas, y en algunos parajes bastante escasas. De modo que en ningún cambio pueden temer su disminución, y muchos seguramente deben esperar su aumento. Es, pues, evidente que aun cuando se quisiese hacer al clero de aquella Isla el gran ultraje de sospechar que en algún caso tendría miras contrarias al bien general del país, semejante calumnia se desvanecería prontamente a la vista de cualquier hombre imparcial que meditase en la materia, no fundándose en observaciones generales y ejemplos aplicados, sino en los datos particulares y circunstancias del estado eclesiástico en aquel país.

Los frailes, he aquí la cantinela. Los frailes son en muy corto número; no tienen señoríos, ni las prerrogativas de que suelen disfrutar en otros países. Lejos de querer conservar los conventos, los más de ellos desean que les permitan marcharse para sus casas, creyendo como deben creer que acaso de ese modo son más útiles a la Iglesia; otros que son de distinta opinión, o que convierten el escrúpulo en santidad, se hallan penetrados del verdadero espíritu de su regla, y jamás serán capaces de convertirla en base de especulación, y el cortísimo número de los que no pertenecen a estas clases, nada significa. Yo tengo dadas algunas pruebas de no ser parcial de estas corporaciones, que prescindiendo de lo que fueron, se sabe lo que son y lo que serán, pero también he procurado darlas de aprecio al mérito individual y de respeto a las mismas corporaciones, mientras ellas están autorizadas por la sociedad. Yo desearía que no hubiese ni un fraile, pero mientras los haya, deseo verlos respetados, como deben estarlo todas las clases en una sociedad bien organizada. Su extinción debe dejarse al tiempo, y a ellos mismos que acabarán muy pronto la obra; precipitarla es hacer una cosa muy fácil, pero no conveniente, sino perjudicial. Estas ideas tienen toda clase de opositores. Los ilusos graduándolas de impías, los acalorados teniéndolas por muy tímidas. Yo aseguro a los primeros que compadezco el estado de su espíritu y que no me ofenden; y a los segundos, que si se tranquilizan por un momento, conocerán que tengo motivos para creer que esta que llamarán irresolución, es una verdadera justicia respecto de las personas y un dictamen de *prudencia social.*

Por otra parte, es innegable que si en aquel clero no abundan los hombres sobresalientes, sin embargo no faltan, y la generalidad tiene la instrucción que basta para desempeñar con decoro su ministerio y para merecer aprecio en la sociedad. Se halla despojado de ciertas preocupaciones, o mejor dicho de ciertas manías que son fruto del aislamiento social de otros países, y que son incompatibles con la naturaleza de un pueblo mercantil, puesto en contacto con casi todos los del universo.

Bien sé que muchos dirán que escribo apasionadamente, porque al fin yo fuí individuo de aquel clero, y no habiendo chocado jamás con ninguno de mis compañeros, debo conservarles, y les conservo, grande afecto; mas yo suplico que no se atienda a quien escribe, sino lo que escribe, y en qué lo funda. Sobre todo, yo he puesto mi nombre al frente de este papel, para que cada cual forme la idea que quiera sobre las intenciones de su autor y saque todo el partido que pueda ofrecerle este conocimiento.

No, no ha sido mi ánimo formar la apología del clero de la isla de Cuba, sino prevenir un golpe que acaso se trama contra la felicidad del país. Pueden algunos equivocadamente creer que aseguran su tranquilidad y

que contrarían los planes de los conspiradores introduciendo, o mejor dicho fingiendo que han introducido,
el estado eclesiástico en el asunto político. En el momento en que se inspire desconfianza entre el pueblo y
el clero, formando de éste un cuerpo separado de aquél;
en el momento en que se haga religiosa una cuestión
puramente política, todo se pierde, y para todos. La
ilustración de aquel pueblo no permitirá los excesos que
lamentamos en otros, pero cualquier herida es muy
grave en punto a unión entre aquellos habitantes, y ésta
no sería una de las menores. No es muy difícil conocer
cómo piensa la generalidad del clero de la Isla, pero
tampoco es difícil inferir cómo pensará, si la imprudencia da lugar al resentimiento. Nada de clérigos y
frailes, y sobre todo nada de alucinamiento. Conviene
estar sobre aviso, pues no debe dudarse que si las circunstancias se estrechan, habrá gente pagada que grite
contra los eclesiásticos para ganárselos. Digo más: habrá hasta *impíos de especulación* que por todas partes
difundirán la alarma entre las personas virtuosas y sencillas, que no conozcan la trama, y adviertan que la
impiedad y el fanatismo son cualidades que afectan a
las personas, pero que sirven de instrumento a la política. La mitad de los que se presentan como impíos
se presentarían como devotos si conviniera a los que les
mandan representar el papel y les pagan su dinero. Por
ilustrado que sea un pueblo, siempre tienen su influjo
en los negocios civiles las ideas religiosas, y en una
sociedad pequeña es el arma más funesta que puede emplearse el agitar los ánimos con cuestiones, o mejor
dicho, con sarcasmos y ataques de esta naturaleza. El
camino del cielo está bien claro, y cada cual puede seguirlo o separarse de él como mejor le parezca, pero

convengamos todos en conservar la tierra, y en conocer las tramas de los que quieran privarnos pronto de ella.

Por una fatal desgracia ha logrado en la infeliz España la ignorancia lamentable de algunos y la infame hipocresía de muchos presentar a la vista del pueblo sencillo como incompatibles, o por lo menos, poco conformes las ideas de libertad y religión, haciendo que ésta se tenga como una de las bases del poder arbitrario y si se quiere de la tiranía; conducta inicua que al paso que oprime a los pueblos y protege toda suerte de crímenes, dándoles el sacrílego viso de santidad, es uno de los ataques más fuertes que pueden darse a la misma religión. ¡Ah! Sin duda la ignoran, o no la profesan los que piensan, o persuaden que este don del cielo, en vez de ser (como lo es) la fuente única e inagotable de la felicidad humana, ha sido dado por Dios sin otro fin que el de hacer desgraciadas a sus criaturas. La libertad y la religión tienen un mismo origen, y jamás se contrarían porque no puede haber contrariedad en su autor. La opresión de un pueblo no se distingue de la injusticia, y la injusticia no puede ser obra de Dios. Sólo es verdaderamente libre el pueblo que es verdaderamente religioso, y yo aseguro que para hacerle esclavo es preciso empezar por hacerle fanático. ¡Tan lejos está la verdadera religión de ser base de la tiranía!

Yo repito con la más grata emoción que el pueblo de la isla de Cuba se halla en muy diferente estado que la generalidad de los pueblos peninsulares en cuanto a esta materia; mas no por eso debemos descuidarnos y despreciar los ataques que puedan preparar los enemigos de la libertad. Defensores *del trono y del altar*: quitaos la máscara. Vosotros podréis servir de apoyo al primero, mas la sagrada víctima que se sacrifica en el segundo abomina vuestra hipocresía, y detesta vuestra impiedad. Ya que sois déspotas, no seáis sacrílegos. La fuerza es el apoyo de la tiranía, y la religión no puede servirla de pretexto, sino empezando por experimentar ella misma el mayor de los ultrajes. Es un espectro de religión el que os sirve de máscara, vuestra conciencia os lo dice, los sensatos lo conocen, los simples lo sufren, y Dios a quien ofendéis quiera perdonaros. Mas ¿para qué me detengo en reflexiones que en vano persuaden la razón si no promueven el interés privado, único móvil de los seres prostituídos al poder? Yo confío en el clero de la isla de Cuba porque le conozco, y espero que si una política infernal intentase (como lo consiguió en España) tomar a la religión por pretexto para sus inicuos planes, no sólo no encontrará cabida entre tan beneméritos eclesiásticos, sino que cada uno de ellos en desempeño de su sagrado ministerio trabajará por correr este velo y evitar a nuestra sagrada religión un ultraje tan manifiesto. Sí, yo no dudo que ésta será su conducta y que el pueblo de la isla de Cuba, lejos de ser jamás oprimido por el influjo de su clero, encontrará en él un firme apoyo, del cual en vano se tratará de privarlo.

No hay que seguir ejemplos de otros pueblos... El caso es totalmente distinto, y se tratará de hacerlo idéntico. Muchos hablan de clérigos y frailes por moda como quien tira palos de ciego sin distinguir de pueblos y de personas. Estos imprudentes, si aman su país, deben moderarse, y los perversos que lo hagan por una paga, deben ser reprimidos, pues nada es más fácil.

Afortunadamente en la isla de Cuba no han llegado las cosas a este miserable estado, pero vale más prevenir los males que curarlos. Nadie ignora las críticas circunstancias en que se puede hallar la Isla, y ningún aviso en esta materia será inoportuno. El modo más eficaz de hacer entrar una corporación en un partido es decir que ha entrado; y el de separarla, sostener que está separada, porque entonces se granjea el odio del partido contrario, y en vano pretende sincerarse cuando sólo se da oído al resentimiento. Pierden entonces todos sus individuos, no sólo la esperanza de medrar, pero aún la de ser bien vistos y aún hasta la de existir, y unos por despecho, y otros por cálculo, se van de veras al partido donde se decía que estaban, y mucho más si éste sabe ofrecerles y halagarles, pues son pocos los hombres que tienen la firmeza de carácter necesaria en situación tan terrible. ¡Ojalá que estas ligeras reflexiones puedan contribuir al desengaño de muchos que acaso con la mejor intención servirían sin saberlo de instrumento a los perversos!

BOMBAS HABANERAS

El miedo ha sido siempre el principio más fecundo de ficciones, y como en La Habana no falta, han adquirido gran feracidad *los mentideros* (por el cuidado y operación de muchos que no concurren a ellos), y sus cultivadores aventuran sin reparo, porque el estado de los ánimos es propio para recibirlas *gordas.* Ya se aterran, ya se animan, ora solícitos, ora indiferentes, pero siempre equivocados, y tanto más cuanto menos creen estarlo. Un día brotan conspiraciones por cada punto de la Isla, y todas con proyectos sanguinarios; los ánimos están exasperados, la división es inevitable, el odio es mortal, y todo amenaza convertir a la hermosa Cuba en un campo de desolación y de espanto. Al día siguiente todo se ha concluído. Las conspiraciones se han cortado de raíz; los buenos (que sólo pueden serlo los anti-independientes), todos sostienen al Gobierno; un corto número de locos y de perversos es el único que intenta algo; mas sus esfuerzos son ridículos. Llega por desgracia de los tranquilistas alguna noticia de España poco favorable, o se dice que los patriotas consiguen victorias en el Perú: empieza en el momento la agitación, aunque se disimula, y como este mal puede ser muy grave, se pone en acción la fábrica de bombas, y apenas se forman, cuando se disparan en todas direcciones. Prontamente hay cartas que digan que ha sido tal el regocijo con que se ha recibido en casi toda la América la caída del sistema constitucional y el restablecimiento del poder absoluto, que debe esperarse que muy pronto estarán todas las provincias pacificadas (esto es, subyugadas mil veces más que antes), sin más que ofrecer el perdón por un acto de clemencia de S. M. a los que han dado en la majadería de ser libres, y de no querer aguantar su gobierno injusto y disparatado. Otras veces la cosa va más seria: viene por ahí una expedición formidable, de rusos, franceses, españoles, italianos y de todo bicho viviente, cuya sola vista aterrará a los pícaros insurgentes y toda la América quedará bien compuesta, es decir: bien esclavizada, no ya por los españoles, que en tal caso serían bien insignificantes, sino por los extranjeros. Como esta noticia era muy gorda, se rebajó un poco, y ya se redujo a una expedición de españoles; pero se vió prontamente que en este supuesto debía de ser muy corta y para darle algún valor se tuvo la feliz ocurrencia de suponer que venía con ella el infante don Francisco de Paula. Alguno podría sospechar que el tal infante tendría el buen despacho de Iturbide, si cogía de mal humor a los mexicanos como hace tiempo que están; pero no, aquel pueblo respeta mucho cuanto tiene relación con su rey; siempre ha deseado (cuando no podía otra cosa) la venida de un príncipe de la Casa, y apenas le verán, cuando todos, todos, saltarán de contento.

Bolívar en el Perú está casi derrotado y buscando donde refugiarse. Canterac y La Serna tienen un ejército formidable y gozan de una popularidad inmensa; al paso que los independientes son el objeto de la execración de aquellos pacíficos habitantes. Todo, todo está en favor de la España y mucho más desde que ha llegado a aquellas dilatadas regiones la plausible noticia de que su amo está en perfecta libertad, después de su horrible cautiverio, y debe esperarse que en breve desaparezca el ejército colombiano, se dispersen sus partidarios y goce el pueblo de la suspirada tranquilidad. Vienen cartas y papeles públicos de todas partes anunciando lo contrario, y presentando la verdadera opinión de los pueblos de América; pero no importa: en La Habana se sabe que todo es falso, y aunque viesen entrar a La Serna y Canterac como a Morillo y Morales, dirían que estaban victoriosos en el Perú. ¡Qué ceguedad! ¿Y creerán los que difunden y sostienen tales patrañas que trabajan en favor de la isla de Cuba? ¿No conocen que la ficción de un bien es el mayor de los males? ¿No advierten que la idea de una seguridad infundada es el principio de la ruina de un pueblo? Pero ¡Ah! No es el pueblo el objeto de los que propagan estas ideas; son sus utilidades personales las que quieren prolongar cuanto les sea posible; es un amo a quien pretenden complacer para conseguir sus favores.

Todo lo que no es depender de España, es arruinarse; y unidos a la Madre Patria aún la misma ruina es prosperidad. Ven llegar el momento en que las cosas deben variarse y que lo más prudente sería preparar al pueblo para un cambio político inevitable; pero éste es un crimen y la virtud consiste en engañar o fingir que se engaña a aquellos habitantes, conducirlos por pasos a su desgracia, exasperar los ánimos hasta el último grado y proporcionar que corran los arroyos de sangre con que hace tiempo que están aterrorizando a los irreflexivos. Empiecen por demostrar que continuando las cosas en el estado actual no llegará el caso de tales desastres; y yo soy el primero que abogo por la llamada tranquilidad de la Isla, pero *etiopem accipis dealbandum*.

Lo más particular es el delirio en que están casi todos en aquella Isla sobre los planes de los refugiados en estos países. No hay carta de La Habana en que no se diga algo sobre esto; unos toman el tono de lamentación, otros el de consejo, alguno el de burla, y casi todos el de credulidad. Tienen manifiesto el enemigo, cuyos planes son palpables, pues todo se reduce a invadir la Isla y tomarla de grado o por fuerza contando con la predisposición evidente de la mayor parte de sus habitantes; sin embargo, en los Estados Unidos es donde se forman todos los planes, como si se necesitasen muchos para el caso, y se comunican todas las noticias, como si éstas no se tuviesen en la misma boca del Morro. Se suministran los medios (a tanto delirio se llega en algunas cartas) para arruinar la Isla. Pero ¿quién los suministra? ¿Cuatro miserables refugiados? Esto no merece respuesta. ¿El gobierno de estos Estados? Si hubiese llegado ese caso, ya estaría concluída la empresa.

Es inútil que el gobierno español, o mejor dicho el de la isla de Cuba, sostenga aquí sus espías a quienes o paga o agradece sin otra ventaja que la de saber lo que nadie ignora, y es que los que han salido huyendo de la Isla no tienen motivos para estar contentos y que se alegrarían que llegase el feliz instante de volver a sus casas. ¡Pero figurarse otra cosa! Vaya que es tener mucho miedo.

Las armas de la calumnia, que tanto se han manejado contra los patriotas en todas épocas y países, y que en la isla de Cuba han sido la principal defensa de los que no han podido encontrarla en la razón y la justicia; estas armas que envilecen al que las usa y honran al que recibe sus golpes; estas armas tan propias de la causa del despotismo como de sus defensores; estas débiles armas se hallan muy embotadas, y son poco temibles sus tajos.

Por mi parte yo no tendré la debilidad de temerlas, y
jamás impedirán que yo proceda según creo que conviene a la felicidad de mi patria. No es tiempo, no,
de entretenernos en acusaciones particulares ni en lamen-
tos inútiles. Lo es sólo de operar con energía para ser
libres.

AMOR DE LOS AMERICANOS A LA INDEPENDENCIA

Por un error funesto o por una malicia execrable suele suponerse que el amor a la independencia en los americanos proviene de su odio a los europeos, y no que este odio se excita por el mismo amor a la independencia y por los esfuerzos que suelen hacer los europeos para que no se consiga. Los americanos tienen por enemigos a los anti independientes, sean de la parte del mundo que fueren, y aprecian a todos los que propenden a su libertad aunque fuesen hijos del mismo Hernán Cortés. ¿Qué influye el origen de los hombres, ni qué tenemos que recordar ahora la conducta de unos seres que envueltos en los siglos, ya sólo existen en las páginas de la historia?

La conducta actual de muchos de los europeos es la verdadera causa del odio lamentable que se ha excitado entre los de uno y otro hemisferio. Fijen su suerte con la del país donde habitan y que acaso los ha hecho felices, no trabajen por verlo subyugado a un pueblo lejano de quien sólo puede recibir mandarines y órdenes de pago o de remisión de caudales, observen una conducta franca, y todo está concluído, porque el odio no es a las personas sino a la causa que sostienen.

Los americanos nacen con el amor a la independencia. He aquí una verdad evidente. Aún los que por intereses personales se envilecen con una baja adulación al poder, en un momento de descuido abren el

pecho y se lee: INDEPENDENCIA. ¿Y a qué hombre
no le inspira la naturaleza este sentimiento? ¿Quién desea
ver a su país dominado y sirviendo sólo para las utilidades de otro pueblo? A nadie se oculta todo lo que
puede ser la América, y lo poco que sería mientras la
dominase una potencia europea, y principalmente la
España. Los intereses se contrarían, y es un imposible
que un gobierno europeo promueva el engrandecimiento
de estos países cuando éste sería el medio de que sacu-
diesen el yugo. La ilustración en ellos inspirará siempre temores a su amo, y aún el progreso de su riqueza si
bien le halaga por estar a su disposición, no deja de in-
quietarle por lo que puede perder.

Unas regiones inmensas, ricas, ilustradas, y fuertes
por sola su situación geográfica, dependientes de un
país europeo que en su comparación es un palmo de
tierra, pobre, ignorante, al contacto de naciones fuertes,
sin el dominio de los mares ni esperanza de tenerlo; esta
dependencia, digo, sería un fenómeno político el más
extraordinario, y que sin duda no debía esperarse. En
consecuencia se han puesto, y se han debido poner según
la política europea, aunque no según la razón, justicia y
humanidad, todos los medios para que los países de
América no sean más que lo que conviene a su amo que
sean; que la ilustración no vaya sino hasta donde baste
para sacar a los pueblos del estado de salvajes, en el
cual no serían útiles, ni halagaría el orgullo de sus do-
minadores, pero no hasta un grado en que conozcan todo
lo que valen, pues en tal caso se harían valer. Para
conseguir este intento inhumano, se les ha procurado
separar del contacto de las naciones extranjeras, bajo
pretextos ridículos por mal forjados. Mas la ilustración, que siempre empieza por una pequeña llama, y

concluye por un incendio que arrasa el soberbio edificio de la tiranía, ha conducido ya a los pueblos de América a un estado en que seguramente no quisieron verlo sus opresores. Tienen mucho que aprender, pero saben lo bastante para conocer lo que pueden prometerse a sí mismos y lo que puede prometerles un amo.

Queriendo ocultar su crueldad con el viso de conmiseración, han ocurrido siempre, y ocurren muchos (aún de los que quieren pasar por corifeos de libertad) al degradante efugio de sacar partido de los mismos vicios del gobierno español en América y fingen con hipocresía que se compadecen de la suerte que le cabrá, si se abandona a sí misma. Ellos pretenden protegerla, pero dominándola; enriquecerla, pero chupándola cuanto produzca; ilustrarla, pero privándola de todos los medios del saber. No está, dicen, en estado de ser libre. ¡Ah! ni lo estaría, crueles, mientras fuese vuestra; ella lo es, y esto creo que basta para que creáis que puede serlo; dejad de agitarla, y la veréis tranquila. Vuestras maquinaciones y ataques, si bastan para tenerla en vigilancia, nada disminuyen su decisión ni pueden impedir su gloriosa empresa. ¡Ah! deponed esa cruel piedad que os separa del rango de hombres libres a que queréis pertenecer y al que yo confieso que pertenecéis por otros títulos.

Un gobierno a millares de leguas, sin conocimiento alguno de estos países y sin amor a ellos, sino en cuanto le utilizan, rodeado de un enjambre de pretendientes, que sólo aspiran a conseguir un permiso para robar y oprimir, permiso que consiguen sin más que el favor de una cortesana o el soborno de un palaciego; un gobierno débil para la defensa, y sólo fuerte para la opresión de estos países que mira sólo como una hacienda

donde trabajan sus esclavos para proporcionar los me
dios de sostener sus hijos, que son los peninsulares,
un gobierno que premia la sumisión con la injusticia y
hace de la generosidad un título de envilecimiento; un
gobierno que por ignorancia o por una política maquia-
vélica, lejos de promover la industria en estos países,
propende a que haya en ellos un ocio inevitable, con-
tentándose con que algunos trabajen para sacar plata
con qué sostener un diluvio de holgazanes peninsulares
con el título de empleados; (1) este gobierno, digo,
¿cómo no ha de ser detestado por todo el que no se olvide que es americano? ¿No lo detestan los mismos peninsulares? ¿No lo abominan los españoles residentes
en América? ¿Cuál de ellos habla siquiera una vez de
gobiernos, sin hacer mil increpaciones contra el español?
¿Cómo quieren, pues, que los americanos se avengan a
vivir bajo un gobierno que ellos mismos abominan y
pintan del modo más ridículo?

Es preciso que los hombres no tratemos de engañarnos
mutuamente, cuando el engaño es imposible y su pretensión es peligrosa. No son, no, tan brutos los americanos que crean que les hace un beneficio la mano
que les da de palos; los europeos residentes en América pueden resignarse a aguantarlos por el amor que
conservan a su país, en cuyo obsequio creen que deben
sacrificarse; pero los americanos nada tienen que les
interese en España, y para el caso les es tan indiferente
Madrid como Constantinopla. Si fuera posible cambiar

---

(1) Por esta razón han opinado algunos que la España ha
perdido con la adquisición de las Américas. Yo no admitiré
esta opinión, ni creo que la admita la generalidad de los españoles, pero ella prueba hasta qué punto se ha abusado de la
plata americana cuyo valor ha desaparecido para unos y otros.

las cosas, esto es, hacer de la América la metrópoli, y de España una colonia, es indudable que tendrían los peninsulares los mismos sentimientos que ahora tienen los americanos y que serían los primeros *insurgentes,* expresión que sólo significa: *hombre amante de su patria y enemigo de sus opresores.* Metan la mano en su pecho, como suele decirse, y hablen después los europeos.

¿Quién podrá, pues, dudar de que la opinión general de los americanos está por su independencia? ¿En qué puede fundarse la descabellada, o más bien ridícula suposición, de que sólo un corto número como dicen de *criollos* está por la independencia, y que el pueblo americano quiere ser esclavo? ¡Ah! Se funda en que como he dicho anteriormente, los ilustrados peninsulares creen, o fingen creer, que los americanos se hallan en el estado de salvajes; se fundan, sí, en una ignorancia que suponen, porque han puesto todos los medios para que exista, pero que por desgracia de ellos y fortuna nuestra ha desaparecido de la parte del pueblo influyente y va desapareciendo de la gran masa, condenada por sus opresores a vivir siempre esclava y conducida por sus hermanos a vivir libre y feliz. La decisión universal y constante de los pueblos de América es una prueba auténtica de su voluntad de separarse del gobierno español y la sangre derramada en mil batallas o en patíbulos que sólo deshonran a los déspotas que los erigieron, ha encendido cada vez más el fuego del amor patrio, y el odio a la tiranía. Desgraciadamente han tenido sus desavenencias sobre el modo de ser libres, o mejor dicho sobre las personas a quienes se podía encargar el sagrado depósito de la libertad; pero en medio de estos disturbios, ¿se ha notado un solo momento en que los ame-

ricanos quisiesen volver al yugo de España? A pesar
de haber ganado el gobierno español (como es fácil en
todos los países) algún corto número de personas, y de
suponer que tenía un gran partido, para ver si de este
modo podía formárselo; ¿qué ha logrado? Dar una
prueba la más evidente de que ha gobernado, y pretende
gobernar, contra la voluntad de los pueblos. Y el gobernar un pueblo contra su voluntad, ¿qué otro nombre
tiene que el de tiranía? ¿y la mitad del Nuevo Mundo,
deberá sufrir la tiranía de una manchita europea? Las
hojas del proceso criminal de España están tendidas por
las inmensas regiones de este hemisferio, y tienen por
juez al género humano. Ved, dicen los americanos al
resto de los hombres, ved cuál existen en los más hermosos países del globo, después de una dominación de
más de trescientos años; ved la opulencia de nuestros
vecinos obtenida con menores medios y en menor tiempo, por la influencia de un gobierno libre; ved la obstinación de España en su errónea y cruel conducta, y no
preguntéis su crimen, ni los motivos de nuestra separación.

El americano oye constantemente la imperiosa voz de
la naturaleza que le dice: yo te he puesto en un suelo
que te hostiga con sus riquezas y te asalta con sus
frutos; un inmenso océano te separa de esa Europa,
donde la tiranía ultrajándome, holla mis dones y aflige
a los pueblos; no la temas: sus esfuerzos son impo-
tentes; recupera la libertad de que tú mismo te has despojado por una sumisión hija más de la timidez que de
la necesidad; vive libre e independiente; y prepara un
asilo a los libres de todos los países; ellos son tus hermanos. Sí, no hay que dudarlo, ésta es la voz de la naturaleza, porque es la de la razón y la justicia. Hombres

generosos que preferís la libertad de los pueblos al bárbaro placer de dominarlos, abandonad esa mísera y horrenda mansión del despotismo donde sus satélites como tigres os devoran; dejad un suelo donde la virtud es un crimen y el talento una desgracia; venid, sí, venid cuanto antes a reuniros a vuestros hermanos de América; ellos sólo están armados contra sus opresores, que son los vuestros.

Pero ¡cuánta es la temeridad de los que conociendo esta opinión americana y sus sólidos fundamentos, aún se atreven, no como quiera a contrariarla, sino a hacer inútiles esfuerzos para que continúe la desgracia de estos países! ¿No es su imprudencia la causa de sus males? ¿Podían esperar otra cosa? ¿Qué harían ellos con los americanos, si fuesen a su país a ayudar a esclavizarlos? Se ponderan las desgracias que han sufrido los europeos en las revoluciones de América, pero se ha callado siempre con estudio su verdadera causa. No se ha dicho que han producido tales desastres los mismos que los lamentan y que la táctica del gobierno español, aunque bien torpe en todo, no ha dejado de tener alguna delicadeza en poner en movimiento el resorte de la desconfianza entre naturales y europeos, para que éstos cometan toda clase de imprudencia y aquéllos se entreguen a toda clase de venganza, que es el modo más seguro de detener una revolución, cuando no de impedirla, y el sacrificio de los hombres nada importa a la política si consigue su intento.

La prueba más clara de que el odio de los americanos no es a los europeos, sino a su conducta, es que Buenos Aires, de donde fueron echados casi todos al principio de la revolución, en el día es para ellos, no como quiera un asilo, sino una verdadera patria. Se desengañaron acerca del carácter e intenciones de los americanos; conocieron el lazo que les había tendido el mismo gobierno español; mudaron de conducta y viven como hermanos. Es cierto que en Colombia se ha visto el Congreso obligado a prohibir la entrada a los españoles, mas esta providencia ha sido arrancada por la temeridad con que algunos aún se atrevían a inquietar el país, y acaso más bien ha sido una medida prudente, para no tener que perseguir, que una real persecución. Al gobierno español ya no le quedan otras armas que las de la intriga, y es constante que las ha puesto en acción en Colombia más que en ningún otro de los países independientes. La fuerza vale allí poco, porque sobra con qué repelerla, y sólo queda la intriga.

La revolución de México ha sido mucho más afortunada, porque ha sido la última, y es claro que según se avanza en tiempo, se disminuye en desgracias, porque se convencen los que las causan de la inutilidad de tales sacrificios. Muchos europeos hicieron al principio sus escaramuzas, más por rutina que por convicción, pero al fin ellos mismos protegen el actual gobierno (a excepción de algunos ilusos) y gozan de aprecio en el país y se glorian de contribuir a su felicidad.

Convengamos, pues, en que el amor a la independencia es inextinguible en los americanos; que no procede de su odio a los europeos, sino que este odio es el resultado de una oposición al bien que se desea; que las desgracias son totalmente voluntarias en los que las sufren; que ellas serían nulas cuando lo fuese el temerario empeño de arrostrar contra la opinión general justa y comprobada; que las intrigas del gobierno español están bien conocidas, y que se aproxima el tiempo en que los europeos residentes en América conozcan que los americanos no son, como creen, sus enemigos, sino sus hermanos, y que aún los mismos ilusos que tienen la ingratitud de trabajar por la esclavitud del país que los ha enriquecido, se convencerán de que el odio que se les tiene, no es a sus personas, sino a su conducta.

CARTA A UN AMIGO RESPONDIENDO
A ALGUNAS DUDAS IDEOLOGICAS

Las dudas que usted me propone sobre la conveniencia de las doctrinas ideológicas establecidas en la primera de mis *Lecciones de filosofía,* con la proposición *la idea que no puede definirse es la más exacta,* que se halla en mis *Apuntes filosóficos,* y cuyos fundamentos expuse en la *Miscelánea,* creo que pueden resolverse con una mera ampliación de las mismas doctrinas. Para esto convendrá recordar ligeramente las bases de otra proposición, y ver si concuerdan o no con lo que posteriormente he escrito.

Una idea no puede definirse, cuando su objeto es tan simple que no encontramos otros en qué resolverlo y por consiguiente no hay términos para definirlo; o cuando siendo implicado, conocemos tantas propiedades de él, que no podemos reducirlo al corto círculo de una definición. En el primer caso, la idea no puede ser más clara ni más exacta, puesto que representa cuanto tiene el objeto, o por lo menos cuanto percibimos; en el segundo, tampoco puede aproximarse más a la exactitud, pues la dificultad de definir proviene de la abundancia de conocimiento, y mientras más se aumente éste, que es decir mientras más conforme es la idea con el objeto, más crece aquélla. Resulta, pues, que la imposibilidad de la definición supone o la totalidad o la mayor extensión de conocimiento, y por consiguiente, la idea, etc.

Mas esta misma doctrina cree usted que no está muy conforme con la expuesta en mi primera lección. Esto es, que no existen ideas sino términos generales. Porque en tal caso, dice usted, aquellas abstracciones en que se llega a una extrema sencillez, como por ejemplo el *ser,* no son ideas sino términos generales. De donde sacamos en claro que no se da el caso de un objeto muy simple, pues todos son unos grupos de propiedades, y las ideas que los representan han de ser compuestas. Luego, hablando con exactitud, debía decirse: yo no puedo definir el término general *ser,* y no la idea.

Efectivamente, dice usted muy bien. Todas las ideas que tenemos de los objetos de la naturaleza, son compuestas, pues no hay uno que no lo sea, y la idea no es más que su imagen. Esta es la doctrina expuesta en la primera de mis *Lecciones,* mas de ella no se infiere que no tengamos idea del *ser* y de todas las propiedades en abstracto perteneciendo a ellas un objeto real. Quiero decir: una parte real de un objeto existente. Jamás está el ser despojado de propiedades, y jamás se halla una propiedad aislada, pero sin embargo, su conocimiento, aunque no es la imagen completa de un individuo de la naturaleza, no puede decirse que no tiene objeto. Término sin objeto sería término sin significación, lo cual es un absurdo; pero de aquí no se infiere que siendo el término general, también debe serlo su objeto, como parece a primera vista, y como dedujeron muchos antiguos.

Para convencernos, basta reflexionar que cuando nuestra mente atiende al ser o a una propiedad sola, siempre se contrae a un individuo, y por más esfuerzos que haga, no puede figurarse un ser general idéntico, en la piedra, el árbol, el hombre, etc., ni un verde o una

redondez general, sino siempre contraídas estas cosas
a un individuo que se ve o se finge; y así el término que
llamamos general no tiene en la naturaleza un objeto
general. ¿Cómo, pues, le conviene la denominación?
Porque se aplica a muchos donde no se encuentra un
mismo ser, pero sí uno semejante, y entonces la *univer-
salidad* es una propiedad del término que sólo expresa
su *aplicación universal,* pero no su *objeto universal,*
porque no hay ninguno de esta clase ni puede fingirse.

Se da, pues, el caso de un objeto simple, aunque éste
no exista aislado en la naturaleza, y sea preciso encon-
trarle siempre formando parte de un conjunto, en cuyo
sentido puede decirse que no es un objeto de la naturaleza, así como una piedra no es una casa de una
ciudad, ni el que tuviera conocimiento de las piedras se-
paradamente lo tendría de las casas, mas no por eso
dejan de estar en las casas, ni de ser unos verdaderos
objetos. Yo supongo que usted no se figurará que yo
pretendo que las propiedades sean cosas separables de
los objetos, y que el símil que he puesto (como todos
los símiles) no debe entenderse sino en cuanto puede
aclarar la materia, conservando la idea de la naturaleza
de cada cosa.

Luego que se convenga en la aplicación de la palabra
idea creo que se resuelve toda la duda. Idea es imagen,
y si lo es de un individuo de la naturaleza, todas nuestras ideas son compuestas; pero si esta palabra quiere
aplicarse, como no puede menos de hacerse, a todo lo
que tiene una realidad, aunque no forme por sí solo un
objeto de la naturaleza, tendremos ideas simples. Para
nosotros tiene realidad todo lo que nos produce una
sensación real, prescindiendo de lo que verdaderamente
fuere en la naturaleza; y la diversidad de sensaciones nos

sugiere la idea de diversidad de operaciones reales, provengan o no de un mismo principio. Creo, pues, que convendremos en que se da el caso de un objeto simple, cuya idea será igualmente simple, y no podrá definirse, siendo la más exacta por esta misma razón, y que nuestras abstracciones no suponen *la nulidad de objeto sino la ficción del modo de existir.*

Pero en la suposición de un objeto compuesto, dice usted que también ofrece alguna duda la proposición que nos ocupa. ¿Cuántas veces sucederá que el tener un objeto muchas propiedades, facilite su definición? Si el imán no tuviese la propiedad de dirigirse a los polos, que quiere decir, si fuera menos compuesto, yo no podría definirlo. Convengo, amigo mío, pero de ahí sólo puedo inferir que para la definición de un objeto compuesto no basta conocer las propiedades en que conviene con todos si no se encuentra alguna en que se distinga, mas no que la multitud de propiedades conocidas, que quiere decir la mayor exactitud de una idea, no sea un obstáculo para la definición, cuando se quiere que ésta vaya como debe ir a la par de nuestros conocimientos. Si además de esa propiedad del imán conociésemos en él un centenar de ellas, que en todas se distinguiese absolutamente de los demás cuerpos, ¿cómo las reuniríamos todas en una definición sin que ésta se convirtiese en un tratado? Si aún conociendo esta sola propiedad diferente, conociésemos tal número de las esenciales y comunes que su enumeración fuese dilatada, ¿cómo se definiría el objeto cuando ni aún la memoria pudiese conservar sus propiedades? No basta para definir bien un objeto decir en qué se diferencia de los demás, sino qué es en sí mismo. Yo creo, pues, que en algunos casos la composición de un objeto nos facilita

el definirlo, pero que en estos mismos casos y en
todos los demás llegaría a ser imposible la definición,
cuando llegase a ser muy exacto nuestro conocimiento.
Cada objeto de la naturaleza es un mar inagotable de
donde sacamos pequeñas porciones que al principio con-
tenemos en estrechos recipientes, pero que al fin nos
inundan y obligan a abandonar la empresa. Definimos
mientras sabemos poco; se aumenta la ciencia, y desapa-
rece la definición. Estas se repiten como un recurso
para dar alguna seña del objeto, pero está algo atrasado
el que crea que ha explicado su naturaleza.

Es cuanto puedo contestar a usted en orden a las dudas
que se sirve proponerme. Es de Ud. etc.

... Die natura al nascimiento umano,
Verso il caro paese ov'altri è nato,
Un non so che di non inteso affeto,

Che sempre vive e non invecchia mai.

Come la calamita, ancor che lunge
Il sagace nocchier la porti errando
Or dove nasce or dove more il sole,
Quell' occulta virtute ond'ella mira

La tramontana sua non perde mai:
Cosí chi va lontan dalla sua patria
Benché molto s'aggiri, e spesse volte
In peregrina terra anco s'annidi
Quel naturale amor sempre ritiene
Che pur l'enchina alle natie contrade.

PASTOR FIDO.

PARALELO ENTRE LA REVOLUCION QUE PUEDE FORMARSE EN LA ISLA DE CUBA POR SUS MISMOS HABITANTES, Y LA QUE SE FORMARA POR LA INVASION DE TROPAS EXTRANJERAS

Desgraciadamente, aún entre los mismos que desean la independencia de la isla de Cuba, se ha esparcido hasta cierto punto la infundada opinión de que sólo puede efectuarse, o que por lo menos se efectuará con menores males, esperando la invasión de tropas extranjeras. Persuadido de la inexactitud evidente de este modo de pensar, no quise detenerme mucho en refutarlo, contentándome con insinuar en el número anterior que la pérdida de capitales y la efusión de sangre debe ser mucho mayor en el caso de una invasión que en el de un movimiento propio de aquel pueblo, por más que quiera exagerarse sus horrores; pero como no hay error que no tenga sus defensores, y mucho más en materias políticas, no carece de ellos el que acabo de referir. Yo no hablaré de los que sostienen estas ideas como un medio de demorar lo que ellos de ningún modo quieren que suceda, y que abrigando la infundada esperanza de que al fin no habrá nada, sólo pretenden entretener por ahora los ánimos y mantener a toda costa esa tranquilidad funesta, que no puede tener otro término que la desolación. No hablaré, no, a los que sólo desean dar tiempo a una protección que en su delirio se han figurado que puede dar España, y que quisieran ver realizada, aunque fuese arruinando el país;

hablaré sólo a los que de buena fe quieren esperar de los extranjeros lo que sólo deben esperar de sí mismos. Yo formaré un paralelo de ambas revoluciones y sus consecuencias, para contribuir por mi parte en cuanto pueda a disipar un error, que en mi concepto es funestísimo.

REVOLUCION INTERVINIENDO UNA FUERZA EXTRANJERA

Los enormes gastos y lo que es más, el sacrificio de hombres que necesariamente ha de hacer la nación invasora, necesitan una recompensa, y una recompensa que la necesidad y la gratitud llevarán mucho más allá de los límites de la obligación. El paso de un ejército extranjero por el territorio es una red barredera de su riqueza, por más generosidad que quieran usar los invasores y por más empeño que pongan sus jefes en evitar estos males, pues son absolutamente necesarios. Desde el momento en que se verifique la invasión, empezarán a emigrar capitalistas, llevándose cuanto puedan, y quemando por decirlo así cuanto les quede, porque lo creerán perdido. Tenemos, pues, que el primer paso de la revolución es una enorme pérdida de capitales y de habitantes, y el reconocimiento de una deuda cuantiosísima, que por más esfuerzos que se hiciesen, no podría pagarse sino en muchos años.

La permanencia del ejército extranjero deberá ser costeada enteramente por el país, como asimismo la de los buques que se pongan en su protección, y por muy bajos que se quieran hacer los cálculos, es fácil percibir que estos gastos en que nada se economizará, deben de ser enormes. Pero ¿qué tiempo será el de esta permanencia? He aquí un asunto en que es menester hablar con franqueza, y que yo consideraré bajo su aspecto político, habiéndole considerado hasta ahora sólo en su parte económica.

Dije en el número anterior que en caso de verificarse la invasión, lo que conviene es unirse a los invasores, mudar el orden de cosas y despedir los huéspedes con las indemnizaciones que fueren justas, y con las pruebas de la más sincera gratitud. Efectivamente, esto es lo que conviene, y a lo que deben dirigirse los esfuerzos de todo el que ame aquel país; mas es preciso confesar que la permanencia de las tropas colombianas debe ser algo más dilatada de lo que se desea. Una revolución formada por auxilio de extranjeros aunque sean hermanos, no tiene todo el carácter de espontaneidad que es necesario para inspirar confianza, pues aunque nadie ignora que en la isla de Cuba hay el mismo amor a la independencia que en el resto de la América, siempre será un motivo, o por lo menos un pretexto, para dudar de su permanencia, la misma necesidad que se afectará que ha habido de una fuerza extranjera. No hay que dudar que el gobierno español sacará partido de esta circunstancia. Una multitud de perversos repetirán incesantemente que la revolución es el resultado de la necesidad, y que hay un gran partido contra ella a favor de España, una multitud de irreflexivos llegará a persuadírselo, y otros, sin estar persuadidos, pero temiendo que muchos lo estén, abogarán por la pretendida necesidad de tropas auxiliares en la isla de Cuba. Estas tropas en consecuencia serán necesarias, no por la naturaleza de las cosas, sino por la ignorancia de los hombres. La perversidad sacará de este principio todas las ventajas que se propone; se tendrá como un medio de volver a unir a España la isla de Cuba al suponer constante su deseo de esta unión, al ver que dura la que llamará ocupación extranjera. Se harán paralelos odiosos entre la de los franceses en la península, y la de los colombianos en la Isla, se procurará presentar a éstos bajo el carácter más odioso, y en una palabra las intrigas políticas suplirán la fuerza y la razón de que carece España. Si por desgracia de mi patria, estas armas son manejadas con suceso por sus enemigos, quédeme por lo menos el consuelo de no haber hecho el ridículo papel de engañado y de coadyuvar a que no lo estén algunos incautos. Sí, no hay que dudarlo: no es otra la razón que tienen muchos para afectar la necesidad de los colombianos para hacer la revolución, aunque quisieran ver sumergida a Colombia y a todo país independiente; estos mal intencionados ven algo lejos, y preparan desde ahora el segundo golpe que ellos creen decisivo.

Resulta, pues, que la permanencia de las tropas colombianas será inevitablemente prolongada por un conjunto de circunstancias políticas, que sin ocultarse a nadie, obligarán a todos a lo que acaso están muy distantes de pensar. Por otra parte, los colombianos no podrán dejar expuesto a una pérdida el fruto de sus sacrificios, y mientras no tengan una garantía de que no volverá a flamear el pabellón español en la isla de Cuba, permanecerán en ella para proteger al partido independiente, cuando se suponga que no lo es la generalidad de la población. Nada es más justo, pero nada será más favorable a las miras de los enemigos de la patria.

El pueblo de la isla de Cuba, en caso de ser independiente, debe constituirse. ¿Y lo hará mientras pise el territorio un corto número de soldados a quienes se le dará el nombre de ejército extranjero? La Constitución se dirá que es hija de la fuerza, que está formada bajo el influjo extranjero. Perderá todo el prestigio que debe tener una Ley Fundamental, y mucho más deberá perderlo si por desgracia se resiente algo del contacto de una nación que si en general conviene en intereses con la isla de Cuba, tiene otros muy diferentes y marcados en que no podemos convenir. ¿Se esperará a la salida de las tropas colombianas? Yo aseguro que los enemigos de la Isla y de Colombia pondrán en acción todos los resortes para que no se pueda verificar dicha salida, pues de este modo dilata el pueblo su Constitución, se halla sin bases, se le agita en todas direcciones, se hace preciso un gobierno militar, éste produce el descontento, se pondera entonces la tranquilidad perdida, y yo no quiero pensar lo que pueda suceder.

Quiera Dios que todos mis compatriotas vean este asunto como es en sí, y no como querrán presentarlo algunos mal intencionados. No hay que andar con rodeos. La verdad clara y sencilla es que los colombianos, si invaden la Isla, no es para conquistarla, sino para dar un auxilio a la generalidad de sus habitantes que quieren la independencia, auxilio innecesario, pero que al fin se ha dado en la obstinación de creerlo indispensable. Colombia desearía la agregación de la Isla de Cuba por razones evidentes que sería inútil exponer; mas sin duda debe estar muy distante de pretender conseguirlo por la fuerza, pues ni tiene la necesaria para el caso ni puede ignorar que la isla de Cuba aún cuando en sí no tuviera todos los medios necesarios para frustrar cualquiera tentativa de opresión, tendría auxilios muy respetables.

No hay que alucinarse. Yo soy el primero que estoy contra la unión de la Isla a ningún gobierno, y desearía verla tan Isla en política como lo es en la naturaleza; pero no puedo persuadirme de que si llegase a efectuarse la unión a Colombia, no fuese por la voluntad del pueblo, sino por una conquista. En América no hay conquistadores, y si algún pueblo intentase serlo, deberá esperar la reacción de todo el Continente, pues todo él verá atacado el principio americano, esto es: que la libre voluntad de los pueblos es el único origen y derecho de los gobiernos, en contraposición al lamentable principio de la legitimidad europea. No hay que temer. El temor es ridículo, y puede servir de arma a los enemigos de la libertad. Lo que conviene es conocer sus intrigas, unirse todos, conservar la tranquilidad, la verdadera tranquilidad y no la de las mazmorras, y acelerar el momento en que no siendo necesarias las tropas extranjeras, que a mi juicio nunca lo han sido, se las despida, y se trate de pagar lo más pronto que fuere posible.

REVOLUCION FORMADA SIN AUXILIO EXTRANJERO

Esta empresa, por no deber nada a nadie ni política ni económicamente, tiene todo el prestigio de la espontaneidad. Se halla libre de todo influjo extranjero. Puede dirigirse enteramente conforme a los intereses del país, y por personas que tengan identificada su suerte con la de la Isla; presenta a las naciones un cuadro más noble e interesante, y granjea mucho mayor crédito mercantil; evita mucho más la extracción de capitales, pues si en un primer momento hay algunos capitalistas tímidos que emigren, muy pronto renacerá en ellos la confianza, y volverán a vivir tranquilos donde han vivido tanto tiempo y con tanto aprecio. Faltarán, o a lo menos se disminuirán los pretextos para esparcir la desconfianza y alarma; será más fácil la convicción de los

que no miran a los independientes sino como unos ladrones y asesinos; se aumentará la población considerablemente por la emigración europea, que acaso tengo
yo más datos que la generalidad de mis paisanos para
saber que será cuantiosa, y no de hambrientos como
creen algunos necios, sino de personas que pueden traer
mucha utilidad al país. Los mismos desórdenes que es
indispensable que haya, serán contenidos y remediados
con mucha más facilidad y empeño, cuando la revolución
sea hecha enteramente por personas a quienes perjudiquen dichos desórdenes aún más que a los individuos
contra quienes se dirijan. En una palabra: todas las
ventajas económicas y políticas están en favor de la revolución hecha exclusivamente por los de casa, y hacen
que deba preferirse a la que pueda practicarse por el
auxilio extranjero.

POLITICA FRANCESA CON RELACION
A AMERICA

A los que como yo hayan observado de cerca la conducta de la Santa Alianza por medio de su nación eje-
cutora, que es la Francia, no podrá coger de nuevo todo
cuanto se diga sobre intrigas y proyectos liberticidas, ni
podrán dudar un momento que los gabinetes europeos
trabajan cuanto pueden, sin reparar en la naturaleza de
los medios, para que el Nuevo Mundo sea esclavo del
antiguo; mas sin embargo, como hay muchas personas
que aún no han formado la idea que deben de la infernal política de esos santos, me parece conveniente insertar la instrucción dada por el gabinete francés al
personaje que destinaba para la revolución de América,
y ponerla algunas notas para llamar la atención de los
americanos. Dicha instrucción, habida como se consiguen todas estas cosas, cuando se sabe intrigar (que
también los americanos entienden un poquito) y no se
ahorran pesetas, se imprimió en el *Morning Cronicle* de
Londres, y ha sido traducida y reimpresa en *El Colombiano* de 24 de noviembre del año pasado.

INSTRUCCIONES SECRETAS DADAS POR EL DUQUE DE RAUZAN AL CORONEL GALABERT EN PARIS

Conforme a la exposición que usted ha dado a sus Excelencias el conde Villèle y vizconde Chateaubriand, se ha resuelto confiar a usted la dirección de este delicado negocio, de cuyos pormenores se halla Ud. tan bien instruído, como igualmente de su conjunto. La favorable acogida que Ud. ha tenido de parte de S. M. Fernando VII, y la confianza que se ha dignado depositar en Ud. son nuevos motivos que nos determinan a poner en sus manos los intereses de Francia y España (1). Ud. debe marchar inmediatamente a Madrid a obtener definitivamente en la fuente las noticias que necesita (2), a recibir las últimas instrucciones del gabinete español, de que deberá enviarnos copia, y a preparar con la brevedad posible su viaje a América. Los conocimientos que tiene Ud. del país, deben proporcionarle al llegar a México la mayor facilidad de formar conexiones con las personas que más extensamente se le señalarán en Madrid (3), y que siempre han continuado en conservar relaciones políticas con la madre patria. Ya no se halla Ud. sin conexiones, según anunció en su segundo memorial a S. E. el vizconde de Chateaubriand, y de estos dos métodos unidos y combinados, es preciso que nazcan los más favorables y prontos resultados. Ahora hay pendiente otra negociación que puede remover muchos obstáculos, y llevar el asunto a una conclusión más pronta (4), pero como aún no se ha terminado, nos reservamos hablarle a usted de esto más en detalle. Esta negociación será el objeto de unas instrucciones particulares que se le enviarán después (5). Entre tanto, el rumbo que Ud. ha de seguir es el siguiente: con sujeción a las circunstancias, propagando la división entre los partidos (6), particularmente entre los militares, que por su disposición a la *obediencia pasiva* y a la *subordinación jerárquica* se han hecho más propios para recibir un impulso independiente de su propia voluntad (7). La especie de estado secundario en que el poder civil ha pretendido mantener el ejército después de la caída de Iturbide, es una palanca que astutamente empleada puede producir los resultados más ventajosos (8). Esta secreta contienda entre los ciudadanos y los militares, es una circunstancia sobre la cual debe Ud. establecer uno de los más eficaces medios de lograr un buen suceso (9). La guerra civil que desuela a México ha irritado los habitantes españoles (10); y las exacciones a que son inclinados los cuerpos armados pertenecientes a ambos partidos conducirán naturalmente a los habitantes a declararse en favor de aquel gobierno en que vean bastante fuerza para asegurarles el reposo y tranquilidad (11).

La corte de España, que posee noticias ciertas sobre este país, nos comunicó al principio de nuestra negociación la certidumbre de que, a causa de la decidida parcialidad de los oficiales mexicanos por el servicio europeo, tiene de poder separar muchos de ellos con el auxilio de promesas de esta especie, que lleva intenciones de cumplir, y aún de exceder. Ud. puede ponerse de acuerdo sobre este punto con el gabinete de Madrid, y formar de esta disposición de los ánimos de los mexicanos una de las bases más firmes de su misión. En cuanto a los mapas que Ud. ha hecho en el país, y que acompañan sus diversos memoriales, se enviarán los originales a Madrid con la mayor prontitud, luego que se saquen todas las copias. La del Golfo de México está perfecta, como igualmente la que indica los puntos militares de las Floridas (12).

Un punto importante, sobre el cual nunca ha informado Ud. sino muy ligeramente, es la disposición del clero mexicano. Compuesto de órdenes diferentes y de diversas supremacías eclesiásticas, debe haber entre ellos rivalidades y disensiones, que sería muy importante saber muy bien. Sin duda, que según dice Ud. en su segundo memorial, "la más ciega superstición reina en medio de la más horrorosa licencia: el pueblo sufre todos los efectos de un yugo religioso, y el clero es bastante poderoso para formar con él una revolución", pero siempre será necesario conocer los miembros del alto clero de influjo y el aspecto con que los *curas* y los *frailes* consideran la revolución y la separación de España (13).

En Madrid debe haber apreciables *apuntamientos* sobre este asunto, y no es de menos importancia para Ud. que ventajoso a su comisión, adquirir todos los documentos relativos al clero, igualmente que los concernientes a los oficiales del ejército mexicano. Otras instrucciones que recibirá Ud. de España antes de su partida, le impondrán de cuanto se ha decidido sobre aquel negocio de que sólo hemos dado a usted una mera noticia".

———

Por dispuestos que estuviésemos a dudar de la autenticidad de tales documentos, dice el editor de *El Colombiano,* o a fomentar la esperanza de que la actual política de la Francia es más liberal que antes, no podemos resolvernos a ello, al observar *l'Etoile,* papel ministerial de París, que lejos de negarla, la presenta con regocijo como una prueba triunfante de la firme adhesión de los ministros a la España, y en refutación del cargo de vacilación formado contra ellos por el ex ministro Chateaubriand. Si el gobierno francés ha renunciado sinceramente a los principios de la Santa Alianza sobre este punto, como podría inferirse de las protestas de sus agentes, de la presencia de nuestro Ministro en París por invitación especial, y aún de las seguridades dadas últimamente al gabinete inglés; ¿por qué vemos siempre ensalzados y justificados estos principios por los periódicos ministeriales de París? Sería inútil dar un colorido honesto a tales contradicciones, cuando conservamos todavía en la memoria la llegada de Mr. Chasserían a nuestro país con estas instrucciones de su Corte en una faltriquera y las cartas amistosas del Gobernador de Martinica en la otra. Hemos publicado una de estas cartas dirigida al General Páez, en el número 60 de este periódico. Entre otros muchos cumplimientos asegura que *"ésta tiene por principal objeto desvanecer los rumores que se han esparcido, hace algún tiempo, por ciertos diarios extranjeros, sobre las intenciones que se suponen a Francia de prestar socorros a la España para la guerra que mantiene con los nuevos gobiernos disidentes de sus posesiones de la América del Sur"*, añadiendo: *"Estos rumores que quizás no los alimenta sino el espíritu de malevolencia, están desnudos de toda especie de fundamento"*, y además *"quedo persuadido repulsar las insinuaciones que aún se dirijan a poner en duda las intenciones de Francia"*. Este lenguaje, comunicado en tales momentos, y por tal mensajero, no necesita comentario.

NOTAS:

(1) Los intereses de Francia en auxiliar a Fernando VII en la reconquista de América no pueden ser otros que tomar parte de ellas en recompensa, y no puede ser otro el espíritu de esta cláusula en que se identifican los intereses de ambas naciones.

(2) La dichosa fuente está bien seca, y tan seca que los papeles de Madrid donde no se pone sino lo que quiere el Gobierno, hablan de ventajas de las armas realistas sobre los constitucionales de América, lo cual además de ser falso, es contrario a los intereses del gobierno español, pues supone la existencia de un partido constitucional en América, que no se contenta con pensar libremente, y desear el cambio de cosas, sino que toma las armas para conseguirlo. Las cartas de Madrid impresas en algunos papeles franceses dicen con bastante claridad que todos los hombres de juicio están convencidos de la ignorancia del gobierno en cuanto a los negocios de América. Este informe sin duda no se pide por la Francia sino para guardar consecuencia y cubrir el expediente.

(3) Estas personas serán de las muchas que en todos tiempos han tratado de ameritarse, engañando al gobierno español, y haciéndole creer que sólo un corto número de criollos quiere la independencia. Es ridícula la ceguedad que ha habido siempre en España sobre esta materia, y la imprudente confianza que se ha tenido, sin otro fundamento que esta clase de informes. Aún en la época constitucional en que el gobierno se ponía más en contacto con personas que pudiesen ilustrarle, se hallaba con la misma preocupación, y me acuerdo haberlo oído decir a uno de los muchos ministros que tuvimos (gracias al deseo de S. M. de trastornarlo todo), que con cuatro o seis batallones *fieles* se reconquistaba México. Yo no sé si contuve la risa o la cólera. Acaso ambas cosas. Sin duda agregó la palabra *fieles*, porque estaría en la persuasión (en que se hallan muchos en España), de que las tropas que vienen a América se unen como dicen ellos a los rebeldes, y no hay quien los convenza de que los pobres soldados tienen que pelear contra pueblos enteros y contra tropas disciplinadas, aguerridas y superiores en número.

(4) Esta negociación no es más que un contrato de compra y venta, la cual si se consiguiese llevaría el asunto a una *conclusión bien pronta,* pero sería quedándose el vendedor y el comprador como suele decirse, mirando para el camino, porque se uniformaría más la opinión de independencia, se excitaría el odio general contra ambas partes contratantes, y por mucha que fuese la fuerza con que pudiesen contar los tiranos, lle-

varían una lección de lo que pueden los pueblos. ¿Qué negociación puede tener Francia con España que termine pronto el negocio de América? ¿El de incendiarla con sus infernales intrigas? Eso ya está negociado, si es que puede llamarse negociación. ¿La de prestar dinero para la reconquista? Este contrato ha de tener por garantía alguna especie de hipoteca, y todo bien traducido quiere decir una posesión. Aunque quisiese decirse que Francia sólo aspira a ventajas mercantiles, nadie ignora que estas ventajas serían absolutamente efímeras, no estando la América ocupada por un gran ejército, y éste sin duda sería el francés, como está sucediendo en la Península.

(5) Adviértase que la negociación, según el período anterior, debía terminarse en Madrid, y por consiguiente no será objeto de las nuevas instrucciones que se ofrecen al coronel Galabert, sino en cuanto al modo de llevarla a efecto, que quiere decir: preparar los ánimos y formar partido en favor de un orden de cosas sobre que nadie piensa por ahora.

(6) He aquí las armas de la infame política europea; he aquí los protectores de la humanidad, los que se conduelen de las conmociones de América, los que lamentan sus desastres; he aquí de acuerdo con la *madre patria,* tratando de que sus hijos se devoren, con tal de que la toquen algunos pedazos para acabar de consumirlos. ¡Bendita maternidad!

(7) ¿Qué confesión tan paladina de que sólo con un impulso contra su voluntad pueden los hombres servir a la tiranía! El ejército americano ha dado pruebas tan constantes de no ser capaz de recibir impulsos contra su voluntad, que sin duda perderá su trabajo, si no es que pierde algo más, el caritativo emisario.

(8) El ejército que está en estado no como quiera secundario, si no el más abyecto, es el francés, que sirve de instrumento ciego no sólo a su amo, sino a todo el que lo quiere mandar; el ejército mexicano como todos los de América está en un estado primario y bien primario, pues cada soldado es un ciudadano y como tal tiene los mismos derechos que el Presidente de la República.

(9) Quiere decir: bañar en sangre aquel país, y desolarlo.

(10) A quienes nuestras intrigas han logrado poner en guerra con los que por carácter y por intereses, sólo tratarían de vivir con ellos hermanablemente.

(11) ¿Y será este gobierno el español, que ni en la misma Península puede sostenerse sino por las bayonetas francesas? Lo entiendo, señor Duque; la alusión es bien clara.

(12)   Este mapa sin duda será necesario para el caritativo objeto de mandar un regalo de bayonetas a los mexicanos; mas éstos, que se precian de atentos, se preparan para corresponder el obsequio y no les faltarán auxiliadores para tan laudable objeto.

(13)   ¡Qué hipócrita e infame política! He aquí los defensores de la religión, he aquí un piadoso consejo dado a nombre del Rey cristianísimo y en favor de S.M.C.! Se quiere encender las rivalidades y los odios hasta en el santuario; se quiere fomentar el fanatismo y ultrajar la religión, convirtiéndola en instrumento de la política. Se dice que la más ciega superstición reina en medio de la más horrorosa licencia, y sobre estas bases, sí, sobre éstas, porque no puede tener otras, se pretende reedificar el ominoso edificio de la tiranía. No, sacrílegos, no conseguiréis vuestros perversos designios; esa superstición y esa licencia que no existen como las suponéis, pero que si de algún modo existen, se deben a vuestra inicua conducta y son resquicios de los males causados por la tiranía; esa superstición y esa licencia horrorosa, desaparecerán del todo, y muy pronto veréis presentarse en el continente americano la religión católica sin esos agregados con que la habéis hecho odiosa, y separado de su seno tantos hijos. Veréis, sí, la religión de Jesucristo sustituída a la vuestra, que es la de las pesetas; veréis la libertad cimentada en la religión, así como vuestro despotismo lo está en la ambición y la soberbia.

Esta es la misma conducta que observaron los franceses en España para derribar la Constitución. Afectaban una religiosidad extrema, cuando puede asegurarse sin temor de errar que la mayor parte de ellos tenían la misma religión que un burro, y procuraban por todos los medios encender el fanatismo. Una persona de carácter e ilustración que pudo escaparse de Sevilla y pasar a Cádiz cuando estaban en esta ciudad las Cortes, me informó que había visto a los principales jefes y oficiales franceses muy devotos y compungidos en la procesión de penitencia que hicieron los sevillanos para que Dios pusiese en libertad al Rey, que como ellos decían, lo teníamos preso los constitucionales, y lo entregase en manos de los franceses, donde permanece en perfecta libertad de hacer lo que le manden. ¡Vaya un absolutismo!

DIALOGO QUE HAN TENIDO EN ESTA CIUDAD UN ESPAÑOL PARTIDARIO DE LA INDEPENDENCIA DE LA ISLA DE CUBA Y UN PAISANO SUYO ANTI INDEPENDIENTE

ANTI INDEPENDIENTE. - ¿Con que Ud., amigo mío, está por los revolucionarios?

INDEPENDIENTE. - Estoy contra ellos, porque tengo por tales a todos los que conociendo las necesidades de un pueblo, sus peligros, los medios de evitarlos, las ventajas de la aplicación oportuna de estos medios y la voluntad general de que se apliquen cuanto antes, se obstinan sin embargo en contrariarla, buscan todos los recursos para indisponer los ánimos y radicar la opresión, y por intereses *personalísimos* mal entendidos sacrifican los de todo un pueblo. Esta es la verdadera revolución, o trastorno de principios, a que se pueden aplicar todos esos epítetos con que suelen regalarnos. Sí, yo estoy estrechamente unido a los naturales del país, y esta sola circunstancia bastaría para que si Ud. medita algo la materia, conozca que no son *revolucionarios,* a no ser que Ud. dé a esta palabra la acepción que la dan los déspotas, en cuyo idioma es revolucionario todo el que propende al bien de los pueblos y resiste a su opresión. Cuando una sociedad es bastante numerosa para constituír un cuerpo político, y las circunstancias exigen que lo constituya, tiene un derecho a hacerlo, y mucho más si la naturaleza favorece este designio por la misma situación y proporciones del país. En tales circunstancias, *un pueblo entero jamás es revolucionario. Lo son sus opresores.* Mas si Ud. llama revolucionario a todo el que trabaja por alterar un orden de cosas contrario al bien de un pueblo, yo me glorío de contarme entre esos revolucionarios, y si he rechazado la expresión, es porque sé el sentido en que se aplica.

ANTI INDEP. - ¿Con que Ud. se declara contra su patria?

INDEP. - Yo sólo me declaro en favor de la razón y la justicia. Si yo he de servir a mi patria de instrumento para la opresión, y aún para el exterminio de un pueblo generoso de quien he recibido innumerables obsequios y consideraciones, y que ahora justamente desea precaver su ruina, esa que Ud. llama mi patria deja desde el momento de serlo, pues yo no perteneceré jamás a una sociedad injusta y cruel. La ingratitud no se ha hecho para mi corazón.

ANTI INDEP. - Ah . . . la gratitud debía mover a Ud. en favor de su patria.

INDEP. - Cuando no exija de mí un crimen como es el impedir la felicidad de un pueblo, a quien ella ha abandonado. Pero hablemos claro, pues yo hasta ahora he respondido, siguiendo la equivocación de ideas causada por la voz patria. Si Ud. entiende por mi patria el pueblo en que nací, sería buen delirio creerme en obligación de trabajar por someter a él la isla de Cuba; y si Ud. entiende por mi patria a España, las provincias de América, que han constituído la mayor parte y la más rica de la España, han determinado tomar distina forma de gobierno, libertarse del despótico que reina en la península, y dividirse voluntariamente, en distintas sociedades para que sean mejor gobernadas, pero bajo unos mismos principios. La España no es el territorio, son los españoles; y los españoles de América han determinado separarse de los de Europa, y yo estoy muy conforme con la separación que asegura la libertad de los pueblos. Sí, mi amigo, las repúblicas del continente americano son la España libre, que para serlo ha sacudido el yugo de un amo, y ha jurado no sufrirlo jamás. Esta es mi patria, y aun cuando no lo fuera, yo la adoptaría, renunciando la que es y será siempre la mansión del despotismo. Toda esa farándula de la maternidad de la península respecto de América, o quiere decir que estos pueblos son propiedad de aquél, en cuyo caso yo renuncio hasta al nombre de español, porque ni por un momento quiero sufrir el de tirano; o da a entender lo que suena, que de allá vinieron los conquistadores (cuya justicia o injusticia no es del caso averiguar), y después infinitos pobladores, que unidos a los naturales que ya eran también españoles, han dado origen a los que llamamos criollos, y que por consiguiente tienen todos los derechos que sus padres. ¿Quién le ha dicho a Ud. que han de ser amos de este suelo los españoles que se quedaron allá, y no los que vinieron a poblarlo y cultivarlo? Los hijos de éstos tienen en realidad todos los derechos de los españoles que fingen tener los españoles europeos, y además, los únicos legítimos que son los de naturaleza en un país, y propiedades radicadas en él, derechos de que sólo puede despojarlos la tiranía. Los paisanos nuestros que por un fanatismo político contrarían esos derechos se hacen un daño enorme a sí mismos, pues establecen que un europeo en el mero hecho de ser un hombre activo y de exponerse a los peligros del mar para venir a buscar su fortuna uniéndose a la mayor parte de la nación y la más rica que está

en este hemisferio; en este mero hecho, digo, ya es esclavo de los peninsulares. Toda su fortuna está a dis·
posición de éstos, y deja a su familia la preciosa he-
rencia de la esclavitud. ¡Habrá majaderos! No se canse
Ud., amigo mío: Todo proviene de que los peninsulares dicen: *Nuestras Américas,* como podrían decir: Nuestra hacienda, donde otros trabajan para que vayan allá
sus productos. Por mi parte, yo digo mi América, como
mi patria donde trabajo y disfruto, y los americanos mis
compatriotas que conmigo trabajan y disfrutan.

ANTI INDEP. - Pues descuídese Ud. y verá si esos compatriotas lo dejan en la calle.

INDEP. - Si yo fuese su enemigo, podría temerlo, pero
siendo su hermano, estoy bien seguro. Ese es el espan-
tajo con que quieren atemorizarnos como a niños. Los
estragos que ha habido en algunos parajes de América
con los europeos, ha sido porque éstos han querido hacer
el papel de quijotes desfacedores de entuertos, porque
han contrariado la opinión del país, porque no han cesado de tramar revoluciones, porque *estando acá y dis-
frutando acá, son agentes de allá.* Amigo mío: O herrar
o quitar el banco. Vivir con las opiniones e intereses
de un pueblo o abandonarlo. De lo contrario, prepararse a hacer mal y a que se lo hagan, y no quejarse porque ellos se tienen la culpa. Eso es lo mismo que el que
ataca un ejército y después se queja de haber sido herido. Pues ¿qué quieren? ¿Que les celebren la gracia?
Desengáñese, amigo mío: Los americanos estarían con
los europeos en perfecta armonía si no hubiera entre
nuestros paisanos algunos necios y otros perversos que
encienden el fuego de la discordia bajo pretexto de sostener allá derechos ridículos.

ANTI INDEP. - Yo lo que sé es que quiero asegurar mis bienes.

INDEP. - Pues no hay duda que estarán mejor asegurados, excitando el odio de los que Ud. dice que quieren quitárselos, y que en lo que menos piensan es en ellos. Paisano y amigo mío, dejémonos de rodeos; Ud., si medita un momento sobre el carácter del pueblo de la isla de Cuba a que uno y otro nos referimos, no puede abrigar esos temores, pero acaso tanto darán en que el perro rabie hasta que lo hagan rabiar. Si nuestros paisanos, cuando cayó la libertad en España, la hubieran querido sostener en La Habana, ¿hubiera habido choque con los naturales? Ahora mismo, si se avinieran a cooperar a la felicidad de aquel pueblo, ¿no merecerían el aprecio y aún el cariño de sus naturales? ¿No sería la isla de Cuba el asilo de todos los libres? ¿No se aumentaría extraordinariamente su riqueza y población? ¡Ah! Permítame Ud. que le diga que los europeos que fomentan ideas contrarias, hacen un papel ridículo y cruel; ridículo porque demuestran que son liberales de España y nada más, y que sus principios son tan opresores como los que siempre han reinado en la Península; cruel, porque asesinan un pueblo, y lejos de evitarle una revolución sangrienta, y proporcionarle todas las ventajas de la armonía, van a precipitarlo a su entera ruina. No se canse Ud.: Nuestros paisanos hacen el papel de opresores, y sin poderlo negar, pues ellos mismos confiesan que es absurdo el gobierno peninsular, y quisieran destruirlo. ¡Y qué papel tan triste!

ANTI INDEP. - Mi amigo: esas ideas me afectan. Ofrezco meditarlas. Adiós.

REFLEXIONES SOBRE LA SITUACION
DE ESPAÑA

La Francia, como instrumento de la Santa, o sea la diabólica Alianza, cree que ha llegado el tiempo de dar el golpe mortal a la España; esto es, de retirar su ejército de ocupación. Las bayonetas que en manos de los hijos de San Luis entraron en la Península para cimentar en ella el trono y el altar, se creen ya inútiles, o por lo menos se determina que no continúen prestando su protección. ¡Ah! El rey que para mandar despóticamente trae en su auxilio una fuerza extranjera, y oprimir a los que por otra parte llama sus hijos, acaba por ser más esclavo que los mismos a quienes pretende esclavizar. Sí, no es otra la suerte de Fernando VII, él gobierna una nación de esclavos, siendo el primero de ellos; y el que no quiso sufrir las respetuosas insinuaciones de sus súbditos, tiene que cumplir los mandatos de sus amos. Nada vales, le dicen, sin nosotros; tú sabes que no es, como se dice, una facción, sino casi toda la parte ilustrada de tu pueblo la que se resiste a ser gobernada despóticamente; a la vista tienes los constantes esfuerzos que hacen por todas las provincias para sacudir el yugo; tú has convertido tu reino en un cadalso, y la sangre de tantas víctimas excita por todas partes el furor y la venganza; la miseria (que es el verdadero enemigo de España) se extiende más cada día; los recursos todos se agotan; infiere, pues, los resultados. Sin embargo, nos despedimos abandonándote a tu suerte, a menos que te sometas a nuestra voluntad, y si quieres mandar, empieza por obedecer.

Nada podía ser más plausible para los españoles que la salida de un ejército invasor, que siendo impotente para conseguir su empresa por las armas, sólo ha podido conseguirla por la intriga cimentada en la ignorancia de una plebe, y en la perversidad de muchos que no pertenecen a ella; pero a la verdad, nada puede ser más inoportuno. Yo estoy muy lejos de opinar que convenga una larga permanencia del ejército francés en España, y creo positivamente que mirado el asunto bajo otras consideraciones, puede decirse que debe efectuarse ahora la salida, pues más adelante produciría mayores males; pero sí diré una y mil veces que si los franceses y los que los han enviado a España, no tuvieran una intención decidida de arruinar a aquella desgraciada nación, prepararían esta salida, apagando en cuanto fuese posible el incendio que ellos mismos han formado; sí: el incendio que ellos mismos han formado con su conducta hipócrita y perversa.

¿Quién puede dudar que de haber querido los franceses, no se hubieran sacrificado tantas víctimas en los cadalsos, no se hubiera saciado una plebe insolente en la sangre de sus hermanos, no estarían sepultadas en la desgracia tantas y tan beneméritas familias; en una palabra, no se hubiera introducido el activo e indestructible veneno del odio doméstico, que no exceptúa al padre para el hijo, ni al hijo para el padre? Ahora es cuando fingen compadecerse de esas desgracias; pero se retiran, confesando tácitamente en este hecho que ellos las han causado, y dejando al mismo tiempo el campo libre para que se aumente, pues así conviene a su cruel política.

La conducta del general Bourmont en Cádiz, indica claramente lo que pudieron hacer los franceses, si todos hubieran tenido los sentimientos de humanidad, que tuvo siquiera momentáneamente, aquel caudillo de los *liberticidas.* ¿Quién ignora que este general se negó a dar entrada en Cádiz al regimiento de Gras (los héroes del célebre 10 de marzo), enviado por su amo para fines piadosos, y que los obligó a pasar la noche en el muelle y a retirarse como suele decirse con cajas destempladas? ¿Quién ignora que el bendito Dunoi (1), comisionado por el gobierno para poner en seguridad nada menos que ochocientas personas de Cádiz, en lugar de los cuatrocientos soldados franceses que pidió para este caritativo objeto, lo que obtuvo fué una orden de salir de la ciudad en el término de dos horas y un edecán con su escolta para hacérsela cumplir? ¿Quién no sabe que a las once de la noche se abrieron las puertas de Cádiz sólo para que saliese como perro con vejigas el citado caballero? ¿Y qué resultó? Llevar este bofetón el señor D. Fernando VII, y hacer que no lo sentía, porque el quejarse hubiera sido provocar a que le regalaran con otros más fuertes, y aún algo más a las claras. A fe que en Cádiz no ha habido excesos, ni se han ejecutado las prisiones que en otros pueblos, donde sin duda no hay tanto liberalismo. ¿Qué indica esto? Que no se cometen excesos donde los franceses no los permiten; que el actual gobierno sólo es cruel donde los franceses dejan que lo sea.

(1) Este caballero natural de Nueva Orleans, es uno de aquellos americanos como suelen serlo los que degeneran de este nombre.

Las condiciones que se dicen propuestas por el gobierno francés son: 1ª, que el rey establezca un sistema representativo. 2ª, que conceda una amnistía general con pocas excepciones, y éstas *nominales*. 3ª, que cumpla las capitulaciones hechas por los generales franceses con los generales españoles, que en un tiempo fingieron ser constitucionales, y que al fin fueron... lo que siempre habían sido. ¡Qué apuro para el gabinete español! La primera de estas condiciones es el *trágala* más terrible que puede imaginarse; es una piedra de molino que no hay garganta que la pase. La voluntad expresa del rey es mandar despóticamente, y que ni siquiera se oiga el nombre de representación nacional, aunque sea de farsa, y esta voluntad expresa es la que le mandan sus amos que mude o que contraríe. Vaya un *trágala;* pero como es por mano extranjera, no es contra la dignidad real, ni se opone a los derechos legítimos del amo de los españoles.

¡Pero, qué!: ¿Será cierto que el gobierno francés desea que haya un sistema representativo en España? Como lo desea el Gran Turco. Esta ha sido la trama de que siempre ha usado la Santa Alianza por medio del gabinete francés; éste ha sido el funesto lazo que ha aprisionado a tantos incautos. Desde la memorable época en que el cordón de sanidad, puesto para impedir que la fiebre amarilla atraviese los Pirineos, se convirtió en ejército de observación, se empezó a manejar esta arma con la mayor destreza; ella hizo prodigios en manos de los afrancesados, que llevaron su ingratitud hasta donde yo esperaba y algunos no creían, y ella en fin dió heridas mortales a la desdichada España y preparó su ruina. Cuando más uso se hizo de esta arma alevosa fué en los últimos días, cuando la libertad refugiada en su último asilo, esperaba que pasados los primeros momentos de un engaño, en que tuvo más parte la sorpresa que el convencimiento, fuesen conocidos sus verdaderos enemigos, y que los españoles volviendo en sí, percibirían el abismo en que iban a sumergirse, preverían lo que ya están tocando, y que al fin un esfuerzo propio de su carácter los sacaría del peligro, escarmentando a sus disfrazados opresores. Bien temieron éstos que llegase tal momento, que hubiera sido el de exterminio, y para evitarlo se fingieron amigos de la libertad que todos amábamos, y enemigos únicamente del desorden. Se pretendió que era imposible que dejase de haberlo mientras existiese la Constitución española, y se prometió otra que estando más en consonancia con el resto de Europa, evitase a la España todas las consecuencias de una rivalidad general y conciliase las opiniones e intereses de los españoles entre sí, restituyéndoles la suspirada *tranquilidad*.

Persona hubo en Cádiz que aseguraba haber visto la nueva Constitución *galo hispana* y que daba razón exacta de sus bases y principales artículos. Agregándose esto a la promesa verbal (y jamás por escrito) que hacían los generales franceses, de que el rey no estaría cuarenta y ocho horas entre ellos sin haber firmado la nueva Constitución, alucinaron a algunos incautos. El duque de Angulema se había contentado con manifestar por escrito que luego que S. M. estuviese libre, esto es entre las filas francesas, le suplicaría rendidamente que *diese* o prometiese dar a sus pueblos un gobierno conforme a su carácter, necesidades, y circunstancias políticas *¡Suplicaría!* ¿Qué súplica podría hacer quien sólo daba órdenes apoyadas en las bayonetas, y aún mucho más en las mismas circunstancias que ponían a Fernando en el

estrecho caso de obedecer, o verse abandonado en manos
de los que acababa no de engañar, sino de hacer desgraciados? ¿Cuándo se hizo la tal súplica? Y si se hubiera hecho, ¿es creíble que hubiera sido desatendida?
Pero demos que así haya sucedido, —¿Por qué no se
tomó entonces el partido que ahora se toma, o por lo
menos se afecta tomar? ¿No se hubieran evitado innumerables males y esos enormes gastos que ahora pondera el gabinete francés? ¿Podía caber duda en el resultado de un orden de cosas como el que existe? La
simple promesa de la ridícula por mal fingida súplica,
¿no estaba indicando que se preveían? Pero las intenciones eran muy distintas, y convenía dejar crecer los
males, no para ostentar el mérito de la cura, sino para
hacerlos más incurables.

Convenía, sí, tener un motivo para prolongar la ocupación, que entre otras utilidades políticas de más importancia proporcionaba una ventaja económica en
favor de los franceses, que sin duda no era de despreciar. Esta consiste en el escandaloso contrabando que
empezó a practicarse desde la entrada del ejército, y
que continúa y continuará, mientras dure la ocupación
de la península, o por lo menos de las plazas fronterizas
y de la costa. Declarados libres de derechos los efectos
introducidos para el consumo del ejército francés, no ha
habido clase de fruto ni de manufactura de Francia, que
no se haya introducido en número capaz de abastecer
a media España. Me consta que hasta *pianos* se han
introducido libres de derechos por destinarse al ejército
francés. No hay duda que son armas excelentes para de-
cidir una batalla y que los tales soldados son *comme il
faut*.

Todo ha sido una trama desde el principio, y acaso ahora no hace más que continuarse aunque bajo distinto aspecto. Puede ser muy bien que como se piensa generalmente, no sea este paso de los franceses otra cosa que un amago a Fernando VII, para que no olvide su miserable situación, y se dé prisa, no sólo en acceder a las pretensiones de sus verdaderos enemigos, sino a proponerles ventajas en que acaso ellos mismos no habían pensado; porque a la verdad ¿qué no hará un rey que después de haberse entregado a la venganza y de haberse adquirido el odio de la mayor parte de su nación, se vé amenazado de quedar a discreción de los mismos que él ha perseguido y arruinado? Este temor puede fomentarse por los franceses para sacar partido y no es improbable que el último golpe de la España sea ocasionado por el temor de su rey, que sin duda empezará por disponer de los más distantes, esto es: de sus dominios imaginarios de América, y acabará por descender del trono, o por permanecer en él como un rey de farsa. Sin embargo, yo me inclino a creer que todo se ha hecho de concierto, y que no se pretende otra cosa que distraer los ánimos, teniéndolos en la expectativa de la cacareada Constitución *galo hispana,* conseguir que los liberales desistan de sus empresas, que ya van siendo algo más serias, o que por lo menos no puedan contar con una multitud de patriotas incautos, a quienes alucinen estas promesas; alejar un poco la odiosidad que merecen los franceses por haber sido unos crueles liberticidas, tanto más odiosos cuanto más hipócritas. Puede, sí, ser éste un ardid para evitar que al fin encuentren su sepulcro en aquel desgraciado país los que en todos tiempos no han pensado más que en destruírlo, los que en el año de ocho le atacaron alevosamente, y los que en el de veintitrés han repetido, aunque con más disimulo, la misma alevosía. Bien conocen sus intereses los llamados hijos de San Luis; ellos fingen que quieren salir de España, pero es preparándose para entrar en mayor número y oprimirla.

¿Por qué conservan las plazas fuertes? ¿por qué se apoderan de los principales puertos? Si han conseguido su intento, ¿por qué no se van todos, y dejan enteramente libre el país que dicen que han venido a favorecer? Y si no lo han conseguido ¿por qué se retiran? ¿será para abandonar la empresa? Sólo podrá creerlo el que ignore o se haya olvidado de todo lo acaecido. Los franceses dijeron siempre que ellos no venían a combatir contra los liberales por otra causa que por el reconocimiento del dogma político de la soberanía de los reyes y no de los pueblos, y que por consiguiente no había alteraciones que hacer en la Constitución española, sino que toda ella era ilegítima, por no ser dada libremente por el príncipe a quien única y exclusivamente pertenecía dar leyes, así fundamentales como civiles.

Oficialmente, ni aún esto decían, por más que se exigió de ellos que manifestasen los motivos que les impulsaban a tan escandalosa invasión. Contestaron siempre *que no contestaban,* porque ellos no podían entenderse sino con el rey en libertad, y que no lo consideraban en este estado sino cuando se hallase entre el ejército francés.

Ahora bien, este dogma por cuyo reconocimiento han hecho tantos sacrificios, si es que puede llamarse reconocimiento un silencio impuesto a punta de bayoneta; este dogma, repito, ¿quedaría en pie en España si los franceses o mejor dicho la diabólica Alianza abandona

la empresa? Es claro que no. Luego, también es claro
que la empresa no se abandona, sino que por lo contrario, se sigue cada vez con más empeño. ¿A qué
viene, pues, esta especie de amenaza hecha a Fernando
VII de abandonarlo si no establece un sistema representativo? ¿Ignoran ellos que la respuesta es: *no quiero?*
¡Ah! ésa es la que ellos esperan para conseguir sus miras, aunque por ahora finjan que la sufrirán. Bien conocen que en el momento se encenderá la guerra civil
más sangrienta, y que los liberales no serán como hasta
ahora meramente pasivos y víctimas de sus asesinos;
bien prevén ellos la absoluta necesidad que habrá de su
vuelta a España, y bien esperan que Fernando tenga
la suerte de todo rey que se entrega en manos de extranjeros. Ahora más que nunca vienen bien aquellos
versos:

> *Viéronse estos traidores*
> *fingirse amigos para ser señores.*

Aún los mismos periódicos franceses (no hablo de
los ministeriales) reconocen estas verdades, y anuncian
los males que pueden sobrevenir a la misma Francia por
la conducta de su gobierno respecto a España. Yo no
puedo menos de insertar lo que dice el *Diario de Comercio* de París de 22 de noviembre, porque a la verdad
está escrito con toda la franqueza que exige el asunto,
aunque se resiente algo de ser pluma francesa, y yo
aprovecharé esta ocasión para decir lo que él calla, y
que acaso no quisiera ser estampado.

"Se asegura (dice el citado periódico) que el Consejo
se ocupa de la gran cuestión de la evacuación de la Península, y en efecto, no podía presentársele un problema
más complicado. La política, en que tiene siempre

parte España, es tan radicalmente mala, *que para salir del estado en que nos ha puesto, no tendremos que elegir sino males.* Es lo más triste ver hasta qué punto se ha procurado justificar las siniestras predicciones con que hace dos años resonaba el Parlamento británico, y cuánta razón tenían M. M. Canning y Liverpool cuando calculaban con gran complacencia la extensión de los gastos y de los inconvenientes que debían resultarnos de nuestra invasión en la Península. Pero ¿qué hay que hacer ahora? Si evacuamos la España en el estado de *confusión y de anarquía* en que está sepultada, ¿no seremos responsables de los excesos y furores del partido que hemos hecho triunfar? ¿No es a nuestros esfuerzos y sucesos a quienes se debe el poder de que se usa para llenar los calabozos y patíbulos? ¿No debe preverse el caso posible de la reacción de un partido oprimido, que cansándose de ser diezmado por un populacho abyecto, podría al fin sacudir sus cadenas? Por su fuerza moral, y por la energía que le da su desesperación, ¿no podría triunfar de *una facción* que no puede sostenerse sino con la ayuda de bayonetas extranjeras?

No habría menores inconvenientes en prolongar una ocupación que no tiene otro resultado que enormes gastos sin alguna recompensa, y nuestras valientes tropas no sabrían salir fácilmente de la difícil posición que ocupan entre el partido dominante, cuyos furores no pueden reprimir, y sus víctimas, a quienes deben imponer sumisión y silencio. Los soldados franceses no se han hecho para servir de carceleros y gendarmes al partido de la fe. Desearíamos que se nos demostrase sin declamaciones y charlatanerías el partido que se ha de tomar para abrir el estrecho desfiladero en que se ven comprometidos.

Se presenta en este momento un hecho bien notable:
mientras retrograda nuestro ejército hacia los Pirineos, los austriacos evacuan también parcialmente el
reino de Nápoles. Pero ¡qué diferencia! Austria eva-
cua la Italia meridional porque ha conseguido completamente el fin de su invasión, y nosotros dejamos la
España porque no hemos podido llegar al nuestro, que
es la pacificación del país. El Austria se hace recom-
pensar largamente de sus gastos, y de la ocupación ha
sacado la ventaja de mantener treinta o cuarenta mil
hombres sin que la costasen nada: la Francia ha sacrificado trescientos millones en pura pérdida, y todos los
gastos de la ocupación han quedado a su cargo. La
expedición de Nápoles ha aumentado la influencia del
Austria en Italia, sin que esta empresa la haya debili-
tado respecto a las demás potencias de Europa: la Francia, después de haber restablecido la dignidad real en
España, no ha conseguido el valimiento necesario para
hacer que se atiendan sus consejos y que se cumplan
las capitulaciones acordadas por el príncipe generalí-
simo, y a nadie se oculta que si sobreviene una guerra
en Europa, suceso para el cual siempre debe estar prevenida una gran potencia, la Francia embarazada con
los lazos que la unen a la España, como un *ser viviente
a un cadáver,* no tendrá en sus movimientos toda la libertad necesaria, y acaso estas onerosas relaciones la
distraerán en términos muy favorables a sus enemigos.
Podrá suceder que los sucesos del Oriente justifiquen
muy pronto esta observación".

A pesar de que el autor de los párrafos que acabo
de insertar habla en un tono poco agradable al gobierno
francés, no deja sin embargo de dar a conocer, como
dije anteriormente, que en el fondo tiene sentimientos

bien análogos a los del mismo gobierno que censura. Siente el éxito de la empresa y no la empresa misma; se duele de los millones gastados, y no del infame uso que se ha hecho de ellos; se lamenta de que Francia no haya conseguido su intento como Austria el suyo, que es haberse saciado en la sangre de los infelices napolitanos y haber reducido aquel país a tan terrible esclavitud que ni siquiera tienen el consuelo sus malhadados habitantes de dar un suspiro en medio de sus penas, porque éste sería un nuevo delito.

¡Francia no tiene bastante influjo para hacer que se atiendan sus consejos! ¡Ah! Francia finge no tenerlo, porque así conviene a sus intereses. España está como un *cadáver unido a un ser viviente;* sí, no hay duda, y como la víctima del más cruel asesinato. ¿Y quién fué el asesino? ¡Ah! Ese mismo ser viviente a quien ahora pesa tan funesta carga, más por el oprobio que le resulta en llevarla, que por piedad hacia tan tristes despojos. Esos millones se han gastado en encender la guerra civil, en fomentar el fanatismo, en esparcir el terror y la muerte, en cimentar el coloso de la tiranía; en una palabra: en las funciones propias de una de las dos *naciones ejecutoras* de la Santa Alianza.

Para llevar adelante su engaño, los Santos Aliados, hacen que la Francia vuelva a suscitar la fingida indicación de una amnistía, exigiéndola como base de sus futuros convenios con el Gabinete de Madrid. Los miserables que fueron tan tontos que se figuraron estar seguros por el primer *decreto de exterminio* que salió con el nombre de amnistía, muy pronto recibieron un tristísimo desengaño viéndose en cárceles, y acaso algunos en los patíbulos, por intrigas muy fáciles de formar cuando un gobierno recibe como ofrendas las víctimas

que son entregadas a su furor. Este desengaño ha hecho
que sea algo difícil encontrar tontos que caigan de nuevo
en el lazo, y para conseguir nuevas presas ha sido preciso encubrirlo algo más. Se dice, pues que la amnistía
no será ya en términos vagos, ni por clases que con una
siniestra ampliación comprendan los individuos que de-
signare el odio y la venganza, sino que la nueva amnistía deberá ser *con pocas excepciones* y éstas *nominales.*

Conforme a esta nueva trama nos salen ahora los
papeles públicos con la interesante noticia de que se han
citado para *comparecer personalmente* (como que son
mentecatos) a los señores Valdés, Siscar y Bigodet, regentes nombrados por las Cortes en Sevilla, y que de no
comparecer, serán juzgados en rebeldía. No tiene otro
objeto esta importuna por tardísima medida, sino apa-
rentar que se toma para que sean estas personas las primeras excepcionadas, nominalmente, y se dé crédito a
la proyectada amnistía, que se estará cacareando como
la anterior cuatro o seis meses, y al fin será otro parto
de los montes aún más ridículo; y entre tanto está todo
el mundo quieto, y se logra remachar más las cadenas.
El mismo hecho de exigirse excepciones nominales, da
margen a la decorosa o por lo menos disimulada demora
del negocio, pues cada una de ellas debe ser, aunque no
será, el resultado de un juicio seguido con todos sus
trámites, y del cual resulte perfectamente probado el
delito de una persona determinada.

Yo supongo que también convocarán a los diputados
que votamos por el nombramiento de la regencia, pues
no es natural que llamando a los encargados del poder,
no llamen a los que lo pusieron en sus manos. Este
nuevo llamamiento será un poco más difícil, porque

como la votación no fué nominal, y por el reglamento
del Congreso votábamos sin más que ponernos en pie
para probar, y quedarnos sentados para negar el voto,
nadie puede, ni aún los mismos diputados, decir *nominalmente* todos los que votaron. Casi todos nos pusimos
en pie, y así la aprobación fué tan clara, que al golpe no
dejó ningún género de dudas, ni fué preciso contar los
votos; de modo que el acto de la aprobación del dictamen fué asunto de menos de un minuto. Bajo estos datos
considérese si es posible que se convoque *nominalmente* a
los diputados que votaron por la regencia. Por mi parte
tengo el gusto de ahorrarles el trabajo si llega a tiempo
este papel, y aprovecho esta ocasión para manifestar
públicamente que lejos de arrepentirme de haber votado
por la regencia, protesto que si mil veces me viese en
las mismas circunstancias, mil veces votaría del mismo
modo. Si el tribunal que debe juzgar a los diputados
juzgase también a los reyes, y fuese juez la parte
ilustrada de los pueblos, yo me embarcaría en el
momento para la Península, y sin duda encontraría allá
a mis beneméritos compañeros. Ved lo que está sucediendo: ved un rey entregado a sus verdaderos enemigos, a los que ya otra vez le llevaron preso, y ahora
le aprisionan en su mismo reino, aunque más disimula-
damente; ved un pueblo envilecido hasta el extremo,
ved la sangre de tantas víctimas regando un suelo
ingrato; ved la discordia y el furor sembrados por
todas partes; ved la guerra civil que ya estalla, y
que acaso en breve reventará con la fuerza de un volcán
reprimido cuyos estragos serán tan funestos como irre-
mediables; ved la libertad encadenada bajo el pretexto
de contener la licencia; sentid, sí, sentid el peso de esas
cadenas, que ya hasta a vosotros mismos os abruman, y

no preguntéis, crueles consultores de ese malhadado príncipe, por qué se nombró una regencia en Sevilla, ni por qué los regentes admitieron el encargo. Pero dejemos al tiempo que concluya el desengaño que ha empezado, y volvamos a nuestras consideraciones sobre el estado de España.

La deducción acertada que puede hacerse de todo lo que observamos en la Península, es que su enfermedad hace crisis, y que por consiguiente debemos esperar muy pronto un cambio en su estado político, o su ruina total. Su situación es monstruosa, y es un nuevo monstruo, un monstruo duradero. La política de Europa tiene ya bien preparada la víctima para inmolarla y acaso la destina a una suerte muy semejante a la que en 1772 y 1792 tuvo la desgraciada Polonia, y no sería extraño que Fernando VII muriese en París (no preso, sino sin poder salir ni abandonar la compañía de sus amigos), así como murió en San Petersburgo el desgraciado Estanislao III; y que los que ahora tratan como infame y llenan de baldones al ilustre patriota que puso en sus manos la joya inestimable de la libertad que han perdido, lloren sobre las ruinas de su país, como los miserables polacos lloraron sobre el suyo los malogrados triunfos de un Kosciusko. A este mismo tiempo la porción ilustrada del pueblo español, que contempla ya como cierta la ruina de su patria, hace todos los esfuerzos para evitarla: el pueblo ignorante, acaso la está percibiendo ya, y si no es así, muy pronto la percibirá; y no hay que dudarlo: el choque de la libertad contra el despotismo va a empeñarse de un modo terrible. Pero ¿cuál será el éxito? He aquí un punto muy delicado y en que no puede establecerse una opinión fija. El mar político está en tremenda borrasca y sus estragos son tan variados y caprichosos como sus enfurecidas olas. Yo dejo a cada cual deducir las consecuencias que guste, que todas ellas tendrán sin duda antecedentes de donde deducirse legítimamente. Sólo creo que puede asegurarse que la España, o perece, o si su valor la liberta del exterminio, quedará exánime, pues vemos que ya casi lo está. ¡Qué escarmiento para los que fiaron su suerte en manos de los extranjeros, y creen que afirman el trono de un rey, haciéndole flotar en la sangre de sus súbditos!

La época va a ser de desengaños. Los que creen que un sistema político no puede establecerse sino precedido de la desolación y la muerte, y que una de las armas con que atacaban la revolución de España, era predecir su poca duración, por no haber sido ensangrentada, tendrán ahora una oportunidad para conocer hasta qué punto son exactos sus principios. Bastante sangre corre actualmente en España. No hay día que no se señale inmolando alguna víctima al ídolo ofendido y a quien se pretende desagraviar. En todas las provincias, mejor dicho: en todas las ciudades, están en acción continua los tribunales militares, y a fe que no son escrupulosos en mandar a fusilar. El terror está bien difundido, pero con él se difunde también la desesperación y el deseo de la venganza, y jamás ha estado el despotismo tan vacilante como ahora que se entrega libremente a todos sus furores. Desaparecen, sí, los objetos que excitaban el odio y la venganza, pero de sus cenizas brotan millares de otros semejantes, y cada día se aumenta más y más el número de los enemigos de un gobierno sanguinario. Pensaron los déspotas que con matar o mejor dicho: asesinar constitucionales, se extinguiría esta que llaman raza perversa: mas la experiencia va demostrándoles que donde se matan diez se forman ciento, y que las más enérgicas contrarrevoluciones siguen siempre a los más numerosos y crueles asesinatos. La severidad acompañada de la justicia es necesaria; la crueldad unida a la injusticia es lo más funesto a toda clase de gobierno.

El editor del *Diario del Comercio* de París dice que la Francia debe estar prevenida para una guerra que acaso puede sobrevenir en Europa. No hay duda: el poder colosal de la Rusia, que como un gran gigante pretende extender un brazo sobre el Oriente, teniendo ya otro en el norte de Europa, amenaza a las naciones de un orden inferior, y no sería mucho que experimentasen, no ya una inundación de bárbaros como antiguamente, sino una inundación de bayonetas rusas, que para el caso es un poco peor. El equilibrio europeo cuya conservación es el principal objeto de las naciones, está destruído, y éste es el indicante más seguro de una guerra. Los ingleses, que ven atacada no su seguridad, porque ésta lo está en la naturaleza, y en un mundo flotante de que puede disponer su gobierno, sino las ventajas de su comercio de la India, si la Rusia apoderándose de la Turquía consigue el gran punto de Constantinopla, y aún extiende sus conquistas hasta el Egipto, esperan que las naciones occidentales le declaren la guerra, o mejor dicho: incitan a que se la declaren para unirse a ellas. Los ingleses hacen el papel de indiferentes con todo el mundo, y lo revuelven todo. Saben que son necesarios y están para oír proposiciones, o mandar que se las hagan, aunque siempre con el aire de indiferencia, desinterés y aún generosidad.

Pongámonos ahora en el caso de un rompimiento entre los santos, y que los más débiles se reuniesen contra el *Santón* de Rusia. ¿Cómo se componían con España? Si la abandonan, retoña y fructifica el árbol de la libertad; si la ocupan, es preciso que sostengan no como quiera una ocupación pasiva, sino una guerra constante, porque entonces el desavenimiento de los opresores animará a los oprimidos, y esa misma Rusia que ha sido la principal de las naciones continentales en derribar la Constitución de España, protegerá momentáneamente y por lo bajo a los constitucionales, y yo aseguro que tiene razón el periodista francés para temer que su nación se vea un poco apurada. Si las cosas tienen este desenlace, ¿podrá ser feliz la España? Dos años antes lo hubiera sido, cuando un sistema liberal, si no perfecto, por lo menos con las bases para serlo, recibiendo a su tiempo y *libremente* las correcciones necesarias, se hubiera visto sin enemigos, por lo menos sin los poderosos que podía temer. Mas ¡ahora! Respondan otros que así lo han querido.

Haciendo aplicación de estas observaciones al negocio de América, que es lo que más nos interesa, es menester estar muy ciego para no ver que España, sea cual fuere el resultado de la crisis en que la vemos, está fuera de combate, y que los americanos ya sólo tienen que habérselas con emisarios, y no con bayonetas españolas. En el estado actual de la España, creo que no cabe duda, y si alguno se obstinase en dudarlo, bastaría para convencerlo la simple consideración de que al gobierno español le sobran deseos de enviar tropas, le ha sobrado tiempo desde la caída de la Constitución (pues dicen los serviles que antes no se mandaban porque los constitucionales eran unos pícaros), está perdiendo tiempo y dándoselo a los americanos para que se consoliden y preparen a la defensa, y sin embargo no manda ni un soldado. Luego, es porque no puede, y esta impotencia crece de un modo incalculable. Si el sistema político vuelve a tener otra alteración en España, este cambio no dará dinero, que es lo que se necesita para el negocio de expediciones; antes por el contrario, se gastará mucho para conseguir el mismo cambio político y para conservar el nuevo orden de cosas, no sea que por meterse a conquistadores, sean conquistados. La nación española, como he dicho anteriormente, debe quedar exánime, y además con todas las cargas de las inmensas deudas que está contrayendo y que será preciso reconocer o exponerse a mayores males; en términos que aunque rompa las cadenas, ha de pagar a los que se las pusieron. En consecuencia, puede asegurarse que ni ahora ni después hay que temer expediciones de España y que la América está tan libre de ejércitos españoles como el cielo de ratones.

A estas circunstancias se deberá el término de la lucha entre las llamadas colonias y su llamada madre. Término que priva a España de infinitas ventajas que pudiera sacar, renunciando a *la maternidad;* pero que es el único que puede tener este negocio, pues ya todos están bien convencidos, y yo por mi parte tengo más datos que otros muchos para estarlo, de que jamás se conseguirá de los españoles que dejen de creer que son amos de la mitad del Nuevo Mundo, aunque manden en él tanto como en la luna.

PREGUNTAS SUELTAS, RESPUESTAS FRANCAS

¿Qué se han hecho los dos mil hombres de tropa que debían pasar de la Coruña a La Habana? Dicen que se dispersaron. ¿Se dispersaron o los dispersaron? De todo pudo haber. ¿Volverán a reunirlos? Raya en lo imposible. Y si los reúnen, ¿podrán conservarlos hasta que se embarquen? Seguramente, siempre que tengan bastantes cepos en qué ponerlos o buenas cuerdas para atarlos. Y en La Habana, ¿los esperan? ¿Quién lo duda? Hasta el día del juicio por la tarde, porque por la mañana es muy temprano.

INSTRUCCIONES DADAS POR EL GABINETE FRANCES A MR. CHASSERIAN, ENVIADO A COLOMBIA

El *Morning Chronicle* de 1º de septiembre y después *El Colombiano* de 22 de noviembre del año pasado, han publicado algunos párrafos de las instrucciones dadas a Mr. Chasserian, de que hablé anteriormente, y que hubiera insertado a continuación de las del coronel Galabert, enviado a México, si no hubiese llegado a mis manos el número citado de *El Colombiano,* después de impresos los artículos anteriores. Sin embargo, he creído oportuno insertar este documento, para que cada cual forme por sí mismo el cotejo entre una y otra instrucción, y perciba su identidad, pues sólo se diferencian en las palabras, bien que al Sr. Chasserian se hacen algunas advertencias omitidas respecto del coronel Galabert, de las cuales consta el ánimo del Gobierno francés de guardar una apariencia de rectitud y de constancia de principios, que consiste en ser constante y cruel enemigo de toda nación libre. Yo omito anotar estas instrucciones, porque las convienen exactamente las mismas notas puestas a las del coronel Galabert.

"Conforme a la instrucción número 2 que se puso en manos de Ud. en 3 de junio por el coronel Galabert, y con arreglo a las prevenciones contenidas en su memorial, queda determinado que la misma base de operaciones le servirá a Ud. de guía en ambas, caso que tenga necesidad de nuevas instrucciones. El punto más importante de ellas es lograr informes positivos con respecto al estado actual de las fuerzas militares y navales de Colombia, y principalmente saber perfectamente las opiniones (*morales*) de los oficiales de más influjo en el ejército como en la marina. Del último despacho del coronel Galabert se evidencia que los ánimos están en México bien dispuestos en favor de un movimiento realista, y es de desear que el caso sea el mismo en Colombia. El coronel Galabert nos asegura que el pueblo está en todas partes muy exasperado contra los insurgentes, y que el clero se halla animado de las mejores disposiciones. Observe usted exactamente el sentido de las cosas por su parte, y busque los medios de obtener por sí mismo algún influjo, que le ayudará a establecer sin peligro su carácter diplomático semi oficial. No tema usted prometer demasiado o avanzar hasta muy lejos. Es esencial tocarlo todo a un mismo tiempo, sin lo cual será necesario abandonar la idea de volver a someter la América bajo el cetro de aquellos sanos principios que otra vez han salvado la sociedad en Europa. Cuide usted particularmente en todas las relaciones que establezca, dar importancia a los eclesiásticos: ningún esfuerzo empleado en adherirlos fuertemente estará de más, porque el influjo que ejercen sobre los americanos españoles no es menor que el que han conservado sobre sus paisanos en Europa. Se ha determinado absolutamente que en ningunas circunstancias procure o proponga usted la emancipación o reconocimiento como Estado independiente. Esta concesión preliminar siempre denota debilidad, y al mismo tiempo tiene el serio inconveniente de dar a la política un aire de mala fe. Antes de todo, es mejor tener muchas dificultades que oponer, para después avanzar más rectamente en

el camino que nos habíamos propuesto. La distancia es
otra razón para ahorrar tiempo, y no dar pasos falsos.
Parezca usted más bien algo indiscreto por lo tocante a
opiniones realistas que permitir se suponga ni por un
momento que la Francia se allane a hacer alguna concesión al espíritu revolucionario. Sobre este punto, el gobierno de S. M. concuerda estrictamente con el Gabinete
de Madrid: todos los medios de persuasión, de intereses.
y de convicción deben emplearse para atraer otra vez
las colonias al antiguo orden de cosas; pero si todos los
otros esfuerzos y procedimientos no producen un favorable resultado, queda sólo por último recurso obtener por la fuerza de las armas lo que no se ha conseguido por medio de las negociaciones que se están prac-
ticando. No desprecie, pues, usted nada para lograr el
objeto por los medios que tiene en su poder. Presentando al pueblo continuamente el éxito que han tenido
en Europa las revoluciones de Nápoles, Piamonte, Por-
tugal y España, haga usted perceptible cuanto haya de
vicioso en el sistema que se dirige a separar la América
de la Europa y a destruir en consecuencia las relaciones
comerciales, que solas pueden dar vida y movimiento a
los cuerpos políticos, que por decirlo así han sido crea-
dos no más que ayer. El genio de los españoles no es
hecho para estas teorías abstractas, por cuyo auxilio *este
hermoso* y rico país ha estado catorce años inundado de
sangre. Es tiempo de poner un dique a esta devastación,
que arruina las naciones pervirtiendo sus ánimos, y re-
frenar en medio de su curso esos torrentes desoladores,
que tienden a refluír desde el nuevo mundo al antiguo.

Luego que usted haya formado algunas respetables
conexiones en el país, será de la mayor importancia poner estos auxiliares en estado de obrar eficazmente.

Cuantos más de los naturales del país atraiga usted al interés de nuestra política, tanto más fácilmente obrará usted con fuerza y rapidez. Sobre todo, no se olvide de los oficiales generales del ejército.

El objeto de la más urgente solicitud de usted debe ser el conocimiento exacto de los buques de guerra, su número, su fuerza, el número de cañones de que están armados y el número exacto de sus tripulaciones. Tampoco debe olvidarse la clase de los buques. Luego que obtenga usted estas noticias las enviará al capitán P... de la Marina, que sobre este asunto ha recibido órdenes del Ministro de Marina y que recibirá los despachos de usted por el paquete del Brasil.

La casa de Gerard, de Filadelfia, y sus corresponsales en Buenos Aires tienen orden de proveer a usted de las sumas que quiera librar sobre ellos a la vista. No puede haber ninguna demora en cumplir las solicitudes de usted, pues todo ha sido previsto, y sobre todo, está ya providenciado.

En el mismo paquete hallará usted las instrucciones del Gabinete de Madrid, para el abad Doraldo. Se recomienda al cuidado de usted, quien debe considerarlas como de la mayor importancia. Un duplicado de la última relación de usted se ha enviado al coronel Galabert, con quien conviene que usted continúe manteniendo comunicación cuantas veces lo exija la ocasión.

NOTICIA DE UNA MAQUINA INVENTADA PARA MEDIR CON LA CORREDERA LO QUE ANDA UN BUQUE

Por Mr. J. Newman

La pequeña máquina que yo he inventado, dice el autor, y que tiene la decidida aprobación de muchos marinos, parece poseer todos los requisitos necesarios para el objeto a que se aplica. Está encerrada en una caja redonda de latón cuyo diámetro es de $3\frac{1}{2}$ pulgadas y de $1\frac{1}{2}$ de altura, y tiene una muestra cuya circunferencia está dividida en 60 partes. En el centro tiene un índice al que la máquina hace dar una vuelta en 60", o sea un minuto, y a los 15, 30, 45 y 60 segundos tiene la muestra unos taladros y en ellos unas puntillas movibles que se echan fuera o se esconden por unos botoncitos exteriores. La muestra está cubierta con un vidrio.

Para usar la máquina, se pone el puntero en los 60" reteniéndolo con la puntilla en este lugar. Si se va a usar durante 15" se echa fuera también el del número 15, y al tiempo de soltar la corredera se esconde la puntilla del número 60, y el puntero comienza a moverse hasta parar en 15. Si se va a usar 30, 45 ó 60 segundos, se echa fuera la puntilla del número y no los otros, sucediendo lo mismo que en el caso anterior.

El golpe de la máquina se oye a mucha distancia; el momento de pararse es muy sensible. Por consiguiente puede usarse en noche oscura tan bien como en medio del día. Es exacta, fuerte y portátil, y parece propia para sustituirse a las incorrectas ampolletas de minutos que usan ahora los buques.

SUPLEMENTO
AL Nº 3 DE
"EL HABANERO"

Las últimas noticias de Europa y América todas conspiran a poner en evidencia la exactitud de las ideas manifestadas en este número y los anteriores. He dicho que la independencia de la isla de Cuba no es un objeto de elección sino de necesidad, pues un hado político la decreta, y que los que la presentan obstáculos no hacen más que privarla de los bienes de que podría estar acompañada; y los hechos van comprobando a pasos gigantescos mis previsiones. El simple extracto de dichas noticias bastará para convencer a todo el que no quisiere cerrar los ojos. Yo siento que la brevedad del tiempo no me permita extenderme en reflexiones, pero a la verdad que son poco necesarias.

Derrotado enteramente el ejército español en el Perú, está libre toda la América. En la capitulación hecha entre los generales entra la entrega del Callao, y sólo se permite salir el navío "Asia", el bergantín "Aquiles" y demás buques de guerra o del comercio, como así mismo la oficialidad e individuos del ejército que no quieren quedarse en el país, estipulando no tocar en ningún punto de América en que flamee la bandera española, ni poderse emplear en guerra contra los países independientes. Queda pues el ejército colombiano en disposición de invadir la Isla y en necesidad absoluta de hacerlo.

El gobierno de estos Estados Unidos ha emprendido a. mismo tiempo la brevísima construcción de varios na· víos, fragatas, corbetas y buques menores. Los ingleses han procedido al reconocimiento de Colombia y México y han enviado un comisionado a Lisboa para persuadir que reconozcan al Brasil, y en caso de no hacerlo intime al gobierno portugués que queda reconocido por Inglaterra y continúe su viaje al Brasil para negociar sobre esta base. El mismo Gabinete inglés da una protección decidida a los griegos para oponerse a las miras de Rusia. Holanda ha seguido ya el ejemplo de Inglaterra en el reconocimiento de América. En una palabra: todo indica un rompimiento con la Santa Alianza (que se presenta muy ofendida) y la causa son las antiguas posesiones españolas. Luego esta nación, será parte principal en el negocio, y la fidelísima isla de Cuba verá quién la defiende contra los esfuerzos no sólo de la América, sino del coloso inglés.

Mientras los negocios políticos toman este aspecto, en La Habana sólo se trata de perseguir a mi pobre *Habanero,* y de mandar asesinar a su autor. Acabo de recibir la noticia de que en consecuencia de los efectos producidos por el segundo número, se ha hecho una suscripción para pagar asesinos que ya han encontrado y que deben venir de la isla de Cuba a este país sin otro objeto que este asesinato. La noticia es dada por personas de quienes no puede dudarse, y además tiene otros antecedentes que la confirman.

!Miserables! ¿Creéis destruír la verdad asesinando al que la dice? ¡Ah! Ella es superior a todos los esfuerzos humanos, y un recurso como el que habéis tomado sólo sirve para empeorar vuestra causa. Nada prueba más la solidez de lo que he dicho que la clase de impugna-

ción que habéis adoptado. Yo podré morir a manos
de un asesino, pero aseguro que no ganaréis mucho, y
no sé si me atreva a prenunciaros que perderá algo vuestra causa. Por lo que hace a las personas caritativas,
podría designarlas, mas no lo haré por que no tengan
muy pronto la misma suerte que ellos me preparan. Yo
no sé hacer la guerra de asesinos, ni he hecho otra que
la de razones, francamente, sin ocultar mi nombre y de
un modo decoroso.

¿Es el medio de salvar la Patria pagar malvados que
quiten la vida al que ha cometido el crimen de decir la
verdad, a tiempo en que las cosas pueden tener mejor
y más pacífica composición? ¡Ah ingratos! Queréis derramar la sangre del que sólo ha trabajado y trabaja
por que no se derrame la vuestra. Desgraciados, pues
sólo puede serlo el criminal: yo os entrego al tiempo,
y a vuestros remordimientos. Entre tanto una verdad
quiero recordaros, y es que vuestro número es limitadí-
simo, y debe su preponderancia a una condescendencia
momentánea. Ya no es tiempo de sorprender a nadie
con los espantajos de *criollos y europeos,* habiendo entre éstos acaso tantos desengañados y tantos independientes como entre aquéllos.

Yo no he hecho más que procurar que los hombres se
conozcan mutuamente y conozcan su situación, para que
en un caso que por su naturaleza es inevitable, se cal-
men las pasiones, se impidan los desastres, y saque el
país inmensas ventajas, que hagan felices a sus actuales
habitantes, y a sus futuras generaciones. Si este es un
crimen, he aquí un crimen protector de la humanidad y
arreglado a la justicia, he aquí un criminal que se gloría
de serlo.

FELIX VARELA.

... Die natura al nascimento umano,
Verso il caro paese ov'altri è nato
Un non so che di non inteso affeto,
Che sempre vive e non invecchia mai.
Come la calamita, ancor che lunge
Il sagace nocchier la porti errando
Or dove nasce or dove more il sole,
Quell'occulta virtute ond'ella mira
La tramontana sua non perde mai:
Cosi chi va lontan dalla sua patria
Benché molto s'aggiri, e spesse volte
In peregrina terra anco s'annidi
Quel naturale amor sempre ritiene
Che pur l'enchina alle natie contrade.

PASTOR FIDO.

PERSECUCION DE ESTE PAPEL EN LA ISLA DE CUBA

Todas las cartas que se reciben de aquella isla convienen en que mi pobre *Habanero* sufre la más cruel persecución. ¡Pero qué cosa tan particular! Persíguese a *El Habanero* al mismo tiempo que todos confiesan que dice la verdad, y cuando el mismo gobierno da pruebas irrefragables de estar plenamente convencido. Aún los más encarnizados enemigos de la independencia escriben que es inevitable si los colombianos hacen un desembarco, y que este desembarco es aún más inevitable; confiesan que la suerte de la Isla será infinitamente menos ventajosa si debe su libertad a un ejército extranjero, que si la obtiene por solos sus esfuerzos; y sin embargo, el autor de *El Habanero* es un hombre perverso, enemigo de su país, porque ha tenido valor para decir públicamente lo que nadie niega en privado, sin que el silencio sirva para otra cosa que para dar tiempo a que el mal no tenga cura.

El gobierno de aquella isla en el mismo momento en que acaba de recibir tropas de España, y cuando pensaba darse más aire de seguridad, toma el partido de mandar un comisionado a la Corte para que llore y clame cuanto pueda representando la miserable situación de la Isla. ¿Y este paso es de quien está seguro? ¿No prueba a la evidencia que ya no saben con la que pierden? Efectivamente, no puede darse una manifestación más clara de la impotencia de aquel gobierno, del peligro de la Isla y de la exactitud de las observaciones del perseguido *Habanero*.

Pero ¿a qué va el comisionado a España? Unos dicen que a manifestar que se pierde la Isla si el rey no reconoce la independencia de Colombia y México; otros que a pedir más tropas, y un navío para la defensa. Lo primero es improbable, pues el que conozca el Gabinete español, y las ideas reinantes en la Península no dudará, que no sólo es inútil semejante pretensión sino que se exponen mucho los que la hagan. Lo segundo es más cierto, pero no menos inútil, y erróneo. Es decir a los colombianos y mexicanos: estamos en incapacidad de resistir; daos prisa en acometer, pues si os tardáis puede venir algún auxilio; es avisar a los independientes de la Isla que aprovechen la oportunidad que se les presenta, y no les quede duda (si es que la tenían) de que a poca costa sacudan el yugo. Siempre pensé que se haría nueva petición de tropas, pero creí que sería con el mayor secreto y sólo por comunicaciones oficiales; mas ya que ha sido con tanta solemnidad y aparato que ha llamado la atención de todo el mundo, no puedo menos de dar gracias a los señores que han manejado este negocio porque su resolución hace más a mis fines que mil números de *El Habanero*, pues ahora aún los que se alimentaban con ficciones de su imaginación acerca del estado de la Isla no podrán menos de desengañarse al ver la prueba auténtica de inseguridad que les da su gobierno.

Supongamos que el comisionado vaya con el arriesgadísimo encargo de pedir la emancipación del resto de la América española como único medio de conservar las islas de Cuba y Puerto Rico. En este caso es mucho más evidente el apuro del gobierno y la exactitud de mis observaciones acerca de su impotencia para garantizar a esos tranquilistas que creen salvar la Patria adulando a un amo y persiguiendo a todo el que menos cobarde que ellos se atreve a dar un paso para libertarla de la opresión que sufre y del peligro que la amenaza. Cuando un gobierno que sabe la oposición del rey a reconocer la independencia, aún después del reconocimiento hecho por el Gabinete inglés, se atreve a proponerla, es preciso creer que está muy apurado, y que para hacer una proposición de tal naturaleza ha procurado cubrir bien el expediente acreditando este apuro hasta la evidencia, pues de otra suerte se expondrían a ser tratados como traidores todos los que interviniesen en semejante medida, mucho más cuando se toma en el momento mismo de acabar de recibir tropas y buques de guerra. Y si esto es así, ¿por qué se persigue a *El Habanero?* ¿Qué más papel subversivo, ni qué más voz de alarma que las operaciones del Gobierno y de sus satélites? El tiempo, el tiempo: he aquí el juez a quien apelo, y cuya sentencia no tardará mucho.

Algunas veces me ha ocurrido que en este negocio no hay más que una trama política; quiero decir: un engaña bobos, procurando el Gobierno entretener los ánimos con la esperanza de que Fernando reconocerá la independencia de Colombia y México por no exponerse a perderlo todo. Esto, decíame yo a mí mismo, habrán creído neciamente que es un medio de demorar las operaciones de Colombia con la esperanza de que sean innecesarias, al paso que servirá para animar a los tranquilistas y hacer desmayar algún tanto a los independientes; pero confieso que prontamente hice justicia a mis enemigos, y no los creí tan necios, que se figurasen que otros que no han dado pruebas de tontos lo son hasta el grado de no percibir una trama tan grosera y de dar tiempo a que se remachen las cadenas o por lo menos se refuercen. Al expediente no le falta más que una pieza, y es un oficio muy atento y amistoso a los presidentes de Colombia y México, participándoles la determinación tomada, y suplicándoles que esperen la respuesta, que deberá traer el comisionado que debe salir para España. Mientras Victoria y Bolívar, que son niños de teta, esperan tranquilos la resolución del rey, se aparecerá el señor comisionado en el navío *Asia,* o en el viejo y carcomido *San Pablo,* que compondrán de cualquier modo; vendrán algunos transportes, y se reforzará la guarnición de la Isla con dos a tres batallones, y las fuerzas navales con el navío y algún otro buque. Personas hay que cuentan ya con este porvenir, y creen que todo saldrá a pedir de boca. Lo malo es que como la tienen abierta puede secárseles mucho antes de que llegue el bocado. En cuanto a la petición del navío, no es mera sospecha, pues me consta que así lo ha propuesto cierto jefe y que el dictamen ha sido adoptado. No es mal recurso, pero es insuficiente, remoto e improbable, mas al fin los que tuvieron paciencia para esperar más de un año la decantada expedición de la Coruña y generosidad para pagar sus costos (1), no será

(1) En *El Colombiano,* de 19 de enero, se insertan varias cartas que se encontraron en la fragata *Uranie* que iba de Burdeos a La Habana, y fué detenida por dos corsarios de la república, por conducir propiedades españolas. Entre dichas cartas se encuentra una del agente del gobierno de la Isla, y de sus adictos, en que encargaba que el comercio y demás pudientes se esforzacen para pagar los gastos del transporte de las tropas, por ser ésta la *precisa condición* con que se obtuvo la orden de envío. Yo había dicho que era imposible esperar de España auxilio alguno, y la experiencia lo ha demostrado, pues se estuvo esperando más de un año y no vino hasta que no se rascaron la bolsa los que lo pedían.

mucho que esperen y costeen otra semejante, aunque llegue el remedio cuando el enfermo haya muerto, o por lo menos cuando sea inútil y empiecen nuevos clamores, como ha sucedido con la llegada de esta expedición.

Yo no extraño que el gobierno procure por todos medios sostener su dominio en la Isla aunque sea arruinándola, pero sí extraño que aún haya personas tan alucinadas que se figuran que semejantes sacrificios pueden ser de alguna utilidad al país, cuando no hacen más que empobrecerlo y preparar su ruina. Después de haber gastado tanto en la conducción de las tropas, ¿qué han conseguido? Aumentar la guarnición lo suficiente para que no haya con qué pagarla, sin que a la pretendida seguridad de la Isla se agregue ni un ápice. En diciembre del año pasado estuvieron bien afligidos para poder pagar la corta guarnición que tenían; conque ahora, aumentados mucho más los gastos y disminuídas, o por lo menos, no aumentadas las entradas, es regular que no estén muy sobranceros, y dentro de poco les pesará, si no es que ya les está pesando el haberse metido en costear expediciones.

Entre varias cartas que se han recibido de La Habana, hay una muy graciosa por el tono en que está concebida. Es una mezcla de himno y de plegaria, y seguramente el ánimo del que la escribió se hallaba momentánea y alternativamente agitado de encontrados afectos de tristeza y alegría. Ya estamos seguros... pero si vienen los colombianos... los tímidos que nos rodean se han reanimado al ver en la nueva tropa los libertadores de sus propiedades... pero esto no basta en las actuales circunstancias. Tales son, sobre poco más o menos, las expresiones de dicha carta. No llamarían mi atención si no observara en ellas la cantilena ordinaria del cuento de las propiedades. ¿De quién van a libertarse? ¿De los asaltos de cuatro ladrones? Basta para ello la gran masa de un pueblo noble y generoso incapaz de permitir tales atentados. ¿Quieren libertarla de este mismo pueblo si poniendo un término a su sufrimiento, se arroja enfurecido sobre sus opresores? En tal caso no bastan esos soldados para contenerlo, y sí para aumentar su furor y dar margen a mayores estragos. El modo de asegurar las propiedades es emplearlas mejor, o por lo menos no darlas tan mal empleo, como es el convertirlas en instrumento de la opresión y ruina del pueblo donde se han adquirido. Allá se las partan; ellos habrán formado su cálculo, pero yo creo que no es muy acertado. Continúen persiguiendo a *El Habanero*, porque dice estas verdades. Repitan como hasta ahora que su autor es un hombre perjudicial, que sólo trabaja por arruinar el país; en una palabra: digan cuanto su furor pueda inspirarles; mas yo les aseguro que si por un solo momento consideran a sangre fría y con imparcialidad mis razones, conocerán que no tienen mejor amigo que el autor de *El Habanero,* aunque ni pretende ni desdeña su amistad, pues para satisfacerse a sí mismo le basta considerarlos con el aprecio general que tiene a todos los hombres y con la compasión que le inspira el error en que los vé envueltos.

COMISION MILITAR EN LA HABANA

Los que creían que todo el campo era orégano, ya ven que hay quien les ponga las peras a cuarto. Hablen ahora con libertad, señores constitucionales, criollitos independientes, atrévanse a negar que tienen amo y verán por dónde les da el agua. Junta militar, con autoridad plena. ¡Qué sustazo! Si alguno tiene *El Habanero*, a esconderlo prontamente, o a quemarlo, porque si no... fusilan... No hay nada de eso. Yo me entiendo, y ellos me entienden... aunque si a alguno tienen ganas de fusilar es a mí; mas por ahora no hay caso.

Hagamos algunas reflexiones sobre la elección de personas que se ha hecho para constituír la junta. Yo estoy muy lejos de pretender hablar acerca de las circunstancias personales de los señores que la componen, pues no los conozco y hasta ahora ni siquiera había oído sus nombres. De uno que otro ha habido aquí quien informe, y en particular del señor presidente se dice que inspira bastante confianza al partido que lo ha nombrado, pero que es un hombre de honor incapaz de una bajeza y que hasta ahora no ha dado pruebas de abrigar los sentimientos de crueldad o mejor dicho de barbarie, que son favoritos a los que componen semejantes juntas en la Península. Yo supongo que los demás señores tienen la misma honradez y humanidad, pues no tengo datos para juzgar de otro modo, y mi máxima es pensar bien de los hombres, mientras no me consta que son malos, y precaverme siempre de ellos como si lo fuesen.

No son, pues, los individuos el objeto de mis observaciones; lo es sólo la circunstancia particular de haberse elegido gente nueva desconocida en el país, sin intereses algunos en él, y sin más empeño que conservar sus grados militares y ver si se hacen dignos de que su amo les premie con algunos otros. ¿Por qué no se han elegido los jefes antiguos en el país, que le conocen mejor que los señores nombrados? Eso sería, dirán algunos, exponerlos a mil compromisos, por sus mismas relaciones, y poner en prueba su honradez, que acaso no podría resistir a la amistad, y aún a los cariñosos afectos de familia; eso sería, digo yo, poner en ejercicio su prudencia, sacar partido de esas mismas relaciones que tanto se temen, inspirar más aprecio, así a la Junta como al gobierno que la nombra, y no exponerse a que por dar palos de ciego, y no conocer los peligros, ni advertir cuándo la política exige dar más lugar a la clemencia que a la justicia; en una palabra: por operar como hombres que sólo han visto en el país las bayonetas de que están rodeados, se exaspere el pueblo, a pesar de su natural mansedumbre, y rompa las cadenas con tal fuerza que sus eslabones despedidos hieran y exterminen a sus opresores.

Entre los jefes nombrados para vocales de la Junta, sólo se cuenta un hijo del país y persona conocida, que es don Rafael Arango. Este nombramiento se ha hecho para que no sea tan notable el estudio con que se han separado de la Junta todos los naturales (1), estudio tan impolítico, que sólo sirve para encender más el fuego que pretenden apagar, pues los ignorantes todo

---

(1) Dícenme que también es hijo de la Isla don Antonio María de la Paz. No lo conozco, ni sé si es cierto lo que afirman, pero en todo caso son dos vocales entre siete.

lo confunden, y un error que acaso tiene otro origen, lo atribuyen precisa y exclusivamente a la rivalidad que por desgracia se ha procurado establecer entre naturales y españoles europeos.

De los fiscales, hay sólo tres hijos del país, a quienes conozco perfectamente, y siento infinito verlos en esa danza, pues los han puesto con estudio para cargar sobre ellos la odiosidad, porque o la representación fiscal es favorable a los reos o contraria. En el primer caso, son criollos insurgentes, etc.; en el segundo atraen sobre sí el odio de todos sus compatriotas. Son muy pocos los hombres que hacen justicia a los sentimientos de otros cuando su decisión les es contraria. El dictamen fiscal se aprueba o se desecha, y aunque algo influye en otras circunstancias, en las de partidos nada vale, sino para comprometer al que lo da; los votos son libres, y ellos forman la decisión. Yo quisiera ver paisanos míos u hombres interesados en el país, como vocales de la Junta; aunque se comprometiesen infinitamente, pero que el fiscal sea Juan o Pedro en una junta militar despótica, poco o nada puede interesarnos.

Yo sé muy bien que el principal objeto que se ha tenido a la vista en la elección de dichas personas, ha sido inspirar temor con sólo su nombramiento, pues la idea de que a los jueces interesa muy poco la suerte de los acusados y de que pertenecen a la clase de los opresores decididos, que pueden obtener premios sacrificando víctimas al ídolo de la adulación, y que la clemencia, y aún diré más: la justicia, puede comprometerles a perder lo que ellos quieren conservar a toda costa, yo sé muy bien, repito, que estas circunstancias por sí solas bastan para aterrar a los tímidos. Pero la medalla tiene un reverso que no se ha observado, y en él se ven la prevención de parcialidad contra los acusados, el despecho y el furor contra tales jueces, la necesidad de arriesgarlo todo y no andarse por las ramas, para separar de un pueblo pacífico un gobierno puramente militar, porque no está reducido a otra cosa el de la isla de Cuba; y un gobierno militar puesto en manos de unos hombres a quienes nada les interesa el bien del país, sino sus empleos y la mayor o menor exactitud con que se paguen sus sueldos, y que en volviendo a España con honor, esto es: habiendo correspondido a las intenciones de su amo, todo lo tienen ganado, aunque se arruine la Isla.

En el nombramiento de la Junta ha regido el principio que hace tiempo no cesan de inculcar los militares, y que ha sido el delirio del gobierno de La Habana. Quiero decir que conviene formar una línea divisoria entre el pueblo y la tropa, que ésta y sus jefes pierden su energía cuando adquieran relaciones en el pueblo, y mucho más si adquieren propiedades, y si se enlazan con las familias naturales o radicadas en el país. Jefe ha habido que ha llevado la quijotada hasta el extremo de vivir casi aislado en La Habana, solo, como decía él, por *conservar su prestigio y que su tropa y oficiales lo conservasen imitando su conducta*. El pobre tuvo a bien variar de conducta, porque observó que sobre no encontrar quién le temiese, encontraba muchos que le despreciasen. Hallándome de diputado por la provincia de La Habana en las Cortes españolas llegaron al gobierno superior insinuaciones del de la isla de Cuba sobre mudar la guarnición, porque muchos oficiales y sargentos se habían casado en el país, algunos habían adquirido su dinerito, muchos soldados se habían dedicado a varios oficios que les utilizaban más que el fusil, y esto decían era contrario a la disciplina militar. Yo ví el asunto bajo un aspecto totalmente contrario, pues creo que no puede hacerse mayor recomendación a una tropa, que presentarla como entretenida en sus ocios militares en trabajos útiles, relacionada y estimada en el país en que vive, interesada en su prosperidad por esos mismos bienes que se dice que ha adquirido, en una palabra: sea lo que fuese de la disciplina militar de derecha, izquierda, póngase así, vuélvase del otro lado, etc., etc., convenía conservar una fuerza armada cuyo defecto decían que era tener intereses homogéneos con los del pueblo y ser honrada e industriosa. Por mi parte confieso que lejos de dar algún paso para semejante pretensión, hablé siempre contra ella, y aunque no puedo gloriarme de que fuese impedida por mi influjo, tengo el placer de que no se llevó a efecto, por lo que se abandonan todas las empresas en España, que es por falta de pesetas, pues los pudientes de La Habana no quisieron hacer la gracia de costear llevadas y traídas de tropas sólo por mudar de casaca y proteger la disciplina militar.

Las cosas tienen ahora otro aspecto muy diferente. Casi toda la tropa y oficialidad es *nueva,* y por haber, hasta hay una Junta *nueva,* compuesta casi en su totalidad de personas *nuevas.* Pero ¿cuánto tiempo tardará en ser vieja toda esta gente? Es muy largo plazo cuatro meses. La Isla tiene ciertos encantos para ciertas cosas, y mis hombres dentro de poco se encontrarán siendo lo que nunca pensaron. Para que el gobierno español conserve este sistema de novedad en sus militares es preciso que los mude mensualmente. La señora Junta, a pesar suyo, tendrá que envejecerse, y si no, se encontrará tan aisladita como una calabaza en medio del Golfo.

RUN RUN

En esta ciudad de New York, sin duda hay algún duende que de cuando en cuando esparce ciertas noticias que yo no sé cómo las brújulea allá por La Habana, pero que rara vez faltan. El maldito ha esparcido el *run run* de que en La Habana tratan de mandar toda la fuerza naval que tienen, y alguna más que puedan aprestar, sobre las costas de Colombia, para atacar a las fuerzas navales colombianas, y ver si las destruyen e impiden de este modo todo proyecto de expedición. Para esta empresa se piensa abrir una suscripción o mejor dicho, contribución a la cual se da el nombre de voluntaria, pero que formada a la vista de una comisión militar pronta a buscar motivo para pretexto de perseguir desafectos a S. M. puede inferirse que será tan forzada como si pusieran una pistola al pecho a todos los pudientes. Con este golpe van a ahogar en su cuna todos los proyectos de los independientes. ¡Qué guapos! Cuando pensábamos que no sabían cómo resistir, determinan atacar. Así se hace, y lo demás es conducta de gente de poco más o menos.

Lo malo es que los malditos colombianos, además de la fuerza naval que tienen, la cual reunida no teme a la escuadrilla de La Habana, preparan dos fragatas de 64, que se están construyendo una aquí y otra en Filadelfia, y que estarán listas en muy poco tiempo, y si llegan los buques que dicen tienen contratados los mexicanos, el negocio deja menos dudas y es muy probable que la expedición habanera entre en algún puerto de Colombia con distinto pabellón.

Pero supongamos lo que es más probable. Quiero decir que después de inmensos gastos para habilitar la famosa expedición, salen los buques a dar unas cuantas vueltas por las costas de Colombia, o más bien por las del sur de la Isla, que si los buques colombianos no tienen la fuerza suficiente se acogen a sus puertos y permanecen en ellos dos o tres semanas, y que pasado este tiempo se ofrece sin duda a la gran escuadra española urgente motivo para volver a puerto. El negocio está concluído gloriosamente, el dinero gastado, y la Isla en seguridad. Entre tanto se entretienen con toda tranquilidad los corsarios colombianos o los que saldrán a su nombre, en aliviar de sus cargas a todos los buques españoles o que conducen propiedades españolas a los puertos de La Habana y Matanzas, y quedarán frescos los armadores de la expedición. No importa: todo debe sufrirse, y no hay gasto sensible cuando se trata de conservar la *tranquilidad*. Ello puede llegar el caso que sea la de los sepulcros, pero al fin estarán *tranquilos,* y no vivirán en medio de los alborotos y desórdenes consiguientes a la independencia.

CARTA DEL EDITOR DE ESTE PAPEL
A UN AMIGO

Dice Ud., amigo mío, que *El Habanero* ha encontrado buena acogida entre los independientes, y muy mala entre los partidarios del actual gobierno. Todo esto es natural, pero lo que llama mi atención es que algunos hombres de buen sentido e imparciales, dice usted que aprueban las ideas, confiesan que son exactas, pero no creen que ha sido prudente su manifestación. ¡Qué fértil en recursos es el miedo! Confiesen esos señores que no tienen valor para decir la verdad o que las circunstancias en que se hallan no les permite decirla, y no tomen por efugio la inoportunidad de la manifestación. Cuando la patria peligra y la indolencia sensible de unos, y la execrable perfidia de otros hace que el pueblo duerma, y vaya aproximándose a pasos gigantescos a un precipicio, ¿es imprudencia levantar la voz, y advertir el peligro? Esa podrá ser la prudencia de los débiles. Mi corazón la desconoce. Quiero descender al sepulcro sin que la memoria de mi vida me presente un solo instante en que yo haya tenido esa prudencia parricida. Los que ahora la echan de menos, quiera Dios que algún día no lloren sus efectos funestísimos. Si la casa de un amigo empezase a arder, cuando él reposa tranquilo, ¿sería prudencia y amistad, no excitarle del sueño, no advertirle del peligro, bajo pretexto de no asustarle, de no causar un trastorno en su familia, de no exponerle a las pérdidas inevitables que ocasiona una pronta salida? Pues he aquí el caso, y la conducta de esos prudentes tranquilistas; he aquí la bárbara conmiseración que tienen a un pueblo que sienten ver conmovido, aunque tienen casi por cierto que le verán arruinado. Por lo menos, amigo mío, si esos señores tienen el buen sentido y la imparcialidad que usted me asegura y meditan este asunto, yo espero que conocerán que mi conducta no es tan imprudente como se han figurado, y acaso la contraria les merecerá este epíteto.

¡Qué! Mis papeles ¿forman la revolución? No tengo tanto amor propio que así lo crea. Ella es inevitable. Está formada por la misma naturaleza de las combinaciones políticas del orbe, y sobre este principio he insistido desde el primer número de mi papel, que no hubiera escrito a no haber creído que podía contribuir algún tanto a rectificar la opinión, o por lo menos si mi buen deseo no me hubiese impulsado a dar este paso, que muchos creían necesario, pero al que nadie se atrevía, porque el miedo es mucha cosa, y es mucho más fácil charlar que operar.

Todos los que hablan en privado sobre independencia (porque en público nadie se atreve) ponen su mayor empeño en alegar todas las razones de queja contra el partido opuesto y en persuadir la imposibilidad de un avenimiento. Algunos tienen la imprudencia de divertirse inventando sarcasmos y epítetos ridículos para vejar a sus contrarios, e insensiblemente van encendiendo un fuego que por todos medios conviene extinguir. Yo he creído y creo que una conducta semejante es temeraria en ciertas personas y criminalísima en otras que tienen la más depravada intención. En tales circunstancias, me ha parecido que hago un servicio a los habitantes de esa isla en contribuir por mi parte a disipar tan funestas ideas y a unir los ánimos advirtiéndoles la comunidad del peligro, presentándoles las ventajas de la armonía, recordándoles los deberes que exige la patria, en una palabra: pidiéndoles a nombre de esta misma patria que no la conduzcan al precipicio, y que por dar pábulo a pasiones momentáneas no se hagan infelices y envuelvan en su desgracia a sus descendientes.

Verdad es que sosteniendo la causa de un pueblo, he atacado la de un gobierno. Pero ¿es ésta la imprudencia de que me acusan? Honrosa acusación como sería degradante no merecerla. ¡Conceda Dios a mis *prudentes* acusadores que en los momentos de la revolución reinen los principios que ha procurado establecer *El Habanero,* pues así lo exige el bien de esos tímidos, lo que es más: mi cara patria!

Dice Ud. que otros muchos conceden que se debe formar la revolución, pero ¿*quién le pone,* dicen, *el cascabel al gato?* Seguramente no se lo pondrían los que hacen tal pregunta, mas yo haré otra: ¿es preciso ponerle cascabel al gato? Fórmese la opinión, y basta; perciba todo el mundo que los ánimos están de acuerdo, y entonces ya que van de refranes, yo responderé que *gato escaldado, del agua fría huye.* Nadie ignora la irresistible fuerza de la opinión, y cuando ésta se consiga, yo aseguro a esos amedrentados que no faltará quien opere, y sin violencias ni estragos como se imaginan muchos. Una gran parte de los que ahora figuran en la escena como agentes del gobierno español (empezando por el primer jefe), están perfectamente convencidos de que es imposible mantener el sistema actual, y sólo sostienen el socavado edificio en desempeño de sus empleos, y por temor de que la divergencia de opiniones o mejor dicho de sentimientos, dé origen a grandes trastornos. Conciliados más los ánimos, y uniformada la opinión, tranquilamente dejarían los mandones sus puestos, quedándose en la Isla, o saliendo de ella, como mejor les pareciese. En este negocio no debe haber nada personal: los que mandan ahora, no son más que unos ministros del gobierno reconocido. Si éste se variase, las personas mudarían de carácter político, pero nada deben sufrir, y aún debe hacerse justicia a su mérito y circunstancias, a menos que su conducta posterior sea contraria al bien de la patria.

Dedica Ud. un párrafo de su carta a ponderarme los peligros de una revolución. ¡Pues qué! ¿Cree usted que los ignoro? ¿Acaso he nacido yo en Turquía, o hace tanto tiempo que salí de mi patria que haya olvidado la circunstancia del país, el giro de las ideas favoritas y los motivos particulares que hacen temible una revolución en esa isla? Todo lo conozco. El mal es gravísimo, y el remedio es arriesgado. Pero es de aquellos que no pueden dejar de aplicarse, y que son tanto más ineficaces, y aún más arriesgados cuanto más tarde se haga su aplicación. Esto me recuerda un caso particular que sin embargo de ser de distinta naturaleza puede servir de símil en nuestro asunto. Salieron de Boston para Francia el año pasado varios buques, y sobre aquellas costas les reventó un furioso temporal que sucesivamente iba estrellando contra las rocas los primeros a la vista de los posteriores. Soplaba el viento en tal dirección y con tal fuerza que era absolutamente imposible evitar el lance. El piloto de uno de los buques, en medio de la consternación que reinaba entre marineros y pasajeros, dijo con voz firme y tranquila: "Se-

ñores: el único medio de salvarnos es sabernos perder.
Si nos entregamos al tiempo, dentro de pocos instantes
nos hará sufrir la suerte que véis sufrir a nuestros compañeros. La operación es arriesgada, pero es inevitable". De común acuerdo dirigió el buque al paraje más
oportuno de la costa, y manejó su pérdida con tanta
felicidad que fueron los únicos que escaparon de la
muerte (1). ¿No podríamos hacer una aplicación política?

Yo soy franco, y usted mismo me acusa de serlo algo
más de lo que a veces dice usted que conviene; pero es
gana esperar de mí otra cosa, y así puede usted creer que
no trato de alucinar a nadie ocultando el peligro, o dis-
frazando los hechos. Bien sé que, como usted refle-
xiona, cuando llegue el caso de la revolución, cuantos
males sucedan, se los atribuirán en parte (y algunas
personas en el todo) *a aquel papel revolucionario de
Varela:* pero ¿qué importa? Eso quiere decir que yo se-
guiré la suerte de los médicos, que hacen cuanto pueden
y a veces con bastante acierto para sanar un enfermo;
éste se muere, o porque la enfermedad es incurable, o
porque en las familias, y es lo más frecuente, contrarían todos los planes; pero el resultado fijo es que el
médico mató al enfermo, o por lo menos contribuyó
eficazmente a que se agravase. También convengo con
Vd. en que ninguno hará mención de los bienes, que
casi todos exagerarán cuanto puedan los males, y que
muchos clamarán por la ollas de Egipto; pero si así son
los hombres, ¿qué hemos de hacerles? Sufrirlos y procurar manejar del mejor modo posible.

_____

(1) En este buque iban el obispo católico de Boston y un
militar de los Estados mexicanos, enviado por su gobierno para
ciertos negocios en Italia. Dicho señor, que me honra con su
amistad, me informó del caso referido.

Al terminar su carta, vuelve usted a hablarme de los asesinos que algunos bien intencionados quieren mandar para libertarse de mí, y asegura usted que están prontos a sacrificar treinta mil pesos. Yo estoy pronto a decir treinta mil verdades para conservar a esos alucinados esos treinta mil pesos y otros muchos que perderán, si no es que pierden la vida, continuando en su errónea conducta. En el suplemento al tercer número de *El Habanero* he dicho algo sobre esta materia, pero las noticias, acaecimientos posteriores me ponen en actitud de formar un juicio más aproximado. Efectivamente, parece cierto que en los primeros momentos de recibirse el segundo número de mi *Habanero,* dolió tanto en ciertas personas el garrotazo, que formaron o fingieron haber formado ese proyecto, o porque realmente intentasen librarse de mí asesinándome o porque quisiesen espantarme con la noticia. Yo creo que pasado el acaloramiento, habrán conocido que el primer caso no es muy fácil, y sí muy contrario a sus miras como lo he manifestado en el citado suplemento, y en cuanto al segundo caso, se equivocan medio a medio, pues (para valerme de la expresión de un amigo mío) yo estoy perfectamente curado del mal de espanto.

Pensaba decir a usted algo sobre la triste suerte de los liberales en esa Isla, que ellos creyeron que sería su asilo, mas éste es asunto que exige alguna extensión y ya es muy larga esta carta. En otra satisfaré los deseos de usted y los míos, aunque con la pena de tratar sobre una materia sumamente desagradable para ambos. Es de usted, etc.

... Die natura al nascimento umano,
Verso il caro paese ov'altri è nato
Un non so che di non inteso affeto,
Che sempre vive e non invecchia mai.
Come la calamita, ancor che lunge
Il sagace nocchier la porti errando
Or dove nasce or dove more il sole,
Quell'occulta virtute ond'ella mira
La tramontana sua non perde mai:
Cosi chi va lontan dalla sua patria
Benché molto s'aggiri, e spesse volte
In peregrina terra anco s'annidi
Quel naturale amor sempre ritiene
Che pur l'enchina alle natie contrade.

Pastor Fido.

¿NECESITA LA ISLA DE CUBA UNIRSE A ALGUNO DE LOS GOBIERNOS DEL CONTINENTE AMERICANO PARA EMANCIPARSE DE ESPAÑA?

Dije en el tercer número, y repito ahora, que desearía ver a Cuba tan isla en lo político como lo es en naturaleza. Condúceme a este modo de pensar, no un vano deseo de ver a la que siempre llamaré mi patria en un rango superior a sus recursos, sino el pleno convencimiento de las grandes ventajas que conseguiría constituyéndose por sí sola, y de la posibilidad de efectuarlo. Algunos han tenido y otros han afectado tener esta opinión por tan absurda, que apenas hablan del caso de separarse la Isla del gobierno español sin suponer como incuestionable que debe unirse a alguno del continente americano. Contra la mala fe no hay argumentos, sino precauciones; más la inconsideración es susceptible de reforma, si se halla acompañada de la sinceridad. A ésta apelo; ésta exijo de los hombres de bien de todos los partidos, y espero que desatendiendo la prevención favorable o contraria que pueda inspirarles el autor de este escrito, se dignen examinar sus fundamentos.

Las naciones del continente americano, provistas de primeras materias y con infinitos brazos que necesitan un ejercicio (sin embargo de estar muy lejos de poseer la población de que es susceptible el territorio) se hallan en la necesidad de ser manufactureras, si no exclusivamente, por lo menos, en cuanto pueda conciliarse con sus intereses mercantiles. Los cálculos políticos convienen en este punto con los económicos, pues la independencia de los gobiernos recibe su complemento en la independencia de las necesidades, o cuando éstas pueden satisfacerse, aunque menos cómodamente, sin ocurrir al extranjero. Persuadido de esta verdad el Congreso mexicano ha decretado la prohibición de infinitas manufacturas y producciones extranjeras, y sin duda con más o menos rigor deberá seguir constantemente la misma marcha (*).

Los Estados norteamericanos nada prohiben, pero sí gravan de un modo que suele equivaler a una prohibición. Ahora bien: la isla de Cuba tiene un interés abiertamente contrario: lejos de sobrarla, fáltanla brazos que emplear en la explotación de la inagotable mina de su agricultura; hállase casi desierta en mucha parte de su territorio; carece de primeras materias, o por lo menos no son ellas su principal riqueza; si bien no debe desatender las artes, dista mucho, y acaso no se percibe el período en que éstas deban ser objeto a que pueda sacrificarse el menor interés de su opulencia agrícola y mercantil. *Producir en abundancia y cambiar sus frutos por las producciones de todo el mundo sin excepción alguna, y con el menor gravamen posible,* he aquí el principio vital de la isla de Cuba.

No es dable que la isla de Cuba, por lo menos en muchos años, aspire a bastarse a sí misma; pero en esto nada influye el estado de dependencia o independencia, sino que todo se debe a la naturaleza y a la corta población. En caso de una guerra, ¿cómo puede favore-

---

(*) Prescindo de mi opinión, que es totalmente contraria en este punto, y hablo conforme a la que parece estar más generalizada.

cerla España? ¿de qué puede proveerla? Dicha guerra sería para la Isla lo mismo en estado de dependencia que de independencia. Tendría que tomar por sí sola todas las medidas para ocurrir a sus necesidades y sufrir las que no pudiese evitar. No puede llegarse a la perfección en un día; mas ¿se infiere de aquí que no debe darse el primer paso?

Formando parte de cualquiera de las naciones continentales, deberá la isla de Cuba contribuir, según las leyes del Estado, a las cargas generales y sin duda serán mucho más cuantiosas, aún en la parte que pueda tocarla, que las que tendría constituyéndose por sí sola; mejor dicho, pagará éstas y a más, parte de aquéllas. Los productos de aduana deberán ser reputados como caudales de la nación, y por consiguiente el sobrante, después de cubrir los gastos que prescriba el gobierno general, deberá ponerse a disposición de éste. Es fácil percibir que bajo el influjo de un gobierno libre, tar- darán muy poco los hermosos puertos de la Isla en ser émulos de La Habana, Cuba y Matanzas, y en este caso yo dejo a la consideración de los hombres imparciales calcular a cuánto ascenderá la verdadera contribución de la isla de Cuba en favor del gobierno a quien se una. Estos inmensos caudales (porque sin duda serán inmensos), ¿no deberían emplearse mejor en el fomento de la misma isla, ya construyendo los caminos y canales de que tanto necesita, ya sosteniendo una marina cual exige por su naturaleza, ya fomentando los establecimientos públicos, ya propagando la instrucción gratuita en una palabra: empleando en casa lo que se produce en casa? A nadie se ocultan otras muchas razones, que no creo oportuno exponer, bastándome por ahora haber indicado algunas de las principales.

En cuanto a la posibilidad de efectuar la emancipación y sostenerla, basta reflexionar que en el día nadie
sabe qué fuerza conserva la isla de Cuba unida a España; que un fatal alucinamiento tiene a los hombres
vacilantes y que sólo falta que éste se disipe un poco
para que vean claro, conozcan sus intereses y operen
de concierto. Si una vez operasen, ¿quién podría obli-
garles a retroceder? ¿España? ¿Esa España que no ha
podido mandar otros socorros que los comprados (porque así debe decirse) por los habitantes de la misma
isla? ¿Esa España, donde a la par del hambre crece la
impotencia, donde un gobierno sin recursos y embestido por mil y mil necesidades, delira, se aturde, y
casi se derroca? ¿Esa España, donde un partido, ya
considerable, aclamando a Carlos V, prepara una nueva
guerra civil, cuyos funestos estragos aún no pueden cal-
cularse?

Yo supongo, por otra parte, completamente disipada
la ilusión de los que hasta ahora han esperado de la
Santa Alianza toda la garantía y defensa, contra las naciones del continente americano. Supongo también
que ya no cabrá duda en que la Inglaterra, sea cual fuere
la opinión y deseo de los santos aliados, no permitirá
que tomen parte en reconquista alguna del territorio
americano, y que por consiguiente importa poco o nada
que haya uno o mil congresos en que los monarcas de
Europa declaren que son amos de la América. Debe
suponerse también que aún el bajo recurso de favorecer
indirectamente la reconquista, proporcionando sumas
al gobierno español, no tendrá cabida sino en tanto que
quieran los ingleses, y éstos a la verdad calculan de otro
modo. ¿Qué es, pues, lo que se teme? Nadie lo sabe,
pero todos hablan de temores.

Poniéndonos en el caso de que por consentimiento de la Inglaterra, hostilizare a la isla de Cuba alguna de las Potencias europeas, ya directamente, ya auxiliando a la España, es claro que este ataque no podría considerarse sino como trascendental a todos los países independientes de América y que éstos, por utilidad propia, más que por consideración a la isla de Cuba, deberán prestarla toda clase de defensa, aun cuando dicha isla fuese del todo independiente. Tenemos, pues, que la unión a un gobierno continental nada proporcionaría que no se hubiera de obtener sin ella, y los que creen esta unión necesaria para la defensa de la Isla, no han meditado sobre la naturaleza de la que debemos llamar causa americana. Para saber lo que harán los pueblos, basta saber lo que les interesa, siempre que el interés sea percibido por la generalidad. ¿Y cuál de los habitantes de cualquiera de las repúblicas continentales no percibiría que la reconquista de la isla de Cuba sería el primer paso para la de su país? Desengáñense, pues, los cubanos y cuenten siempre con los esfuerzos de todo el continente americano para sostenerlos en su independencia si una vez la forman, así como deben contar con ellos para hacérsela formar, de grado o por fuerza.

Mucho más lamentable es la ilusión de los que esperan que España reconozca la independencia de las nuevas repúblicas, sólo por conservar las islas de Cuba y Puerto Rico. ¿Es posible que no se conozca al gobierno español? Jamás renunciará a la reconquista de América, o por lo menos, esperará siempre que el tiempo proporcione ventajas que ahora ni se atreve a imaginar.

Por otra parte, ¿cómo puede ocultarse que el reconocimiento de las nuevas repúblicas, si bien las prohibe operar abiertamente, no las hará desistir de sus esfuerzos, como suele decirse, por lo bajo, y que el ejemplo de la felicidad conseguida en aquellos pueblos, hará salir al de Cuba de su decantada apatía? Acaso lejos de asegurar la Isla para la Península el reconocimiento de dichos Estados, sería este el medio más pronto de perderla. Reconocida la independencia del resto de América, se ve España en la precisión de conservar siempre un cuerpo de tropas respetable en la isla de Cuba; tropa que sería sostenida por el país gravándolo de un modo considerable, pues no se trata de un sacrificio momentáneo, sino de un estado constante, y de una erogación a la que no se le ve término. El mismo día que se minorase esta fuerza opresora, manifestaría el pueblo que había sido oprimido. Es preciso confesar que España todo lo ha perdido en América y que sólo podría conservar algo en virtud de la fuerza. ¿Y cuál es el habitante de la isla de Cuba que crea que es feliz un país donde reina la fuerza? ¿Es ésta la tranquilidad que se desea? ¡Benditos tranquilistas!

Sin embargo de todo lo dicho, si la generalidad viese las cosas de un modo distinto, y se decide la agregación de la Isla a algún gobierno del continente americano, sería de desear que se tuviesen presentes estas y otras muchas observaciones que pueden ocurrir a todo el que medite la materia. Si la unión a otro gobierno se creyese necesaria, por lo menos establézcanse bases que salven en cuanto fuere posible los intereses del país. Por mi parte, no percibo las ventajas de semejante unión, y sí veo sus inconvenientes. En todo caso es preciso que la Isla, cuando no se dé la libertad, por lo menos contribuya eficazmente a conseguirla, tomando una actitud decorosa que la presente con dignidad al mismo gobierno al cual pretende unirse. La unión preparada de este modo tendría el gran prestigio de la espontaneidad, y alejaría mil ideas ominosas que sin duda procurarán esparcir los enemigos de la independencia americana.

¿ES NECESARIO, PARA UN CAMBIO POLITICO EN LA ISLA DE CUBA, ESPERAR LAS TROPAS DE COLOMBIA O MEXICO?

En mi opinión no, en la de muchos sí; y como en casos semejantes conviene operar con la opinión más generalizada, si ésta lo fuese, yo contra la mía me conformo a ella. Yo no veo una necesaria conexión entre admitir los auxilios de una república continental, y unirse a ella en sistema político; y esta verdad es la que desearía se tuviese siempre presente, y la que hasta creo no desconocen los mismos gobiernos que pueden proyectar la invasión. Habiendo, pues, manifestado mi opinión contraria a la unión de la Isla a ninguno de los gobiernos del Continente, no tengo sin embargo dificultad en conformarme con los que esperan auxilios extranjeros para un cambio político. Si la generalidad lo cree necesario, esto basta para que lo sea.

¿QUE DEBERA HACERSE EN CASO DE UNA INVASION?

No darla el carácter de tal. Quiero decir: no compararla con las invasiones que suelen hacerse para extender el poderío de los gobiernos, oprimiendo los pueblos, si no considerarla como es en sí; considerarla como un esfuerzo de los hijos de la libertad para remover sus obstáculos y hacer que la disfruten otros pueblos, que si bien la desean, no pueden o creen que no pueden dársela por sí mismos. Todo lo que sea establecer una guerra en el país, equivale a arruinarlo y a arruinarlo para siempre. Al fin, es preciso desengañarse, el campo queda por los invasores, que en caso de resistencia se convertirán y deben convertirse, en unos verdaderos enemigos. No debe perderse de vista que la mayor parte de la población está dispuesta a unirse a ellos, y que una resistencia imprudente expone el resto a ser sacrificado; al paso que podrá dar origen a acaecimientos más serios, que a nadie se le ocultan y que yo no debo detallar. La isla de Cuba se halla en circunstancias particulares, y la guerra civil que en todos los países es destructora, en ella adquiere un carácter mucho más espantoso. Los irreflexivos hablan de defensa. ¿Por qué no dicen de exterminio de la Isla? Ambas expresiones son idénticas. ¿Creen acaso (como ya ha habido quien tenga la ligereza de decirlo) que las tropas invasoras serán batidas y tendrán que reembarcarse si pueden? ¿Quiénes saldrán a batirlas? ¿Esos pocos soldados con que ahora cuentan? Quizá más de un tercio de ellos aumentarán las filas del enemigo, y el resto no sé qué hará, mas sospecho que no está muy en ánimo de dar pruebas de un heroísmo inútil y temerario. Dado caso que la tropa estuviese tan decidida a sostenerse como desean *algunos* de los que las mandan, ¿podrían separarse siquiera cuatro leguas de las ciudades, sin que en ellas se rompiese el baile? ¿Qué partido tomarían?

Sé muy bien que esperan nuevas tropas de la Península, y aunque ignoro su número y probabilidad que haya de que vengan, quiero suponerlas ya en la Isla y que aumentan la guarnición según desean los partidarios del gobierno español; pero ¿serán estas tropas suficientes para contener la gran masa insurreccionada, y con el apoyo de un ejército auxiliar? Las nuevas tropas, ¿inspirarán por otra parte gran confianza así por su *realismo* como por su pericia militar? Formadas al pronto de jóvenes que acaso acaban de soltar el arado, y de otros que habiendo tenido una vida más cómoda, se ven compelidos no sólo a sufrir las penalidades anejas al servicio de soldado, sino a abandonar su patria y familia y hacer la guerra contra un pueblo que trata de ser libre, ¿qué debe esperarse de ellas? Ignora alguno que una gran parte debe estar necesariamente compuesta de liberales desgraciados que por más vencimiento que quieran hacerse debe costarles mucho pelear contra la libertad?

Sea, pues, cual fuere el deseo de algunos mandarines, y la terquedad de algunos ilusos, los hombres imparciales deberán confesar que el interés de la isla de Cuba no puede hallarse en una defensa temeraria, cuyo éxito debe ser precisamente la ruina del país. Al fin vendrá a hacerse inevitablemente, después de tantos sacrificios, lo que al principio podría hacerse con la tranquilidad y ventajas de que es susceptible una revolución. Los males son inevitables, pero se disminuirán, tanto más cuanto mayor fuere el empeño de los hombres sensatos de uno y otro partido en reunir los ánimos por el vínculo de la necesidad y del común peligro. Todas las declamaciones son inútiles; todas las invectivas son perjudiciales. *Pensar como se quiera y operar como se necesita,* es la máxima que debe servir de vínculo, y que ya otra vez he procurado persuadir.

¿ES PROBABLE LA INVASION?

Nadie ignora que Colombia y México están reforzando su marina de un modo considerable, y con la mayor precipitación. No es de este papel enumerar los buques con que cuentan en el día una y otra república, pero ya habrán tenido buen cuidado los espías del gobierno español en este país de dar cuenta exacta sobre el particular, y aseguro que no habrá agradado mucho, ni a los que la dan, ni a los que la reciben. No hay fuerza naval en la Isla, ni puede mandarla España, que contrarreste a la que dentro de pocos meses presentarán ambas repúblicas, y en este caso, la marina española permanecerá anclada en la bahía de La Habana, y sin duda desde ella impedirá muy bien una invasión. Todos los gastos que ocasione y ocasionará, cada vez más, estarán recompensados, y al fin la tal marina sólo servirá para aumentar el número de los consumidores en caso de un sitio.

Teniendo, pues, Colombia y México marina, tropas, dinero, deseos y lo que es más: necesidad de hacer la invasión, ¿será ésta probable? Yo creo que sí, mas los autores de las *reflexiones imparciales,* de *la página para la historia,* y otros papeles semejantes, creen que no. Veremos quién acierta.

¿HAY UNION EN LA ISLA DE CUBA?

Más de la que quisieran los enemigos de la Independencia, pero no tanta, a la verdad, cuanta deseamos. Debo hablar con la franqueza de que siempre he usado, y desenmascarar a muchos que se han constituído los Heráclitos de la isla de Cuba, al paso que ellos mismos son, y quieren ser la causa de sus lloros. No hay unión, repítese mil veces y se exagera y se propaga, y se procura radicar esta idea entre los mismos que deberían unirse. Una u otra anécdota, una u otra imprudencia, una u otra interpretación maliciosa, he aquí las bases sobre que quiere fundarse una desunión necesaria. Yo no niego que la haya; jamás ceso de lamentarla, pero conozco al mismo tiempo el gran recurso que sacan de ella los enemigos de la libertad. Sí, esos mismos hombres que, validos de su influjo, procuran por todos medios separar de la opinión común el círculo más o menos extenso que manejan; esos mismos hombres para quienes la unión, como no fuese en sufrir las cadenas de un gobierno despótico, sería el mayor de los males, que tratan de evitar por todos los medios; esos mismos están continuamente deplorando la desgraciada desunión de los partidos. Si el mal es inevitable (ya que ellos quieren llamarle mal), si contrarrestándole se aumenta, si aumentándose debe terminar muy pronto por la destrucción del cuerpo social, ¡qué ceguedad es la de esos hombres que así se olvidan de sí mismos y de un pueblo en cuyo seno nacieron unos, hiciéronse felices otros!

Correrá, dicen, la sangre. ¡Ah! Dios no lo quiera, pero correrá por ellos y en sus manos estará impedirlo. Es tiempo de remediar unos males que no han empezado; es tiempo de conocer las arterías de los especuladores; es tiempo de disipar los delirios de una opinión, hija de la imprudencia, sostenida por el capricho y propagada por el atolondramiento. ¿Es uno el peligro, uno el interés, una la esperanza, y no es una la opinión? No puedo pensar así de la generalidad de un pueblo, sea cual fuere la irreflexiva conducta de un grupo de hombres a quienes ya la malicia, ya la ignorancia, obliga a presentar un fenómeno político bien extraño sin duda en épocas semejantes. La terrible arma de la desunión, manejada por los mismos que la quieren, es la que ha causado y causa más estrago en la isla de Cuba, pues ya se consiga, ya se finja, ya se exagere, siempre ¡ah! siempre sus golpes son mortales. Quiera Dios que un desengaño oportuno embote sus filos.

DOS PALABRAS A LOS ENEMIGOS
DE "EL HABANERO"

El autor de *El Habanero,* que por primera diligencia ha puesto su nombre al frente de su papel, no ha tenido el gusto de que sus impugnadores lo hayan imitado; pero sí el de conocerlos como a sus manos. Indulgente con las opiniones de todos los hombres, lo es mucho más con las de los tímidos, pero no puede menos que hacerles unas cortas reflexiones sobre el errado plan que han seguido en su ataque.

Cuando los males son evidentes, la pretensión de ocultarlos sólo sirve para manifestar que son incurables, y que se quiere distraer la atención del que los padece. Estar todo el mundo palpando, por decirlo así, la necesidad absoluta en que están las repúblicas del continente americano de efectuar una invasión en la isla de Cuba; ver por todas partes los recursos que toman y los medios que preparan para ello; ser la opinión general de todos los países que el negocio se lleva a efecto dentro de poco tiempo, y querer sostener sin embargo uno que otro escritor en la isla de Cuba que nada hay que temer, sin duda es lo más extraño que puede presentarse. Haciéndoles mucha justicia debo creerles alucinados.

En sentido diametralmente contrario diré yo que nada hay que temer, siempre que se procure preparar los ánimos, no para una defensa quimérica, sino para un cambio pacífico, que ponga al pueblo en disposición de darse la ley a sí mismo, y no recibirla *de nadie.*

Los impugnadores de *El Habanero,* después de darse todo el aire de seguridad posible, concluyen siempre exhortando al pueblo a que haga sacrificios para preparar su defensa. Pero ¿de quién? ¿No dicen esos señores que nadie vendrá a inquietarlos de fuera? ¿No aseguran que la gran masa del pueblo cubano quiere ser español y que sólo cuatro locos hablan de independencia? ¿Para qué, pues, ese preparativo de defensa? ¿Para qué, pues, esos sacrificios a que no está acostumbrado aquel pueblo, y que afortunadamente no quiere hacer, por más enérgicas que hayan sido las exhortaciones con que se ha procurado moverlo? La contradicción es un resultado casi necesario en la defensa de una mala causa.

Los que se creen en la necesidad de ser o de fingirse enemigos de *El Habanero,* deben advertir que han errado el camino, pues el papel sólo contiene lo que todo el mundo está palpando, y es muy difícil persuadir que no se palpa; y por lo que hace a la persona del editor, nada puede interesarles. Al fin es muy raro ocuparse de un hombre, y de un hombre que ellos llaman desgraciado, cuando se trata de un pueblo y de un pueblo que contemplan en peligro.

...Die natura al nascimento umano,
Verso il caro paese ov'altri è nato
Un non so che di non inteso affeto,
Che sempre vive e non invecchia mai.
Come la calamita, ancor che lunge
Il sagace nocchier la porti errando
Or dove nasce or dove more il sole,
Quell'occulta virtute ond'ella mira
La tramontana sua non perde mai:
Cosi chi va lontan dalla sua patria
Benché molto s'aggiri, e spesse volte
In peregrina terra anco s'annidi
Quel naturale amor sempre ritiene
Che pur l'enchina alle natie contrade.

PASTOR FIDO.

REAL ORDEN DE FERNANDO VII PROHIBIENDO "EL HABANERO"

"Exmo. Sr. - Ha llegado a noticia del Rey Ntro. Señor que el presbítero Don Félix Varela, ex-diputado de las llamadas Cortes, y refugiado actualmente en los Estados Unidos de América, está publicando en aquel país un folleto titulado *El Habanero,* en que no contento con excitar a los fieles vasallos de S. M. a la rebelión, lleva la osadía al punto de querer vulnerar el sagrado carácter de su legítimo Soberano.

"En consecuencia, se ha servido S. M. resolver lo comunique a V. E., para que tomando el Consejo las oportunas medidas, cuide con la mayor eficacia de impedir la introducción en la Península e islas adyacentes del indicado folleto, etc. De real orden, etc."

REFLEXIONES SOBRE LA REAL ORDEN ANTERIOR

El que extendió esta real orden, o no había leído *El Habanero,* o lo había leído queriendo ver en él lo que convenía a sus intenciones. El autor de *El Habanero* no ha vulnerado ni espera vulnerar el carácter de nadie, y aunque está muy lejos de mirar a Fernando VII como su legítimo soberano, lo está mucho más de ocuparse de sus cualidades personales, y de una animosidad, que sobre ser ajena de los principios que siempre le han dirigido, jamás podría aparecer sino como una rastrera venganza no menos inútil que reprensible. Si este papel no fuese perseguido, y pudiesen todos consultar los números que hasta ahora se han impreso, yo omitiría estas reflexiones, dejando que cada cual formase el juicio que le sugiriese su lectura; pero desgraciadamente hay muchos que sólo consiguen leer uno u otro número, y aunque esto bastaría para formar idea del carácter y lenguaje del autor, puede entrar la duda de si otros artículos han podido ameritar la ofensiva expresión de *osado* que se lee en la citada real orden. Yo suplico a los que la hubieren leído suspendan su juicio hasta leer igualmente los números de *El Habanero* sobre que recae, pues a la verdad nada sentiría tanto (porque nada he abominado tanto) como que alguno me tuviese por autor de un libelo famoso, sea cual fuere su objeto. La rebelión a que yo he incitado a los vasallos de Fernando VII en la isla de Cuba, no ha sido otra cosa que un refugio necesario en peligro inevitable. En este punto he insistido desde el primer número de *El Habanero,* y por más que algunos han querido presentar mis observaciones como el resultado, no del convencimiento de los males que amenazan a la Isla si permanece en su malhadada apatía, sino del deseo de mejorar mi suerte personal, ya creo que es tiempo de que siquiera por no ponerse en ridículo, empiecen a hacerme justicia, pues que ya casi tocan los males que con tanta anticipación les prenunciaba. Por opinión, todo el mundo sabe que soy independiente, mas con todo cuidado he dirigido siempre mis reflexiones a un punto en que convenimos los de uno y otro partido, esto es: en la necesidad de salvar la Isla, y con ella las fortunas y aún las vidas de sus actuales habitantes. ¿Y es rebelión un recurso inspirado por la naturaleza, y sostenido por las sagradas leyes de la conservación? Hablo, sí, hablo aún a los defensores de esos ilimitados derechos de los reyes, y pídoles me digan si quieren llevar sus doctrinas hasta el extremo de sostener que un pueblo a quien su príncipe o abandona o no puede favorecer, debe sacrificarse con evidencia de que su sacrificio es inevitable, y que, sobre causar su ruina nada producirá en favor de ese ídolo a quien se inmola. Pues no es otro el caso de la isla de Cuba. Ella no puede ser ya de Fernando; pretenderlo es sacrificarse sin conseguirlo; ceder en tiempo, o mejor dicho evitar la necesidad de ceder, no priva al príncipe de nada que no tenga perdido o no deba perder inevitablemente, y salva a un pueblo digno de mejor suerte. Creo, pues, que aún siguiendo los principios de los que quieren extender el derecho de la legitimidad hasta el de la tiranía, no puede llamarse rebelión el cambio político de la isla de Cuba. Lo repito:

El Habanero no está fundado en doctrinas particulares de su autor, sino en las admitidas por todo hombre que tenga sentido común, por los mismos que las impugnan, por ese mismo que ha extendido la real orden a que aludo, y en el secreto del corazón aún por el mismo a cuyo nombre se ha dado. El rey debe ser el padre de su pueblo, y ¿qué padre, sin perder todos los derechos que pueden darle la naturaleza y la ley, pretendería el inútil y bárbaro sacrificio de sus hijos? ¿Sería rebelión en éstos salvar la vida sin inferir a su padre otro daño que el de la separación? Defensores de los reyes: acordaos por un momento de los pueblos.

No puedo menos de notar que en la citada real orden se prohibe la introducción de *El Habanero* en la Península e islas adyacentes, sin hablar una palabra de América. De modo que, según esto, no está prohibido introducirlo en la isla de Cuba, o por lo menos no fué éste el objeto de dicha real orden. ¿Y qué daño podría causarles en la Península *El Habanero?* ¿Hay allá muchos partidarios de la independencia de América, y mucho menos de la isla de Cuba? A la verdad que no he cometido la simpleza de hacer remesas de mi papel a la Península, y no lo hubieran leído si de La Habana no lo hubiesen mandado. Asegúranme que con los primeros números se instruyó un proceso contra mí, y se remitió a la Corte. ¿Para qué sería esa pérdida de tiempo? Al fin, ellos saben por qué lo han hecho.

No sé si se imprimiría en La Habana la citada real orden (pues en un diario de aquella ciudad es donde la he leído), creyendo que esto serviría para contener la circulación del papel o para mortificar a su autor. Si así ha sido, el cálculo es muy equivocado. *El Habanero* continúa sin diferencia alguna, y su autor no es tan débil que se afecte por tan poca cosa, y si algún efecto pudiera causarle sería el del placer de haber merecido un ataque tan directo de los enemigos de su patria.

Todas las reales órdenes del mundo no podrán oscurecer las verdades palpables que ha dicho *El Habanero* y que continuará diciendo. Pese a quien pesare.

ESPERANZAS FRUSTRADAS

Desde el momento en que cayó la Constitución española tomó un nuevo giro en la isla de Cuba el espíritu de especulación, y ya en general, ya en particular, formáronse cálculos, proyectáronse empresas, y en una palabra, construyéronse los que suelen llamar esos mismos verdugos de la libertad española, *Castillos en España*. El lenguaje de la adulación reemplazó al de la franqueza, y los que antes llevaron la libertad hasta el exceso, se humillaron hasta el envilecimiento. No es, no, el pueblo de la Isla el que ha presentado este degradante fenómeno. Obra es de un número reducido de personas favorecidas por las circunstancias políticas, y por el aturdimiento de un pueblo sorprendido por el tremendo rayo que acababa de destruír sus libertades.

Como si la débil España hubiese adquirido fuerzas y recursos infinitos sin más que haber trocado un gobierno libre por uno despótico, fijáronse todas las esperanzas en el trono de Fernando. Nada se pensó en América; Colombia y México parece que eran países tan distantes y de intereses tan diversos como la China, y sólo se trató de continuar la costumbre española del *dame dame* con peticiones más o menos humilladas.

Uno de los principales proyectos que se llevaron a cabo fué enviar a España una persona que a nombre, tomado y no concedido, de los habitantes de la Isla, felicitase a S. M. por hallarse en la plenitud de sus derechos, o en la facultad ilimitada de hacer lo que mejor le parezca. Debía al mismo tiempo el enviado hacer presente las circunstancias de la Isla e implorar en su favor la piedad de su amo. No era todo gracia lo que se pedía; también se compraba, pues no es otra cosa comprometerse a pagar unos auxilios que el gobierno tenía obligación de proporcionar si quería que continuase la isla de Cuba bajo su dominio, y que deberían pagarse de los fondos generales de la nación española, a quien interesa la unión de la Isla, y no a ésta, que ganaría mucho con la separación.

Al fin, después de haber hecho el encargado de suplicar ante el trono cuantos esfuerzos le han sido posibles por complacer a sus comitentes, ha conseguido mandar alguna tropa a expensas de los que la pidieron, y ha vuelto con algo más de lo que llevó, pues trajo o debió traer el desengaño de la impotencia española, y del poder creciente de sus enemigos. Los que esperaban la llegada de su comisionado, no dudando que fuese no sólo portador de nuevas interesantísimas, sino de recursos extraordinarios, que ellos mismos no se atrevían a imaginar, pero que querían que otro los encontrase, habrán llevado un desengaño más, que sin embargo no será el último a que los exponga su obstinada credulidad. Encuéntrase con más fuerza, pero que siendo infinitamente inferior a la de sus enemigos, lejos de proporcionar la seguridad deseada precipita la ruina acrecentando los males. Cada vez escasean más los recursos, se aumenta el inútil sufrimiento, y acaso no dista mucho el tiempo en que sea insoportable, y los mismos cuya imprudencia lo prepara serán los primeros en lamentarlo. Podrán esperarse de España, como dijo uno de mis impugnadores, condecoraciones y títulos con prestigio y en abundancia; más esperar otra cosa es mucho alucinarse, y a la verdad que no es muy buena defensa la que proporcionan esas armas.

Uno de los principales delirios (porque así debo llamarle) en que han incurrido o afectado incurrir los partidarios del mortífero quietismo cubano, ha sido la vana esperanza de que los Santos Aliados, tomando como asunto exclusivo de sus santos esfuerzos el interés de la isla de Cuba, harían frente de todas maneras a sus necesidades, extendiéndola una mano protectora, y que pesando terriblemente en la balanza política obligarían a los dueños de los mares a contribuir a la empresa de conservar algunos esclavos en medio de tantos americanos libres. El tiempo, que es el mejor maestro, ha dado ya suficientes lecciones sobre este particular, y ha hecho conocer, a menos que no queramos cegarnos, que Inglaterra se ocupa muy poco de los intereses de España, sabe precaverse de los ataques de los Santos Aliados, quiere conservar contra ellos un gran recurso en la libertad americana, y en la de Grecia (aunque esto último no tan claro); en una palabra: que Inglaterra quiere libres o súbditos ingleses en el Nuevo Mundo. Dígase si no, ¿qué fruto han producido los lloros y plegarias del gabinete español ni las misteriosas operaciones de los Santos Aliados? Mientras unos lloran y otros rabian, Inglaterra los contempla con su fría y acostumbrada fiereza, no por amor a los americanos, pues esa palabra no significa nada en política inglesa, sino por interés propio, que es la única regla de los gabinetes.

No es menos lamentable el error, que ya otra vez he combatido, pero que jamás perderé de vista, pues lo considero funestísimo, y consiste en figurarse que al fin

España reconocerá la independencia del continente por conservar las islas. Creo que el señor comisionado puede haber hecho ver que toda esperanza es vana en este punto, y los que conocen el gobierno español no debieron esperar informe alguno para no creer en tal reconocimiento. La opinión de España es que en América cuatro alborotadores, prevalidos de la debilidad momentánea de la nación, han sorprendido al pueblo, contra sus leales y generosos sentimientos, pues quiere siempre ser español. Agregan que la ignorancia de la gran masa (que ellos extienden mucho) la imposibilita de formar opinión, y que ni sueña en independencia. En una palabra: yo jamás olvido que (como ya he dicho otra vez) aún en el tiempo constitucional en que los hombres tenían más medios de desengañarse, una persona altamente caracterizada decía que con cuatro o seis batallones *fieles* se concluía todo el negocio de México. *Risum teneatis, amici?* Por consiguiente, la esperanza española es y será, que variadas las circunstancias podrán mandarse algunos ejércitos a América, y en un abrir y cerrar de ojos volverá a flamear el pabellón nacional en todas las antiguas colonias, y volverá el tiempo de la abundancia, aquel siglo de oro por los raudales de este metal que para España producía la América. Nadie piensa en las pérdidas actuales. La verdadera pérdida, dicen, es perder el derecho por una renuncia. Conservémosle en el silencio, y le haremos valer en la prosperidad. No es pérdida la que debe indemnizarse con usuras, y tiempo vendrá en que los rebeldes americanos paguen por junto y con réditos los tributos que ahora nos niegan. Algunos toman un giro diferente y afectan una conmiseración como un disfraz de su interés, pretendiendo que el bien de la América exige que no se la abandone a las sugestiones de cuatro ambiciosos y a la rapacidad extranjera, que el perjuicio es mutuo, y que al fin debe esperarse que los americanos, conociéndolo, varíen de conducta, e imploren la protección de los mismos a quienes ahora denominan sus tiranos. No son, no, vanas conjeturas mías; son expesiones que se repiten con frecuencia y que yo mismo he oído, costándome bastante trabajo guardar un silencio prudente por excusar una cuestión inútil. Y siendo esta la opinión de España, ¿puede esperarse el reconocimiento de la independencia?

Según las últimas noticias, parece cierto que ha salido de La Coruña para La Habana la famosa expedición de 3,000 hombres (según se dice) de los cuales habrán quedado de 500 a 800 en Puerto Rico, y es probable que el resto se halle en La Habana, sin embargo de que hasta ahora no tenemos noticia alguna. Esta expedición es el gran fruto de los esfuerzos de los anti independientes de la isla de Cuba, y del gobierno peninsular que sin duda habrá creído salvar todos sus intereses en América con la remisión de esos cuatro soldados. Ahora menos que nunca debe pensarse en que el gobierno español varíe de conducta. Antes por el contrario, abrigará la esperanza de poder remitir a expensas de los fieles vasallos de la isla de Cuba otra expedición semejante, otra y otra, porque los cubanos son muy ricos, generosos y fieles. Habrá simple en España, de los que no pasan por tales, que verá ya en su imaginación reconquistados los países de México y Colombia, y a Bolívar, Victoria, Bravo y todos los infames cabecillas de una y otra de las llamadas Repúblicas sufriendo en una horca como el desgraciado Riego el castigo de su atentado.

Entre tanto, el tiempo va continuando sus lecciones, y el desengaño se avanza a pesar de los esfuerzos de los que quieren disimularlo. La marina de Colombia, a más de los buques de que ya he hablado, se asegura que ha recibido otros de primera fuerza y diariamente aumenta los medios de visitar a la isla de Cuba, pasando las tropas que vuelven ya victoriosas del Perú, pero no saciadas de su gloria, ni tan cansadas como quiso suponerlas uno de los impugnadores de *El Habanero*.

México avanza igualmente en sus proyectos, y las dos Repúblicas se encuentran como suele decirse a *cuál primero,* mientras que los tranquilistas de la isla de Cuba a nadie esperan. Ya he dicho otra vez que soldados se vencen con soldados, y pensar en que con 4 ó 6,000 hombres que (concediendo más de lo que esperan los anti independientes) puedan venir de la Península para aumentar la escasa guarnición de la Isla, impedirán los proyectos de los nuevos gobiernos, es quererse alucinar con la ignorancia más crasa. El refuerzo de tropas en Cuba es un recuerdo a las nuevas Repúblicas de la absoluta necesidad en que se hallan de hacer toda clase de sacrificios para invadir la Isla, pues ya no se trata como quiera de remover un obstáculo, sino de evitar un peligro que aunque insignificante en realidad, puede no serlo en apariencia, y tener un influjo político muy perjudicial a la consolidación de sus gobiernos. Nunca es, pues, más probable la invasión de la Isla, que cuando se reciben nuevas tropas de la Península, y nunca es más peligrosa a los intereses del país, que cuando aumentada una resistencia inútil debe aumentarse una hostilidad necesaria. Saben muy bien los nuevos gobiernos que el español ha querido valerse de una estratagema mal urdida en la remisión de la nota diplomática de que he hablado anteriormente, pues ofreciendo suspender toda hostilidad contra las nuevas repúblicas si éstas suspendían todos sus proyectos contra las islas de Cuba y Puerto Rico, no hacía más que pedir una tregua para reforzarse mandando cómodamente sus tropas a La Habana, bajo pretexto de conservar la Isla en caso de que los nuevos gobiernos faltasen a sus tratados, y al fin cuando mejor le pareciese encontraría razones para revocarlos todos, empezando por pasar sus tropas al continente americano. La tal petición hecha por conducto del gabinete francés al inglés ha sido pasada por éste a los nuevos gobiernos, sin más recomendación ni esfuerzo (y creo saberlo por conducto bien seguro) que un *allá va eso que me piden que remita,* pues en sustancia no dice más la nota inglesa.

No debe dudarse que los gobiernos de Colombia y México habrán visto semejante propuesta, como la que podría hacer un general en el momento de la derrota de su ejército, para que su enemigo, suspendiendo las hostilidades, no completase su victoria, sin más razón, sino *permítaseme reforzarme para resistir, y aún para atacar.* No es otra cosa lo que ha dicho España, y a la verdad con poco disimulo. ¿Puede sostener la Isla? ¿Para qué pide treguas? ¿No puede sostenerla? ¿Para qué las pide? Para hacer una burla a los nuevos gobiernos, si éstos fuesen tan simples que se dejasen engañar, y no reconociesen en la mera propuesta la debilidad, y la mal sostenida astucia de su enemigo. El medio más sencillo que tendría España para evitar las hostilidades de los nuevos gobiernos sería reconocerlos, y si rehusa esto valiéndose de medios indirectos para evitar sus ataques, no cabe duda de su proyecto de reconquista, y en consecuencia nadie debe dudar de los esfuerzos americanos excitados con tan poderoso estímulo, para impedir que se renueven los tiempos de Cortés, resultando de todo que la isla de Cuba, o el Cuartel General español, debe atacarse por todos los países que han sacudido el yugo peninsular, y por los interesados en la emancipación americana.

Hay un error funestísimo difundido entre muchas personas de La Habana, que no puedo pasar en silencio al terminar este artículo. Aspiran o fingen aspirar a una conformidad absoluta en la opinión, como indispensable para un cambio político. Esto equivale a un *no quiero* disimulado con una convicción. ¿En qué país, en qué ciudad, en qué familia puede hallarse esa absoluta conformidad de ideas, cuando se trata de objetos de infinitas relaciones y que excitan infinitos intereses? ¿Qué cambio político, o qué negocio de alguna importancia se habría decidido en pueblo alguno si prevaleciesen tales principios? Concedámoslos por un momento, mas en consecuencia confiesen sus defensores que la ruina es inevitable. ¿Habrá unión absoluta verificada la invasión de la Isla? Estoy muy lejos de creerlo. Ni todos resisten ni todos ceden, aunque el número de los temerarios en la defensa será bien corto. Puede por tanto resultar el mismo daño que ahora se teme, y yo no sé si aumentado, por los temores que inspirará en muchos la misma invasión que se cree puede tranquilizarlos. Mas al fin yo debo repetir lo que dije en el número anterior: si la opinión está desgraciadamente decidida a renunciar todas las ventajas económicas y políticas de un cambio propio y espontáneo, y se quiere

llevar el temor y la apatía hasta el extremo de querer
que vayan los de fuera a hacerlo todo y a ahuyentar
una sombra de poder que como a niños tiene amedrentados a mis paisanos, espérese enhorabuena.

REFLEXIONES SOBRE LOS MOTIVOS QUE SUELEN ALEGARSE PARA NO INTENTAR UN CAMBIO POLITICO EN LA ISLA DE CUBA

La malicia ha encontrado en la timidez un agente eficacísimo para adormecer al pueblo cubano promoviendo los intereses del actual gobierno, cuyo término quiere alejarse todo lo posible, aunque pocos dudan de su proximidad. Dícese al pueblo que es inexperto, apático e indeciso, que se halla enteramente dividido y que a la más ligera mudanza brotará este germen de división produciendo efectos funestísimos. Incúlcase mil veces la necesidad absoluta de una paz octaviana para evitar una ruina desastrosa. Hácense algunas insinuaciones, y aún más que insinuaciones sobre la causa principal de estos temores, y con sacrificio de la prudencia consíguese herir la imaginación sin convencer el entendimiento. Algunos más precavidos no se atreven a arrostrar la opinión contraria (si es que puede llamarse opinión la evidencia de los hechos que a nadie se ocultan), y confesando claramente que el cambio es necesario, preguntan cómo se hace. No falta más sino que pregunten cómo se abre la boca para recibir un bocado, cómo se mueven las quijadas para mascar, y cómo se traga. ¿Cómo se hace? Hablando menos y operando más. Contribuyan con sus luces unos, otros con su influjo y otros con su dinero a salvar la Patria, y con ella los intereses individuales, y este corto sacrificio removerá ese grande obstáculo que tanto se pondera. Repítese de mil modos que es imposible efectuar la independencia sin auxilio extranjero, y yo pregunto: ¿qué se ha hecho para conseguirla? ¿sobre qué pruebas descansa la aserción de su imposibilidad? Verdad es que un número de patriotas hizo esfuerzos poco felices para romper unas cadenas que se han remachado; verdad es que prófugos unos, presos otros, y todos desgraciados recuerdan constantemente el lamentable, y yo no sé si me atreva a llamar criminal abandono con que han sido mirados por muchos que aspiran al título de patriotas. Dejáronlos, sí, dejáronlos como suele decirse en las astas del toro bajo pretexto de la inmadurez del plan y de la inexperiencia, o si se quiere ligereza de las personas. Yo convengo en mucha parte de estas ideas aunque no puedo llevarlas hasta el término que las extienden los enemigos de la independencia. Buenos son los planes, mas en las resoluciones lo que importa es la generalidad del sentimiento, y si ésta se promovía por los desgraciados patriotas que ahora persiguen, debió fomentarse el proyecto lejos de combatirse de un modo que sería ofensivo si no fuese ridículo. No ha habido intención depravada que no se haya atribuído a los que se atrevieron a decir: *seamos libres.* ¿Faltaban luces? Hubiéranlas dado los que las tienen. ¿Faltaba prestigio? Hubiéranse acordado muchos que lo tienen, que lo deben a la Patria. ¿Faltaba dinero? Bastante gastan inútil, y aún diré inicuamente, muchos que se llaman patriotas. Por otra parte, gastar una corta cantidad por asegurar una gran fortuna, es hacer una buena especulación, y así, aún prescindiendo de todo sentimiento generoso, el interés pecuniario, único móvil de ciertas personas, debió moverlas a contribuir al intento. Estos Heráclitos de la isla de Cuba, como dejé dicho en el número anterior, son la causa de sus lloros. Convengamos en que nada se ha hecho en favor de la independencia como obra de los habitantes de la Isla, y que por consiguiente no hay fundamento para afirmar que es imposible.

Suele decirse igualmente que sin embargo de ser inevitable el cambio que algunos miran como un mal, ya en sí, ya en sus consecuencias, conviene demorarlo todo lo posible como se hace con la vida de un enfermo de cuya próxima muerte nadie duda. Yo no convendré en el símil pero aún admitiéndole podremos decir que en tales casos es cuando la prudencia justifica tentativas que reprobaría en otras circunstancias. Pero contraigámonos a la cuestión y dejémonos de salidas vagas. ¿Cuáles son las causas de los males que se temen? Según los tranquilistas son la falta de unión, y la heterogeneidad de los elementos sociales. Pregunto: Y la apatía ¿destruye alguna de estas causas? Antes las aumenta, como crece el mal que no se cura en tiempo. ¿Se espera que ellas por sí se remuevan? Nadie es tan tonto que lo crea. ¿Qué se consigue, pues? Arruinarse, dicen, más tarde. ¿Y no será mejor tratar de impedir la ruina, aunque sea por un medio si se quiere arriesgado? Supongamos que los facultativos opinan absolutamente necesaria una amputación para salvar la vida, y que aún por este medio no le aseguran la cura; pero sí la creen muy probable, ¿sería o no prudente efectuar la amputación? Yo he querido discurrir según las ideas de los enemigos de la independencia, pero a la verdad el símil no es conforme a las mías. No hay un peligro tan grande que sólo haga probable el buen éxito de la empresa. Para mí es casi infalible, a menos que de propósito no quieran todos (pues aunque quieran muchos nada importa) trabajar por que se pierda. La desunión se impide procurando cada cual por su parte, si no conciliar, por lo menos no indisponer los ánimos, y conseguida la unión éste es el antídoto para el veneno cuyos estragos tanto se temen, mas no por eso deja de tomarse diariamente.

CONSECUENCIAS DE LA RENDICION DEL CASTILLO DE SAN JUAN DE ULUA RESPECTO DE LA ISLA DE CUBA

Al fin después de enormes sacrificios pecuniarios, de la pérdida de muchas vidas, ocasionada en distintas épocas por infinitos sufrimientos, se rindió el Castillo de San Juan de Ulúa, y su comandante con alguna tropa ha entrado en el puerto de La Habana, como ya antes lo habían hecho Morillo y Morales y lo hubieran hecho La Serna y Canterac. Se acabó el único apoyo del gobierno español en el continente americano (*), y éste sólo tiene que ocuparse de perseguir al enemigo en su último asilo, de quitarle todos los medios de ofender, y de alejar su influencia confinándolo en el otro hemisferio. La necesidad de hacerlo es absoluta. La ocasión es oportuna, y los medios ya son mucho más que suficientes. ¿Dirán aún los enemigos de *El Habanero* que no es probable la invasión? Séalo en hora buena, dicen: nos defenderemos. ¿Por qué no dicen: nos destruiremos, y al fin nos rendiremos, después de haber perdido inmensos caudales y muchas vidas, después de haber reconcentrado el odio y alimentado una guerra civil; después de haber dado origen a nuevos partidos no menos funestos que los que existen; después de haber empobrecido si no arrasado los campos, ahuyentado el comercio, causado una gran emigración; en una palabra:

(*) El Callao acaso está ya rendido, y aún cuando no lo esté significa muy poco por la distancia a que se halla, y por la situación de España.

después que Cuba haya perdido cuanto la da valor en el mundo culto, y se reduzca a sus ventajas naturales? Entonces saldrán para España los jefes principales, ¿y qué les quedará a los heroicos defensores? La necesidad absoluta de sostener por mucho tiempo un ejército de ocupación y de un gobierno militar que contenga la gangrena amputando y quemando.

Y después de todo esto, ¿qué dirán en La Habana? Como si lo oyera. Unos, que el negocio está apurado, pero que no se sabe qué hacer; otros, que por ahí vendrán miles y miles de soldados de España contribuyendo los Santos Aliados; otros, que ojalá lleguen cuanto antes los invasores, sin hacer más reflexión sino que ése es el medio de sacudir el yugo, y sin prepararse a hacer otra cosa que charlar muchísimo. En estas y las otras tendrán en casa la visita, y un desengaño triste será el tormento de muchos que no lo esperan.

APUNTACIONES
SOBRE "EL HABANERO" (1)

Reimpreso en Puerto Príncipe, a expensas de los señores Alcaldes Conde de Villamar, y D. Feliciano Carnesoltas, de los caballeros Regidores, Alguacil Mayor D. Ignacio de Agramonte, Alcalde Mayor Provincial D. Gregorio Riverón, D. José Francisco Caballero, D. José Nicolás Montejo, y Síndico Procurador General D. José Ramírez.

OFICINA CON PERMISO DEL GOBIERNO

1825

———

Siendo la isla de Cuba esencialmente agricultora, consiste su felicidad suprema en recibir dentro de sus puertos, todas las banderas del mundo, conservando la protección de una potencia europea, que no puede ser otra que España. La independencia sería su ruina, porque privándole su tranquilidad, la privaría también de aquellos goces, sin ninguna utilidad.

EL AUTOR.

———

(1) El Padre Varela contestó a su impugnador en *El Habanero*.

Se creerá que refutando *El Habanero,* voy a hacerlo con sarcasmos a su autor, valiéndome para ello de suposiciones y sofismas, de cuentos y engaños. Se equivoca el que lo crea. Usaré de moderación y sólo me valdré de la verdad, porque con ella tengo bastante para llenar mi intención; y si como lo creo, triunfo en esta lid, este triunfo lo apreciaré por mi patria, al mismo tiempo que me lastimará el vencimiento que destruya la reputación de mi maestro, disminuyendo o acabando el sentimiento de compasión con que sus compatriotas le miraran.

El presbítero D. Félix Varela, natural de esta ciudad, excatedrático de filosofía moderna en este Seminario, es el autor de aquel periódico. El es el hombre mismo que en 1818 escribió el elogio del Sr. D. Fernando Séptimo, por los singulares beneficios que S. M. había dispensado a esta Isla predilecta; y él es quien hoy aconseja a esta misma Isla que se separe de su dinastía. El es quien por aquel discurso alcanzó el título distinguido con que una corporación literaria premia los servicios importantes de sus individuos. El es el mismo Varela que allí titulaba a S. M. benigno, piadoso, grande, generoso, benéfico, protector de la literatura, modesto más que Attalo; y él es quien desconociendo hoy sus beneficios y bondades, lo llena de diatribas y desprecios. El es quien deseaba entonces la energía de la musa tudesca, que cantó las glorias de José II, y llamaba en su auxilio al hijo ilustre de Marón, para cantar las de Fernando; y él es quien hoy titula a su gobierno, ignorante y débil, injusto y envilecido. (1) El es quien sentado en las bancas de las Cortes, votó contra el mismo Monarca a quien antes elogió, y él es en fin quien a consecuencia de esos mismos votos se ve obligado a vivir fuera del seno de su familia en un clima mal a propósito para su constitución.

El padre Varela tiene, pues, este último motivo para escribir como enemigo de S. M. ¿Y de qué modo puede hacerlo, combinando también sus intereses particulares? Excitando a los cubanos a operar un cambio de gobierno, porque si arrancara lo que no es posible, al Monarca por este medio, una parte tan interesante de su reino, conseguiría lastimarlo en la parte más sensible, al paso que facilitaría el único medio de volver a vivir en el suelo que le dió el ser (2).

En otro tiempo, cuando mi maestro no se ocupaba más que de su filosofía, creía yo que su ambición se limitaba a adquirir alguna institución, con sus libros, dentro de los claustros del Colegio; pero los escritos que ha publicado en su actual retiro, me convencen de que aspira a más. En efecto, es muy seductora la idea de transmitirse a la posteridad con el carácter de defensor de los derechos y de la libertad de su patria: de esa pretendida libertad que deslumbraría a otro pueblo que no fuese el muy ilustrado de esta Isla, que ya la disfruta y que conoce lo insignificante de la expresión, sabiendo que ella no consiste en la licencia sin límites de hacer cada uno lo que quiere, sino en obedecer la ley y los encargados de su ejecución; y en saber lo que es lícito hacer o dejar de practicar.

El padre Varela ha tenido, pues, en el resentimiento el odio y la venganza, tres agentes muy poderosos que le han movido a escribir; y lo ha hecho cubriendo sus verdaderas intenciones o pasiones, con el aparente bien de su país y confiando con demasiada presunción en que un concepto adquirido en el encierro de sus estudios y en la austeridad de sus costumbres, darían peso a los argumentos que él mismo despreciara en otra pluma y en otra época.

Apenas puede concebirse que el autor de *El Habanero,* sea el mismo presbítero Varela, que todos hemos conocido; y que aquel mismo hombre sin físico, sin alientos y sin sangre, sea el que nos aconseje una revolución, para preservarnos de otros males, como si pudiésemos temer otro mayor.

Tres de sus números se han visto privadamente en la Habana: todos se han sorprendido al leerlos: todos los buenos se han llenado de la indignación que necesariamente produce la emisión de doctrinas tan desastrosas para esta Isla, pero no se escribe por desidia, o por temor de entrar en una materia delicada sin considerar que los misterios son acaso más imprudentes, y que el hombre de bien no debe guardar su capacidad, si ella puede ser útil a su patria. Todos quieren que *El Habanero* se refute y en efecto lo refutan privadamente, pero ninguno toma la pluma para hacerlo, aunque no se les oculta que se necesitan muy pocos esfuerzos para ello, porque la mayor parte de sus argumentos, desaparecerán como el humo, delante de la sencilla verdad y de los intereses conocidos en este país.

Seguro es que yo falte a aquélla aún en los puntos que puedan halagar a mi maestro, porque no me guía otra causa que la de ver la felicidad de mi patria, por otro lado que la mira el presbítero Varela. Aunque sus intenciones fuesen tan buenas como las mías, le llevo la ventaja de la imparcialidad, porque no tengo los motivos que le obligan a faltar a ella: motivos que por esta vez han ofuscado su razón y presentándole aquella felicidad precisamente en el lugar que ocupa su desgracia.

Para probarlo, dividiré mis apuntaciones en dos partes, tratando en la primera, las razones que se oponen a nuestra emancipación, y en la segunda procuraré destruír los argumentos de Varela, sin confiar en otra cosa que en la verdad con que escribo bien astisfecho de que ella suplirá mi falta de capacidad. Empecemos, pues, por resolver la cuestión que forma la primera.

¿Podemos ser independientes?

¿Tenemos los medios para serlo?

Para que la isla de Cuba fuese independiente sería preciso que contribuyesen a la declaración, todos sus habitantes únánimemente, como lo indica el mismo Varela, y que fuese uno y absoluto el sentimiento de todos, porque de otro modo habría de derramarse sangre, y la primer gota sería el precursor muy triste de raudales inmensísimos. Deberíamos tener la indispensable población de que carecemos. Deberíamos haber nacido, o habernos educado, sin principios que admitiesen otra forma de gobierno. Y deberíamos en fin, tener resentimientos y quejas, haber recibido males y no bienes de nuestra madre España, para que la experiencia de aquéllos nos inclinase a mejorar de suerte. Veamos si puede haber esa unanimidad de opiniones.

Es imposible que la haya. La Isla tiene a su cabeza un jefe a quien el Rey la ha confiado, y este jefe manda un considerable número de armas (3). Un militar nutrido en el ejercicio de su profesión y en el honor que la distingue, debe a todo trance llenar las obligaciones de su instituto; y por más moderado que sea, por más que abunde en principios de lenidad, este jefe y sus armas, no podrían contarse sino como un partido de posición contra la independencia.

Todo el que conozca al que actualmente nos manda sabe que sólo al absoluto exterminio de sus armas, podría seguir una capitulación, porque no conociendo, como militar y español, otro camino que el del honor, ni otra ley que la de la fidelidad a la confianza de su mandatario el Rey, se dejaría hacer pedazos antes que manchar la reputación que le adquirieran los importantes servicios contraídos en su brillante carrera (4).

Tenemos, pues, una clase muy importante que disminuír a la buscada y necesaria unanimidad, pero ella no sería sola. Deben agregársele la de comerciantes, porque todo cambio político influye muy poderosamente en las especulaciones mercantiles, especialmente en países remotos y peligrosamente constituídos. La de propietarios de todas clases por el riesgo que corren sus propiedades, no habiendo ya tal unanimidad. La nobleza muy ilustrada de este país, que no es creíble ni presumible que prefiera un movimiento popular en que aventuraba intereses físicos y morales. El clero que por más que diga mi maestro, ha experimentado muy dolorosamente la disminución de respeto, consideraciones y aún del prestigio con que se miraba antes del ensayo constitucional. Y los monacales restablecidos, a quienes un gobierno parecido, había borrado del catálogo de las corporaciones y arrebatándole hasta los medios de subsistencia, pregunto: ¿formarían parte de la unanimidad? Y los artesanos, ¿por qué la habían de formar? Viviendo ellos de la ocupación que les dan las otras clases y no pudiendo éstas emplearlas por razón de los trastornos, es claro que perecerían: y no hay en este mundo quien prefiera perecer en alborotos, a vivir y sostenerse en quietud. Sólo los constructores de puñales y los que lavarán la sangre, tendrían esta triste y horrorosa ocupación.

No teniendo la necesaria unanimidad veamos si tenemos población.

Cerca de seis mil leguas cuadradas, comprende la isla de Cuba y puede asegurarse que las cinco sextas partes están incultas. Su población aunque se calcule con exageración esta primera parte, no pasará de 300 mil almas entre europeos y naturales: 120 mil libertos y 250 mil esclavos. Tenemos pues, 670 mil almas en lugar de los cuatro millones que deberíamos tener, aún suponiendo que la parte inculta se poblase tan en pequeño como la que no lo está. Esto supuesto, veamos si ella es bastante para establecer un gobierno por sí misma, para dirigirse y defenderse y resistir los muy probables ataques de otras potencias envidiosas.

La situación geográfica de la isla de Cuba, sus relaciones políticas y de comercio, su riqueza y la heterogeneidad de su misma población, contestarían sin largos comentarios la cuestión de una manera negativa. Porque el poder y la fuerza de una nación, son en todas circunstancias, relativos al número de sus vecinos, porque para el caso se requiere no solo que el poder y la fuerza sea moral sino también física. La riqueza no compensa entonces la falta de población; careciendo como de esta se carece de fuerzas y de poder y hallándonos nosotros en este extremo, abandonados a nosotros mismos seríamos necesariamente la presa del más fuerte. Los aliados no aumentan en tales casos la cantidad de poder, sino después de mucho tiempo, porque no los podemos tener antes de ser potencia reconocida; y no pudiendo alguna serlo nuestra, de un modo que le sea gravoso, sería indispensable que todo el milagro lo hiciésemos nosotros solos; y sin fuerza y sin poder no es posible conseguirlo.

Y no se diga que pudiera ser bastante la fuerza y el poder que tenemos en nosotros mismos, porque es muy visible su falta de relación con el territorio, al mismo tiempo que se halla distantísima de ser tan física como sería necesario. Supongamos una agresión después de pronunciados y quitando de contado la fuerza armada que hoy poseemos, porque ésta habría evacuado el país, ¿quienes compondrían la fuerza física? ¿mis paisanos? Ellos no son soldados: ni sus costumbres, ni su carácter, ni el amor que tienen a la paz, ni el hábito de la quietud, dejarían que lo fuesen. Las relaciones políticas y mercantiles disminuirían en mucho la fuerza física, porque son éstos, vínculos muy difíciles de romper. La riqueza que acostumbra a los hombres a temer el riesgo, personal, la había también de disminuir y disminuyéndose, por último, y aún chocándose en razón de la heterogeneidad de la población, la fuerza y el poder quedarían reducidos a la menor entidad.

Pero aún en esta población tan pequeña como es, no está calculada, por su educación y principios, para recibir la forma del gobierno democrático.

Llámase así aquel en que el poder soberano reside en el pueblo; y es de todos los gobiernos, el que condenan los publicistas más experimentados, porque siguiendo la expresión de unos de ellos sería preciso que los hombres fuesen, lo que están muy distantes de ser, ángeles, para que pudiese ser justo y duradero.

Nosotros nacimos bajo el gobierno monárquico y éramos ya mayores de edad sin conocer otro. Este gobierno, no es ciertamente el que tiene menos partido. "Cuando en la monarquía están reunidas todas las voluntades en una persona sola, es cierto y lo confirma la experiencia, que todas las resoluciones se toman con mayor prontitud y se ejecutan con más vigor. Todas las veces agrega que la formidable república de Roma, se vió amenazada de un riesgo inminente, creó un dictador cuyo poder no tenía límites". Y nosotros vemos en nuestros días a los democratizadores de Buenos Aires, Colombia y México, acudiendo a este remedio, es decir al gobierno absoluto de un hombre, sólo en circunstancias apuradas y frecuentes.

Es pues, claro que no sin justicia ha tenido partidarios el gobierno monárquico y los tiene todavía; y por tanto no debe extrañarse que nutridos en sus principios, estemos con él bien avenidos. Además la vanidad del hombre necesita un pábulo. Las distinciones lo halagan y seducen, y aunque en todos los gobiernos pueden obtenerse éstas, la antigüedad y la emanación real, les da a unas aquel prestigio o aprecio, que no tienen en un gobierno nuevo, vacilante y sin garantías ni respetabilidad pública. La monarquía tiene sus jerarquías, sus clases, que sirven de columnas al trono y aunque los habaneros no son soberbios son hombres; y aún cuando valiera muy poco para ello el brillo de honores no merecidos, lo cierto es que el que los tiene se engalana y se envanece con ello y el que no se deslumbra y los codicia.

Tales son las impresiones que recibimos en nuestros primeros años, que nunca o muy tarde se nos borran. Vimos a nuestros padres aspirando a honores: vimos las consideraciones que se tuvieran a las distinciones y todo se nos quedó marcado de una manera indeleble. Nacimos y nos educamos en estos principios y por lo mismo yo, que no escribo para halagar sino para decir verdad, debo concluír en que no estamos calculados para recibir otra forma de gobierno, de donde no nos pudiesen venir honores en tanto número, ni con el mismo prestigio.

Dice que por muy poco que se reflexione sobre él se conocerá claramente que su riqueza ha de decaer rápidamente, por la naturaleza de sus frutos, que en muchos años no han sido rivalizados de un modo significante; y por él obedezco y no cumplo que ha poseído a diferencia de los otros puntos de América: Que la Isla ha sufrido muchos perjuicios en su comercio, causados por los corsarios de Colombia y por la paralización de sus expediciones a otros puertos; y por último, funda aquel decaimiento en que otros países producen en gran cantidad los frutos de éste y pueden venderlos en Europa más baratos que nosotros.

Estas son las razones en que el autor de *El Habanero* se apoya para concluír con muy poca reflexión, que va a desaparecer la felicidad de nuestros habitantes, para quienes el no tener una vida cómoda, es estar en extrema miseria, y que al sufrimiento de esta escasez, se agregará el de la vergüenza (no sé por qué) de la mayor parte de las familias. Tristísimo vaticinio es por cierto el de mi catedrático, para su patria, a quien, entre paréntesis, quisiera vaticinar mejor.

Desde luego, si el padre Varela, cuando se propone probar que la riqueza de la Isla va a desaparecer y con ella la felicidad de sus habitantes, dice que ella ha sido rica por su situación geográfica, sus excelentes puertos, sus fértiles terrenos y la naturaleza de sus frutos, no entendemos por qué se ha de trastornar la situación geográfica ni de cegarse los puertos, ni de esterilizarse las tierras, ni de alterarse la naturaleza de sus frutos, sólo por realizar el vaticinio de la pronta y gigantesca decadencia con que se nos intimida. Y en todo caso ¿remediaría la independencia este trastorno universal?

Los corsarios de Colombia, en efecto, se han aprovechado hasta ahora de nuestra falta de fuerzas navales, pero hoy que posee este apostadero mayor número de buques y más fuertes que aquella república, es de esperar que no se cumpla el vaticinio, si se atiende a que los colombianos habrán de considerar, si no temer, una fuerza marítima tan respetable, a cuya sombra es natural creer que se vivifique nuestro comercio europeo; y aunque las circunstancias no nos permiten, como antes, especular en los puertos del Seno y en la bahía de Honduras, este perjuicio es muy pequeño para producir el decaimiento notable de nuestra riqueza, que el Padre nos vaticina.

Si se disminuye el precio de nuestros frutos porque no puedan rivalizar en los mercados de Europa, con los más baratos de que habla el presbítero Varela, esto será un mal sin duda alguna, pero un mal que no podemos remediar con la emancipación, porque ni ella haría el milagro de esterilizar aquellas tierras, ni nos abriría nuevos mercados para nuestros frutos. Al contrario nos haría perder el de la Península, que es a la verdad el que equilibra y ha equilibrado siempre el monopolio extranjero; y como en la isla de Cuba, según mi maestro, no hay opinión política, sino opinión mercantil, nosotros no quisiéramos perder este canal, que hace salir una parte muy considerable de nuestras cosechas, por el solo placer de seguir la opinión política del padre Varela y llamarnos independientes, en cuyo caso recibirían nuestras bolsas el ataque con que nos quiere amagar.

Hasta los niños de escuela, dice que saben, que concluída la guerra el Perú y efectuarse la invasión: ¿el Libertador será tan indiscreto que en el cansancio de la pasada guerra, en el momento de afianzar su gobierno, y arreglar los inmensos países que comprende, se distraiga en empresas peligrosas sin medios para llevarlas a cabo?

El padre Varela, escribiendo en los Estados Unidos, ha debido imponerse de que si éstos se han aumentado en población y enriquecido por medio de su comercio marítimo, ha sido porque no se separaron en muchos años de un principio muy conocido en política, a saber, las potencias nuevas no deben ser conquistadoras.

Bolívar no puede ignorar este principio: sabe que su pueblo tiene sobre sí una deuda enorme: sabe que está agobiado de contribuciones, y probablemente cansado de una guerra de 15 años. Sabe que los angloamericanos en la defensiva que hicieron dentro de su propia casa, con haber sido de muy corta duración, contrajeron una deuda de cien millones, que aún están pagando; y no es natural que a costa de nuevas contribuciones y de una deuda tan grande como sería preciso contraer, para llevar la guerra a país extraño, quiera teñir con nuestra sangre las páginas de su historia.

Además, es preciso considerar que de la pretendida invasión, Bolívar no sacaría ventajas, porque ¿qué hallaría en un país cuyas producciones y riquezas van a desaparecer de carrera según lo afirma mi maestro? ¿por qué ha de temer que auxilie a España una Isla que va a estar en extrema y vergonzosa miseria? Si la marina de Colombia, se ha de aumentar cada día y como dice Varela, dentro de poco se pondrá en aptitud de que no pase ningún buque, ¿no será más racional creer

que se contenten con seguir apresándolos y sacando de
ellos la utilidad que no pueda proporcionar la invasión?
Pero esta invasión, ¿es ofensiva o protectora?

Si lo primero mi catedrático dice que acá no hay amor
a España, ni a Colombia, ni a México, sino a las cajas
de azúcar y a los sacos de café; y debe saber, pues que
lo dice, que la conservación de esas mismas cajas de
azúcar y sacos de café, nos haría salir a todos de nuestra
santa apatía para defendernos de tan injustos agresores;
en vez de recibirlos con los brazos abiertos. Y si lo
segundo, vuelvo a mi propósito. Colombia no tiene los
medios de realizarla, ni ninguna utilidad, ni debe tener
temores, que le sirviesen de estímulo. Ni bastaría su
voluntad aunque le sobrase todo, porque tal vez y sin
tal vez, esa invasión se opondría a la política y aún a
los intereses de otras potencias.

Prescindiendo de los muy conocidos de los grandes
aliados, hablo de la Inglaterra, que ha canonizado el
principio de no consentir la intervención directa de las
potencias europeas, en la pacificación de las provincias
disidentes americanas; y pues que nosotros nos hallamos
respecto de éstas en aquel caso, y que nuestro derecho
a estarnos quietos en unión de España es algo mayor y
más respetable que el que tendría Colombia para traernos la guerra y sacarnos de nuestra santa apatía, ¿por
qué no hemos de creer que sea consecuente con sus
propios principios? Pero aun cuando lo fuese, su política y sus intereses la obligarían, sabiendo, o temiendo,
que la independencia de esta Isla cualquiera que fuese
la potencia americana que la excitara, sería seguida, de
grado o por fuerza, de su unión a los Estados Unidos,
en cuyo caso habían de pasar muchos años antes que la
Gran Bretaña, tuviera que olvidar el nombre de las

Antillas; y antes que las estrellas federadas, enseño-
reándose en el Atlántico, le arrebataran con vilipendio
el tridente de Neptuno.

Habla el padre Varela de persecuciones: ¿Cuáles son
las de que habla? ¿serán las de los soles? No porque
él mismo dice que el gobierno no ha podido menos que
tomar algún partido para contener a los conspiradores.
¿Será la del alférez Rodríguez y cus cómplices? Tampoco, porque participa de la expresión de Varela. Fuera
de esto yo no sé, ni nadie sabe aquí, de otras persecuciones, a no ser que llame tales, la remisión a España de
algunas personas que se introdujeron furtivamente y de
oficiales llamados por el alto Gobierno. No son, pues,
esas las que han hecho sacar capitales del país para lle-
varlos al extranjero. Esto sucedía cuando el año de 23
los partidos y divisiones, nos hacían temer a cada instante una anarquía; pero después que cesó la Constitución, tuvieron los capitalistas la confianza debida en el
gobierno, y cesaron también aquellas emigraciones. No
son menos equivocadas las noticias que tiene el padre
Varela, sobre delaciones. Nada es tan fácil como hablar
y dar noticias exageradas, pero el hombre juicioso que
no tiene prevenciones, modifica estas noticias, o al
menos no les da asenso, sin muchas seguridades. Por no
haberlo hecho así, se difunde el autor de *El Habanero*
en esta parte, haciendo injustísimos cargos al gobierno
y mucho deshonor a sus paisanos. Ni éste ha procedido
en La Habana, una sola vez, que pueda citarse, por las
delaciones a que se contrae, ni aquí ha existido ni
existe ningún espionaje, ni es posible hallar un cargo
más injusto, que el de acusarlo en esta parte, sabiendo
como todos sabemos el pulso y meditación con que ca-
mina. ¿Cuál es el número de presos a que se contrae

Varela, cuando dice que apenas existe una familia que no esté relacionada con ellos? ¿Cuál es la familia respetable a quien se dió un mal rato por efecto de venganzas? Sabrá El Habanero en Filadelfia más que nosotros en La Habana, pues lo único que acá sabemos es que no llegaban a cincuenta los presos de la conspiración del año de 23: que en la de Rodríguez no pasaron de diez los arrestados, que de éstos los que aparecieron inocentes quedaron al instante en libertad; y que en ninguna de las dos se halló preso alguno notable, ni aún siquiera una persona de las que se llaman conocidas. Lo que se entrevé en esto es que mi catedrático, en cierto modo, hace la apología de las conspiraciones, cuando critica al gobierno porque procura cortarlas. El que conspira para mudar la forma de gobierno en que vive ¿no es criminal en todas partes del mundo?

Las conspiraciones sorprendidas, dice que son un ejército dispersado, que no necesita más que reunirse de nuevo y aumentarse, para volver a la batalla. Ciertamente que el padre Varela tiene un modo de raciocinar muy militar. ¿Con que el acto de reunirse y aumentarse un ejército dispersado, es tan fácil como decirlo? Si esto fuera así, y aún diré más, si esto fuese muy posible ¿cuánto tiempo habría que Colombia estaría tranquila? Pero supongamos que lo fuese, ¿y no cuenta el Padre, con el partido opositor, o cree que la guerra civil es también una jarana?

La mitad del número segundo de El Habanero, se llenó con el estado de intranquilidad de la isla de Cuba, la cual se hace subir hasta el zenith, para medir por esta enorme altura y en razón inversa, la proximidad de su riesgo y la imperiosa necesidad en que estamos de anticipar la revolución.

Y que ¿sería extraño que tuviésemos intranquilidad, mientras no sepamos el resultado de la gran cuestión que actualmente agitan los Soberanos aliados? ¿Lo sería cuando la hay en todo el mundo y cuando hasta los astros la experimentan? El mismo presbítero Varela no está muy tranquilo, hallándose en país extraño, de donde porque no puede hallar su Habana en cualquier parte (5), quisiera salir para volver a su casa, no obstante que vé representada la imagen de Washington en todas las calles de un pueblo racionalmente libre.

Racionalmente ha dicho mi maestro: nótese la expresión y sépase que si los motivos personales que le han hecho escribir, hubiesen dejado libre su racionalidad, él no habría aglomerado en la falta de libertad que nos atribuye, en los espionajes y en las persecuciones que supone, los motivos en que funda la necesidad de revolución, dentro de un país cuya racional libertad debe saber el autor de *El Habanero,* lo mismo que no puede ignorar el espíritu de lenidad que usan los monárquicos, respecto de la grosera y chocante intolerancia con que les trataban los constitucionales.

Empero la intranquilidad de este país no puede provenir sino de temores para lo futuro: mas estos temores pueden disiparse, luego que se resuelva por las grandes naciones, el problema que las ocupa, en cuyo caso, es de esperar, una larga y no interrumpida tranquilidad. Pero aun cuando hoy no tuviésemos a la vista ese porvenir: aun cuando creyésemos el riesgo muy cercano, este sería un mal, pero nunca equivalente al remedio que nos indica el padre Varela aconsejándonos una revolución: revolución cuyas terribles consecuencias conoce el mismo presbítero, puesto que cuando sospecha que le atribuyan sus horrores, se pone a llorar detrás del hado político que la decreta (6).

En el número tercero no veo cosa cuya refutación no está comprendida con más o menos extensión en lo que dejamos dicho. Sin embargo, advierto una inconsecuencia a mi maestro, cuando dice que la permanencia del invasor (7) deberá ser toda costeada por nosotros, después que antes aconsejó que los invasores (8) tomasen el carácter de protectores. Advierto también que el Padre ha hecho una confesión muy importante y es que Cuba y Colombia tienen intereses muy diferentes y marcados, en que no pueden convenir. Y como del producto de sus argumentos resulta que la isla de Cuba, debe ser independiente por sí sola, claro es que según su propia opinión, no debemos unirnos a Colombia, en lo que estamos de acuerdo, como lo estaríamos, si mi catedrático no estuviese delirando, en que nuestra independencia es un absurdo, porque no nos conviene y por impracticable, según se convence en la primera parte.

Lo demás no vale la pena de contestarse, ni aún el desprecio merece el pequeño diálogo sobre la venida de los soldados de La Coruña. El Padre hizo una burla de esta venida: y si en todos los cálculos políticos es tan acertado, respondan los batallones de la Unión y España.

Como el padre Varela, conoce a fondo nuestros verdaderos intereses, viéndolo yo tomar un rumbo diferente, me he convencido de que le ha guiado únicamente su interés particular. Yo siento, porque al fin fué mi maestro, que por esta vez haya equivocado el camino, eligiendo el más opuesto a su provecho. Si él hubiese aconsejado a sus parciales y discípulos, la tranquilidad

y unión a España, principios únicos en que consiste
nuestra verdadera felicidad, entonces su suerte y su pe-
regrinación habrían interesado a todos; y si esta com-
portación y la sensibilidad y ruegos de sus paisanos, no
le hubieran alcanzado algún día, del mejor de los Reyes, un lecho en su nativo hogar, tendría por lo menos
la dicha de decir, y yo también contribuí a la felicidad
de mi patria.

CONCLUSION

Después de haber considerado la cuestión desde sus
dos puntos de vista: después de concluír en que no podemos, ni tenemos los medios de ser independientes; y
que las repúblicas nacientes de Colombia y México, tampoco pueden ni deben emprender una expedición a esta
Isla, para traernos lo que no nos conviene: después que
hemos indicado también algunas razones que en política se tendrán muy presentes por Inglaterra, para
garantizar nuestra integridad; y por último después
que creo haber probado que la verdadera libertad e independencia es la que nosotros gozamos bajo el suave
y paternal gobierno de S. M. debo con la misma franqueza que ha guiado mi pluma, no ocultar a mis compatriotas, que el momento es crítico y agitándose la
gran cuestión americana por los Soberanos de Europa,
y reconocida o al punto de reconocerse por el de la
Gran Bretaña, la independencia de las tres repúblicas,
se aproxima una crisis, que si bien puede sernos ventajosa, no sería imposible que experimentásemos algún
sacudimiento.

En consecuencia, el deber y la prudencia exigen que
salgamos de la inacción, para dirigir la opinión pública
por senda que conocemos de nuestra felicidad: que

todos, junto al gobierno, formemos una masa, que bajo la obediencia debida a las autoridades, pueda resistir los ataques de nuestros verdaderos enemigos. Y pues, que en todas ocasiones nos ha oído el trono con benignidad, no es de esperar que en la ocasión más importante de nuestra historia, desatienda nuestros clamores. Unámonos pues, para llevar a los pies del Rey, nuestras súplicas reverentes: hagamos conocer a S. M. los riesgos que pueden amenazar a su fiel siempre isla de Cuba, cuya conservación, felicidad y quietud, ha ocupado constantemente su real corazón y cuyos habitantes llenos de gratitud, por los reiterados beneficios que han recibido, son por lo mismo acreedores a la continuación de su real clemencia, a fin de que se digne ocupar de nuestra suerte y seguridad, usando de los muchos recursos de su poder Soberano.

Y mientras que S. M., como es indudable, resuelve lo conveniente para afianzar esta seguridad, hagamos nosotros los esfuerzos que corresponden a los vasallos predilectos del trono, para que los enemigos de nuestra paz, que son del Rey nuestro señor, viéndonos en actitud firme y dispuestos a oponernos a sus maquinaciones, conozcan que la isla de Cuba, no está poseída de la santa apatía que nos atribuye el presbítero Varela. Tengamos presente que los esfuerzos espontáneos y con anticipación son más apreciables y útiles y menos gravosos que los que se precipitan y fuerzan, para que convencidos de esta verdad incontestable, corramos a ofrecer a nuestra seguridad, quietud de nuestras familias y unión indisoluble con la Metrópoli, el sacrificio de una pequeña parte de nuestras propiedades. Entonces, cualquiera que sea nuestro riesgo, el triunfo no puede ser dudoso, si además decimos con el padre Varela.

"Espíritus irreflexivos, o mal intencionados, aléjanos
"del trono del más benéfico de los Reyes: no atentéis
"dirigir al centro de la prudencia las asechanzas del
"privado interés o de fines, que no pueden tener cabida
"en esta feliz y casi singular localidad."

N O T A S :

(1)   Para que se pueda formar juicio de la inconsecuencia del Padre Varela, y demostrar que es susceptible de las pasiones que han guiado su pluma se pone a continuación de esta memoria, aquel Elogio. Compárese con *El Habanero* y juzgue el público, si puede ser imparcial el que escribe tan contradictoriamente siendo constante que si el Elogio lo dictó contra su modo de pensar (lo que no es creíble) incurrir cuando menos en la nota de débil y adulador. Y no se diga que la época en que lo hizo era atrasada ni sus circunstancias diferentes. La única diferencia que tiene para el escritor, es, que entonces no le alcanzaron, como hoy, las desgracias de sus semejantes, y no afectaron por tanto su sensibilidad. Pero con su contradicción hemos visto justificada una de sus máximas, a saber: Que el espíritu de adulación es bajo, mientras está en pie su ídolo, e ingrato y variable luego que perece.

---

(2)   Hemos llamado al padre Varela enemigo de S. M. y capaz de intentar con sus escritos el trastorno de esta Isla, sin necesidad de advertir que estas ideas sólo pueden entrar en la cabeza de un hombre tan presuntuoso como él.

La experiencia ha probado por otro lado, que las instituciones populares no nos convienen. ¿Quién es hoy el que daría un paso en esta Isla, por restablecer la Constitución, después de haber experimentado los escándalos que ella nos trajo, la falta de libertad que teníamos y los frecuentes sobresaltos con que nos amagó el desorden y desencadenamiento de las pasiones exaltadas?

Nos faltan, como queda dicho, los principios de educación y aún la predisposición para pasar de un sistema a otro enteramente opuesto. Y ¿por qué habíamos de pasar? ¿qué resentimientos, qué cargos podemos hacer a España? ¿qué males nos ha hecho: a qué bienes podemos aspirar, sustrayéndonos de una dependencia política, que en nada nos ofende? Y por otro lado ¡qué carrera nos abre el padre Varela tan peligrosa para que la sigamos, llevados solamente del espíritu de novedad, de imitación y de seducción interesada!

Recorramos nuestra historia y se verá que jamás hemos sido tratados sino con predilección. Quéjense en buena hora otras provincias americanas si tienen motivos. Ellas habrán experimentado atrasos, perjuicios y si se quiere vejaciones, hijas más bien de la arbitrariedad de algunos jefes, que del espíritu e intenciones del gobierno; pero nosotros que no hemos sufrido ninguno de estos daños ¿por qué hemos de inventar quejas para comportarnos con injusticia, con ligereza y con locuras? Todos nuestros antepasados fueron tratados con dulzura y no puede citarse un solo hecho, que yo recuerde, en que la arbitrariedad de un jefe se nos haya hecho sensible.

Al contrario, de 35 años a esta parte hallaremos que nuestra prosperidad progresiva, si bien ha sido efecto de circunstancias particulares, no puede dudarse que en ella han tenido una influencia muy directa las franquicias con que se nos ha dejado comerciar. El gobierno Supremo siempre dispuesto a concedernos exenciones extraordinarias, nos ha hecho conocer en todas ocasiones la preferencia con que nos ha tratado, aún en circunstancias de chocarse esas mismas exenciones con el interés de los españoles europeos, las cuales se han llevado adelante no obstante sus frecuentes reclamaciones.

Verdad es que la caída de Santo Domingo fué quien dió el primer empuje al asombroso aumento de nuestra rica y preciosa agricultura; pero es también incontestable que no hubiéramos sido tan felices ni tan grandes, si el gobierno de Madrid, hubiese seguido los principios coloniales del de Londres. La isla de Cuba, pues, unida a la Península ha caminado gigantescamente a una prosperidad de que no hay ejemplo en el mismo espacio de tiempo. Los inmensos adelantos de su agricultura y la extensión de su comercio exterior, habiendo engrosado extraordinariamente estas dos fuentes de la riqueza pública, habían de aumentar su curso y aún de multiplicar los canales por donde se extendieran hasta la gente más infeliz. No se ha conocido la pobreza y sí las clases y aún los colores se hubiesen de distinguir en el porte exterior de las personas, es indudable que no se conocería la inferior.

El contacto con todas las banderas del universo, y una precoz y general disposición a las ciencias, al mismo tiempo que nos ha hecho caminar a la riqueza, nos ha enseñado a vivir en cierta despreocupación de principios; y estas mismas causas dejándonos pensar y comparar, nos han hecho mirar con cierta indiferencia o sin temor los anatemas que en otras partes fueran fatales. Nuestra educación nutriéndonos con semejantes principios y acostumbrándonos a gozar, bajo el dominio de España, de todo el grado de libertad que pudiéramos apetecer, nos ha enseñado a discernir el bien y el mal para saber escoger. Hable por nosotros la experiencia de lo que han sufrido los que no han tenido este discernimiento.

No es, pues, extraño que nos conservemos unidos a nuestra antigua y afectuosa madre, ni que nos neguemos a cambiar un bien real y verdadero, por otro tan cercado de vicisitudes y peligros; y por tanto no es justo ni racional que los gobiernos nacientes de Colombia y México, para quienes podrá ser un bien la independencia, nos quieran privar del nuestro que consiste de mantenernos unidos a España.

Hemos concluído nuestra primera parte, en que creo haber demostrado lo que me propuse. Apenas he apuntado los principios, lo que es a la verdad muy poco si se atiende a lo mucho que habría que decir en el particular; pero además de que soy enemigo de largos discursos y de que me parece suficiente lo dicho para probar lo que está a la vista de todos, tengo que entrar en la segunda parte que se compondrá de cuatro palabras a los argumentos de mi maestro, empezando por sus *Consideraciones sobre el estado de la Isla de Cuba.*

---

(3)   De contado siete mil veteranos incluso los que según la opinión del P. Varela, se habían desertado antes de embarcarse para América.

---

(4)   Palabras de las Reales órdenes de 9 de febrero y 4 de marzo de 1824.

---

(5)   *El Habanero,* número segundo, folio 64.

---

(6)   Número segundo de *El Habanero,* pág. 60.

---

(7)   Número tercero, pág. 101.

---

(8)   Número 1, pág. 18.

EL HABANERO

VII

Nota de la Editorial:

La edición de *El Habanero* que publicara la revista *Ideal* —que hemos reproduci-do— no incluía el séptimo y último número. El descubrimiento de este documento fue hecho por el Sr. Lee Williams, guardián de la Colección Latinoamericana de la Biblioteca de la Universidad de Yale. La copia, entregada al Obispo Auxiliar de Miami, Monseñor Agustín Román, fue publicada en la revista *Ideal* de Miami y es la que incluimos en esta edición.

Se han hecho algunos pocos arreglos ortográficos para adecuar el texto al lector moderno, pero en general se ha mantenido la redacción original.

...Die natura al nascimiento umano,
Verso il caro paese ov'altri é nato
Un non so che di non inteso affeto,
Che sempre vive e non invecchia mai.
Come la calamita, ancor che lunge
Il sagace nocchier la porti errando
or dove nasce or dove more il sole,
Quell'occulta virtute ond'ella mira
La tranmotana sua non perde mai;
Cosí chi va lontan dall sua patria
Benché molto s'aggiri, e spesse volte
In peregrina terra anco s'annidi
Quel naturale amor sempre ritiene
Che pur l'enchina alle natie contrade.

PASTOR FIDO

La naturaleza ha dado al ser humano hacia el país que lo
vio nacer un no sé que de afecto no bien entendido que
vive siempre y jamás envejece. Como el imán, aunque el
timonel lo lleve errado largo rato bien hacia donde nace
el sol o donde muere, aquella virtud interna por la que ve
su propio anochecer no la pierde nunca. Así que, aunque
vaya lejos de la patria, aunque mucho merodee y muchas
veces en la tierra peregrina hasta anide, aquel amor
natural siempre retiene porque hasta la encina a sus hijos
reconoce.

PASTOR FIDO

Diario de la Habana, Sábado 8 de Abril de 1826

Señor Redactor.

Importando mucho el dar publicidad a todas las noticias estrangeras que tengan relación con los intereses de esta Isla, suplico a V. se sirva insertar en su Diario la siguiente traducción que nos remitió un amigo de Nueva York, sacada del mensaje del presidente de los Estados Unidos de América al Congreso, en la parte que concierne al estado político de las islas de Cuba y Puerto Rico[1] y, con este motivo, también haremos algunas observaciones que nos parecen muy a propósito en este material. Queda de V.S.S.S. Un Subscriptor.

"El estado actual de las islas de Cuba y Puerto Rico, es de la mayor importancia y tiene un inmediato enlace con los intereses y futuros proyectos[2] de nuestra Unión." "La adjunta correspondencia manifiesta que la atención del gobierno se ha fijado sobre este asunto.

---

[1] Supongo que el bueno del corresponsal habrá traducido con igual prontitud, y enviado a su amigo los párrafos en que los papeles públicos comunican la noticia, de la rendición del Callao, la de Chillos la vuelta victoriosa del ejército de Bolívar, y la venida de este para emprender según voz pública lo último que falta al complemento de su glorias. Estas noticias no interesan poco á la Isla de Cuba.

[2] El original dice: *future prospects* y no proyectos, pues a la verdad esta palabra indica plan, empresa, o tentativa y sería bien impolítico que el presidente de los Estados Unidos empezase por anunciar sus futuras tentativas sobre las Islas de Cuba y Puerto Rico. El futuro prospecto o aspecto político y económico de este país es el que su presidente ha querido espresar en el mensaje, sin avanzar otra idea que sería prematura. ¡Aunque el plural *prospects* se traduce miras debería advertirse que tairas no son los proyectos, sino intensiones aunque todo proyecto supone miras. *Project* (proyecto) no se halla como sinónimo de *prospect* en ningún diccionario. Yo convengo con el traductor en que hablando francamente no se hubiera empleado con inesactitud la palabra proyectos, mas no se empleó por una delicadeza que conviene respetemos, pero que agrega mucho al espediente sobre la inalterabilidad futura del estado político de aquellas Islas.

La anunciada invasión de las dos citadas islas por las fuerzas combinadas de Méjico y Colombia, es sin duda uno de los objetos que deben determinarse por los Estados beligerantes, en Panamá. Las convulsiones a que serían espuestas,³ caso de verificarse tal invasión, y el riesgo de que por la misma causa cayesen finalmente en manos de alguna potencia europea que no fuese la España, no permite el que desatendamos estas consecuencias que podrían mirarse con indiferencia⁴ en el Congreso de Panamá. Es innecesario detenernos sobre este

---

³ El traductor ha omitido una cláusula entera que presenta al verdadero sentido del párrafo. Dice pues el original: *The convulsions to which from the peculiar composition of their population, they would be liable in the event of such an invasion, & c.* Esto es: Las convulsiones a que estarían espuestas por los particulares asuntos de su población, & c. Se ve claramente que el objeto de este gobierno es prevenir en tiempo las convulsiones que pudiesen resultar, mas no oponerse a la invasión, siempre que ésta se haga en términos que las prevenga. No ha dictado este periodo el deseo de conservar el actual estado político de la Isla de Cuba, sino el de conservar las utilidades mercantiles y alejar los temores políticos de este país, por cuya causa se indica en el mismo periodo que los Estados Unidos no podrán ver con indiferencia que pase la isla a otras manos europeas distintas de las españolas. ¿Será por amor o por consideración a España? Porque España nada significa, y en sus manos puede conservarse la isla para futuros proyectos, y aquí viene la palabra proyectos como de cajón.

⁴ El original dice: *The danger there from resulting of this falling ultimately into the hands of some european pioneer, other than Spain, will not admit of our looking at the consequences, to which the congress at Panama may lead, with indifference.* La coma que se halla después del verbo *lead*, indica claramente que las siguientes palabras, *with indifference*, se refieren a la parte superior de la cláusula, y que para darle una colocasión española sería preciso decir, *will not admit of our looking with indifference, at the consequences, to which may lead the Congress at Panama.* Esto es: no permitir, que miremos con indiferencia las consecuencias que puede tener el Congreso de Panamá. No dice el presidente de los Estados Unidos, ni podía decir sin grande imprudencia, aún sin grosería que estas consecuencias podrían mirarse con indiferencia en el Congreso de Panamá. Un Congreso cuyo principal objeto es prever esas consecuencias, un Congreso formado por todas las naciones americanas, (sin excepción del Brasil), un Congreso que aún prescindiendo de otras consideraciones, basta que aún no hubiese empezado sus trabajos para que sin imprudencia, y sin injusticia no pudiese atribuírsele una inconsideración tan grosera; no podía ser

(continúa...)

particular ni decir más, sino que todos nuestros esfuerzos con referencia á este interés, se dirigirán á conservar el actual estado de cosas,[5] la tranquilidad de aquellas islas, y la paz y seguridad de sus habitantes. "

Este trozo de dicho mensage y los sentimientos que el poder ejecutivo manifiesta con respecto al peculiar interés de aquel gabinete, no hay duda se estiende a la futura conservación y felicidad de estas islas: y debemos lisongearnos el que coincidan sus miras políticas con las fundadas esperanzas en que siempre hemos descansado, de que estas dos ricas posesiones debían pesar mucho en la balanza de los intereses, no sólo de nuestra España, sino de otras naciones amigas[6] que hoy disfrutan, por la generosidad y franqueza de S.M.C., del comercio libre y protección que encuentran en este venturoso país. Muchos miles de súbditos de S.M., Cristianísima, de S.M.B., de los Estados Unidos de América, y de otras naciones; avecindados en este país y empleados, unos en el mismo comercio, y otros en la agricultu-

---

[4] (...continuacion)
tratado de un modo tan indecoroso por el presidente de los Estados Unidos. El traductor quiso presentar bajo un aspecto ridículo a las naciones constituyentes de aquel Congreso, sin advertir que con su equivocada traducción no hacía más que ridiculizar a este gobierno, cuyo apoyo creyó haber encontrado, pero más adelante veremos que ha sido el sueño del gato. No debemos omitir que los Estados Unidos acaban de nombrar sus representantes para aquel Congreso, aunque por conservar el aspecto de neutralidad, se dice que no tomarán parte en los negocios privativos de las naciones beligerantes.

[5] No hay duda: Si este gobierno prevé que la Isla ha de caer en manos de otro poder europeo distinto del español, si en ella se producen trastornos, cuyas consecuencias perjudiquen al bien de este país: todos sus esfuerzos se dirigirán a conservar el estado actual de cosas; pero si estos temores se alejasen por el modo con que se verifique la invasión, nada tendrá que oponer. ¿Con qué derecho lo haría? Esta intervención injusta y necia, es muy ajena de un gobierno, a quien todos conceden la primacia en la carrera de la libertad.

[6] Bastante pesan, y tanto, que no es mucho vaya arriba la ligera España pasando las Isla al platillo contrario de la balanza.

ra,[7] con estimaciones, y consideraciones públicas que merecen del trato dulce de estos moradores,[8] es la mayor garantía de la delicada conducta de este gobierno; y unido a esta digna consideración el doble interés de las relaciones mercantiles establecidas recíprocamente entre estas naciones,[9] tenemos razón para pensar, que esos grandes proyectos que se forman sobre papel, no pueden ser otra cosa que teorías soñadas por *Abates*[10] que sugieren los deseos en imaginaciones exaltadas.

Por fortuna, sabemos el valor que hoy tienen semejantes teorías, y esa bella espresión de *fuerzas combinadas de Colombia y Méjico*, faltando precisamente lo mas esencial de la frase que es la *combina-*

---

[7] Todos estos se marchan en el momento en que la Isla sea independiente. Ni un estrangero hay en Méjico ni en Colombia, ni en ninguno de los estados independientes. La razón es muy clara, los estrangeros vienen a América por el dulce placer de ser súbditos del gobierno español.

[8] Todos estos se vuelven feroces cuando sean independientes.

[9] Igualmente cesarán todas estas relaciones por que el azúcar y el café de la isla de Cuba no valdrán nada cuando sean producidos por un suelo independiente, y aunque no se ponga prohibición alguna a los estrangeros para que vayan a usar estos frutos en cambió de los suyos, no hay miedo que ninguno vaya a la malhadada Isla de Cuba.

[10] Salió ya el Abate y con letra distinta para que no quede duda de la alusión. ¿Por qué no puso el autor francamente el Presbítero Don Félix Varela y después su nombre sin reserva para que se supiese quien escribe y contra quien? Pero exijo mucho: los defensores de la causa española tienen mucha modestia. Siga encubierto mi impugnador, pero sepa que esas teorías soñadas por el Abate autor del Habanero, lo han sido también por los políticos de todas las naciones: han sido presentadas por todos los periodistas sin contradicción, han sido comunicadas por los mismos de La Habana, y de otros puntos de la Isla en todas sus cartas, y no sólo por los independientes sino por los principales del partido contrario, ¡y qué más! por las mismas corporaciones de La Habana, por el mismo gobierno de la isla, que no ha cesado de hablar de sus peligros y temores. Vea V. Señor escritor, cuantos abates soñadores, y acaso es V. y ha sido uno de ellos.

ción;[11] y sin embargo, podemos asegurar a los individuos de estas dos pretendidas repúblicas, que hemos hecho el honor debido a sus teorías, preparándonos prácticamente por si acaso pudiesen pasar sus sueños, sus proyectos: y pues que ya tenemos quien nos acompañe[12] á vigilar sobre la integridad de nuestra quietud y seguridad,[13] á nosotros corresponde el dar poco que hacer á nuestros aliados amigos, previniéndonos con fuerzas respetables de mar y tierra combinadas con nuestro firme carácter en conservar nuestras riquezas[14] y la dulce tranquilidad que disfrutamos; puesto que las naciones nos confiesan ya y nos apoyan nuestra conducta, nuestro proceder y la justa y equitativa política con que nos hemos conducido en estos últimos años, tan borrascosos y desgraciados para nuestra España.[15] Cada día nos empeñaremos más y no habrá sacrificio que repugnemos para garantir este sistema honroso, no sólo por el bien individual que disfrutamos, sino por que sirva de adorno á la historia de los grandes acontecimientos, que dos islas, que apenas se distinguen en el mapa del mundo,[16] circundadas de convulsiones políticas, y amenazadas de grandes huracanes, han permanecido intactas,[17] conservando sus derechos, sus

---

[11] Méjico y Colombia tienen un interés común, que es quitar a su enemigo el último apoyo que le queda. En esto no vascilan y sin duda no dejará la Isla de ser invadida por falta de comunicación.

[12] Pero es la compañía del ahorcado.

[13] ¡Quién lo duda! Pero....para....

[14] Cuando éstas se vean amenazadas de los estragos inevitables de una guerra, y sin esperanza de suceso, yo aseguro al escritor que ese firme carácter servirá para frustrar todas sus esperanzas.

[15] Desearía que el escritor manifestase esa confesión de las naciones. ¡Con cuánta facilidad se ve lo que quiere!

[16] ¡Qué pequeñas! Sin embargo cuando conviene son inmensos países, riquisimos, fértilísimos, & c. & c.

[17] Porque nadie las ha movido siendo todo amenazas; pero al primer soplo real,
(continúa...)

costumbres, y religión,[18] y consagrando a la posteridad su fidelidad amor y adhesión á su rey y a su madre patria.[19]

Si volvemos la vista al cisma y cábala que pudieran introducir en nuestro orden doméstico los enemigos de nuestro reposo, valiéndose de aquellas armas bajas y rastreras con que el engaño y la traición[20]

---

[17] (...continuacion)
quién sabe...

[18] Hacen bien porque en siendo independientes á Dios costumbres, á Dios derechos, á Dios religión.

[19] ¡Vaya un amor filial! Pero si supiera el escritor que la niña no es tan cariñosa como se ha figurado.

[20] Ninguna conducta más franca que la de los independientes. Queremos ser libres, han dicho desde el principio, porque no creemos que Dios nos ha criado para servir a otro pueblo, y mucho menos á un pueblo sin gobierno, sin orden, ni concierto, más infeliz por sus errores que por su miseria, incapaz de cura sino por un milagro manifiesto de la omnipotencia divina. Tenemos derecho por la naturaleza y lo exige el orden eterno de la justicia, sí, tenemos derecho para mejorar nuestro estado físico, político, y moral, queremos que nuestro país sea todo lo que puede ser, y no lo que quieren que sea unos amos tiranos que no pueden conservarlo sino mientras puedan oprimirlo; queremos dar á las luces toda la estensión y exactitud de que son capaces en talentos á quienes la naturaleza ha prodigado sus dones, por confesión de nuestros mismos enemigos; queremos que unas leyes justas y un sistema político en que la libertad se concilie con esta misma justicia, nos conduzca á la perfección de las costumbres, y radique cada vez más el sagrado amor de la patria, sustituyéndole á ese amor á un hombre, á ese amor á un rey, á ese amo á un amo, cuyos dones siempre se tienen por clemencia, jamás por justicia; queremos que las generaciones futuras hereden de nosotros la dignidad de hombres, y recuerden lo que cuesta recuperarla para que teman perderla. Ésta es la conducta de los independientes, ésta es la que en el fondo del corazón aplaude todo el genero humano, ésta es la que no puede cimentarse en la vil lisonja, en la rastrera intriga de una corte, en el capricho de un príncipe, en la venalidad de un ministro, ni en ningún otro de los apoyos ordinarios en el sistema despótico. Traición ¡ah! sí, no hay duda, traición es en el lenguaje de los déspotas toda medida racional, todo paso favorable al género humano. Traidores son á la patria, traidores á la humanidad, traidores á las luchas, traidores á la justicia, traidores á su misma conciencia los auxiliadores de los déspotas y opresores de los pueblos.

(continúa...)

suplen la falta de otros recursos, estamos bien persuadidos que una serie periódica de pequeños hechos en estos últimos quince años y desvanecidos como el humo, servirán de ejemplo y desengaño á las cabezas incurables de semejantes proyectos.

La suma impenetrable de opinión pública, no sólo en la importancia de intereses individuales, sino en el número de personas aún de aquellas que pudieran ser más accequibles á la seducción por ofertas y lisonjeros porvenires[21] ha sido la roca de Scila contra quien se han estrellado esas intentonas miserables. Cuarenta mil hombres[22] organizados, prontos a sostener nuestro estado político;[23] una escuadra

---

[20] (...continuacion)
¿Serán traidores todos los pueblos del hemisferio americano desde uno á otro polo, pues que todos han sacudido el yugo europeo? Es preciso no saber lo que es traición para decirlo. Una nación entera jamás es rebelde, como escribió muy bien el ilustrado Martínez de la Rosa, y mucho menos puede serlo todo un mundo. La traición supone una falta de derecho, una fidelidad injustamente quebrantada. ¿Y habrá quien se atreva sin pasar por ridículo á sostener que la América no tiene derecho á ser independiente, sacudiendo la tiranía europea, y que está obligada á una fidelidad que hasta ahora no ha sido otra cosa que la aquiescencia a una fuerza tiránica? A una fuerza, sí, que esperimenta el mismo que ha escrito este papel, y por eso habla de las generosidad y franqueza de su amo, para no disgustar por lo menos al que á su nombre, y con todas sus facultades tiene el garrote en la mano constituido en reyezuelo en la Isla de Cuba. La necesidad de impugnar el papel me ha conducido á decir algo sobre la naturaleza del gobierno que rige en aquella Isla, prescindiendo de la persona que lo obtiene como siempre ha prescindido de todas en cuando ha escrito. Yo quiero suponer un ángel al gefe de aquella isla, ¿pero puede si quiere ser impunemente un demonio? Nadie lo duda. Pues basta. No se necesita más impugnación al papel que descarta la felicidad de la isla de Cuba. Cuando el hombre no depende de la ley, sino de la libre voluntad o de capricho del que le gobierna, es esclavo por más dulce que se finja su esclavitud.

[21] Entiendo, y uno de los sacrificios mayores que puedo hacer es guardar un silencio terrible para mi corazón, pero necesario á los intereses de mi patria.

[22] ¡¡Cuántos!!

[23] Lo veremos si están prontos á sostenerlos ó á derribarlo. Por lo menos de una gran parte puede asegurarse que vuelven armas.

respetable e imponente[24] aumentándose cada día mas, bordejeando sobre nuestras costas y finalmente la vigilancia y carácter firme y pundonoroso de los dignos gefes que nos mandan, es propiamente lo que debe servir de preliminar á la apertura de ese gran Congreso de Panamá[25] si acaso no llega a desmoronarse este edificio por otros cálculos que la esperiencia, el tiempo y las circunstancias deben prevenir en otras miras políticas y más convenientes que en su oportunidad se irán desarrollando y á que han dado principio nuestros vecinos los angloamericanos.

Todo esto prueba, que si bien al principio el influjo de estas oscilaciones han perjudicado en gran manera los intereses de esta Isla, porque no encontraba el cálculo un camino seguro para sus sucesivas operaciones, hoy podemos con mucha seguridad abrir nuestra confianza a todas las naciones cultas y al mismo tiempo decirles, que pregunten á cada uno de los individuos respectivos de cada nación, que en número de más de 10,000 viven tranquilos en medio de nosotros, unos con propiedades afincadas y otros dedicados á todo genero de Industria, si la Isla de Cuba presenta al estado más lisonjero de seguridad, para todos los que quieran buscar su fortuna, y establecer relaciones de interés con ese dichoso país.[26]

A propósito de estas prudentes reflecciones transcribimos aquí la siguiente carta recibida por un comerciante respetable de esta ciudad "Nueva York, Marzo 22 de 1826 —Amigo, con la mayor satisfacción y alegría tomo la pluma para anunciarte, que el presidente de esta república ha informado al Congreso que es de un interés vital para este país, que la situación política de esá isla se mantenga, como hasta

---

[24] Tan imponente, que ya es una locura pensar lo contrario. Sin embargo los temerarios de los independientes han dado en no creerlo.

[25] ¿Quién lo duda? Para proporcionar los medios de desbaratar cuanto antes esa última trinchera del gobierno español.

[26] Mas la respuesta deberían darla donde no pudieran echarles mano, sumergirlos en un calabozo, o por lo menos atraer sobre sí una funesta sospecha. La mayor parte conserva sus propiedades en la Isla, porque no puede sacarlas sin grandes sacrificios.

ahora, y que se debe usar de toda energía y fuerza para impedir á los Colombianos y Mejicanos en el atentado que piensan de invadirla:[27] ahora puede V. contar con seguridad que la tranquilidad de esa isla, está ya afianzada firmemente, de lo que doy á V. la enhorabuena, y me apresuro á comunicarle por lo mucho que debe interesarle, —N.

—También se lee en otra carta al mismo sugeto fecha 8 de Marzo de los Estados Unidos que dice: —La primera fragata nueva que se construyó aquí de los colombianos, entró en Puerto-Cabello, y en Febrero no tenían gente para tripularla y estaban echando mano de los peones del campo.[28] En Cartagena igual, penuria de marineros ofreciéndoles hasta quince pesos, pero sin arbitrios para pagarlos: todos los buques están á media tripulación menos la Ceres que está al completo.

La nueva segunda fragata[29] estará alistada para Abril; hay escacez de numerario; pero han dado fianzas y saldrá con 100 hombres de maniobra para Puerto Cabello. Incluyo á V. la traducción del mensaje del presidente al Congreso relativo á esta[30] isla.

La salida de las cinco fragatas de guerra de ese puerto, es la mejor operación de la marina, ella asegurará la opinión interior y desengañará á los tontos de fuera alucinados por los editores; se

---

[27] ¡Qué chasco! ¡Lo que es meterse á escribir abultando!

[28] De manera que los pobres se verán un poco enredados con tanta cuerda y oyendo tanto termino estraño. ¡Pero qué malditos! en un instante han aprendido el inglés, y se han olvidado hasta de sus nombres en español. Lo que es pasar de un estado á otro. La marina española es muy diferente. En cada leva se cogen marineros y artilleros peritísimos, y en un abrir de ojos se tripula un buque con gente dispuesta á batirse, que derramarán por su rey hasta la última gota de su sangre.

[29] Me había propuesto no hacer observación alguna sobre lenguaje aunque mas bien he adivinado que entendido muchos de los párrafos del papel, pero esta nueva segunda fragata me sugiere cierta sospecha....Adelante.

[30] No tengo a la vista el papel. Si no me he equivocado en copiar ésta por ésa; sospecho mucho que todo es de cuño habanero.

establecerá la confianza en el comercio y sentirá los buenos efectos con la concurrencia.

COMUNICACIÓN OFICIAL

Mr. Clay Secretario de Estado de este gobierno á Mr. Middleton su Ministro en Rusia.

Departamento de Estado
Washington 26 de Diciembre de 1825

Señor. Las notas de V. número 48 y 49, han sido recibidas a debido tiempo y presentadas al presidente. Ha visto con mucha satisfacción que el haber ocurrido por medio de V. al emperador de Rusia para que emplee sus oficios amistosos empeñándose en establecer la paz entre España y las nuevas repúblicas americanas, no ha dejado de tener efecto favorable. Considerando las relaciones íntimas y amistosas que existen entre el emperador y sus aliados, no debía esperarse que antes de consultarles se usase un lenguaje más esplícito que el de la nota del conde de Nesselrode. Con todo, bien considerada nos autoriza á creer que la influencia preponderante de la Rusia se ha arrojado en la balanza para inclinarla hacia la paz. A pesar de las predicciones de un resultado contrario hechas confiadamente por el señor secretario Canning, esta decisión del emperador corresponde á las ideas anticipadas que constantemente se han sostenido aquí desde que el presidente resolvió invocar su intervención. Esto dá un gran prueba así de su humanidad como de su ilustrado juicio. Todos los hechos fuera de España parece que ahora conspiran á la paz y a la caída del castillo de Sn. Juan de Ulúa que capituló el 18 del mes pasado, no puede dejar de producir un efecto poderoso en aquel reino. Se nos ha dicho que cuando llegó la noticia á La Habana produjo una grande y general sensación y que el gobierno local despachó inmediatamente un buque velero para Cádiz comunicando la noticia, y suplicando al rey que pusiese cuanto antes un término a la guerra[31] y reconociese las nuevas repúblicas como el único medio que restaba de conservar á Cuba para la monarquía.

Considerando las medidas ulteriores que puede adoptar este gobierno para coadyuvar á los esfuerzos de pacificación, que sin duda está empleando el emperador, ha creído el presidente que la suspensión de toda espedición militar que ambas ó cualquiera de las repúblicas de Colombia y Méjico estén preparando contra Cuba y Puerto Rico, tendría una influencia favorable. Dicha suspensión parece ciertamente que se debe a los amistosos fines del emperador. Conforme á esto he dirijido notas oficiales á los ministros de dichas repúblicas recibidos aquí recomendándolo á sus gobiernos é incluyo el estracto de una de ellas siendo la obra idéntica en sustancia. Observará V. intimado en estas notas que otros gobiernos se hallarán precisados por sus mismos intereses y deberes a intervenir en caso de una invasión de las islas ó de las contigencias que pueden acompañarla ó seguirla. Sobre esta materia conviene que seamos bien entendidos por Rusia. En cuanto á nosotros, no deseamos, cambio alguno en la posesión de Cuba como hemos dicho anteriormente. No podemos permitir[32] que la isla pase á ningún poder europeo. Pero si la España rehusare[33] hacer la paz y resolviere obstinadamente continuar la guerra, aunque no deseamos que ni Colombia ni Méjico adquieran la isla de Cuba[34] el presidente no encuentra fundamento alguno justificable para intervenir violentamente. En la hipótesis de una prolongación innecesaria de la guerra imputable a España, es evidente que Cuba será

---

[31] Y no había nada de esto, porque la tal guerra y los tales temores sólo eran ficciones de Abates de imaginación acalorada y armas rastreras que emplea la traición.

[32] Adviértase que una de las palabras no permitir que equivalen á resistir de todos modos cuando se trate de pasar la isla á otro poder europeo, más no a un gobierno americano.

[33] Como rehusará siempre.

[34] Ya lo creo....

su único punto de apoyo en este hemisferio. En esta suposición ¿cómo podemos proceder contra la parte que tiene claramente el derecho en su favor é interponernos para contener ó frustrar una operación legal de guerra? Si la guerra contra las islas fuera conducida por estas repúblicas de un modo desolador; si contra toda espectación pusiesen las armas en manos de una clase de los habitantes para destruir las vidas de los otros, en una palabra, si favoreciesen ó estimulasen excesos y ejemplos cuyo contagio por nuestra vecindad fuera dañoso á nuestra quietud y seguridad; el gobierno de los Estados Unidos se creería llamado a interponer su poder. Mas no debe temerse que suceda ninguna de estas contingencias, y por consiguiente es más probable que los Estados Unidos si continuara la guerra permanecerán en lo sucesivo como han estado hasta ahora siendo observadores neutrales del progreso de sus acaecimientos.[35]

Se servirá V. comunicar el contenido de esta nota al gobierno de Rusia. Como por la naturaleza misma de este negocio que ha inducido al presidente á recomendar a los gobiernos de Colombia y Méjico[36] la suspención de sus espediciones contra las islas españolas, no se puede indicar el tiempo definitivo que dure esta suspención; si accede á ella debe concederse por todos que no se debilita innecesariamente, por tanto representará V. al gobierno de Rusia la exigencia de conseguir tan pronto como fuere posible la decisión de España, en cuanto á sus disposiciones de hacer la paz.

Soy de V.

H. CLAY

[35] ¡Qué tal! Es la invasión lo que se ¡quiere impedir! ¿Mandarán los Estados Unidos alguna escuadra ó algún ejército en favor de España?

[36] Recomendar como medida que (muy equivocadamente creyó este gobierno que podía contribuir al reconocimiento de dichas repúblicas; mas no amenazándolas como han creído los realistas de La Habana con ninguna clase de coacción.

Reflecciones sobre los fundamentos de la confianza que se tiene ó aparenta tener en La Habana sobre la permanencia del estado político de la isla.

Un navío viejo bien o mal compuesto y dos fragatas con algunos otros buques que han llegado de España, he aquí el gran fundamento de la confianza que aparentan los enemigos de la libertad americana. Lisonjéanse con la abultada idea del atraso pecuniario de Colombia: consuélanse con que Bolívar y su ejercito podrán tener en qué entretenerse en el Brasil; calculan que en ese tiempo la miserable España haciendo fuerzas de flaqueza les remitirá nuevos socorros, y entretanto entréganse al descanso como si nada tuviesen que temer.

La suerte de los pueblos no depende de cuatro ó seis buques, ni de circunstancias momentáneas que sólo halagan para hacer más sensible la pérdida. El horizonte político amenaza ahora más que nunca con una terrible tempestad sobre la isla de Cuba, y para convencerse de ello basta que refleccionemos sobre el estado del continente.

Libre ya del dominio europeo, siente sin embargo la necesidad de quitar al enemigo su último apoyo, necesidad urgentisíma por razones políticas y económicas.

...Aunque poco pueda temer de la posesión de la isla de Cuba por los españoles, es claro que en un futuro que acaso no dista mucho podrá ser algo más perjudicial pasando á otras manos. La misma España aunque impotente no cesará de ostentar capacidad para grandes empresas, animando por este medio a algunos alucinados que aunque de un modo ineficaz y temerario puedan perturbar el orden obligando al gobierno a medidas cuya necesaria publicidad sera un pretesto para difundir la idea de la falta de consolidación, idea que es la más perjudicial que puede tenerse en política.

Si efectivamente los negocios del Brasil tuvieren por término una guerra, que se hiciese general a los nuevos Estados americanos, es evidente que el paso más acertado y aún necesario es quitar con anticipación el obstáculo de las islas cuya permanencia enervaría la fuerza colombiana obligando á permanecer una parte considerable de ellas para impedir un atentado en estas costas. La misma consideración debe hacerse respecto de la marina, y la consecuencia que debe deducirse es, que Méjico y Colombia se hallan en la necesidad más urgente de invadir la isla.

Si entramos en consideraciones económicas ¿quién no observa los enormes gastos a que se verán siempre obligadas las repúblicas de Colombia y Méjico mientras la isla de Cuba sea de España? ¿Podrán prescindir de la conservación de un ejército y una armada de que no necesitarían alejando al enemigo? ¿Y por muy poco tiempo que duren estos gastos, no eccederán con mucho a lo que puede costar una espedición que de un golpe las saque de cuidados, y para hablar con más claridad no debe hacerse cualquier sacrificio por anticipar una suma que sera pagada con buen precio por los invadidos?

Pero dirán que a pesar de todos los deseos de Colombia y Méjico nada hay que temer porque carecen de medios. No ha sido ciertamente la falta de medios lo que ha demorado la invasión, sino la esperanza de un porvenir infundado que la hiciese innecesaria, porvenir con que se alucinaron así los libres como sus enemigos, y otras causas que no es de este momento detallar. Pero supongamos esa gran falta de medios ¿que durará siempre? ¿Será tan difícil proporcionarlos? ¿No se harán los últimos esfuerzos si fuese preciso para conseguirlo? ¿Se cree de buena fe que un gran continente que ha adquirido su libertad a precio de tantos sacrificios, omitirá los últimos que son tan cortos y que deben ser tan recompensados, los últimos, sí, y los indispensables para que no quede imperfecta la grande obra y para evitar concecuencias perjudicialísimas? ¿Se cree de buena fe que es empresa de romanos la toma de la isla? Es buen alucinarse. Mientras mayores sean los recursos de que puedan jactarse los defensores de la dependencia de la isla, mientras mayor sea el poder que se ostente, tanto mayor será el empeño, de los libres en remover tan perjudicial obstáculo. El más funesto daño que puede sobrevenir á la isla de Cuba, es la ostentación de una fuerza de que en realidad carece, pues no viene á ser otra cosa que un aviso á las nuevas repúblicas de la necesidad en que se hallan de no demorar la invasión, no porque deban temer en caso de alguna empresa quijotesca intentada desde la isla, sino porque la seguridad que se afecta en ella aleja la esperanza (¡qué error es haberla tenido!) de que España de paso alguno al reconocimiento. Los Estados americanos deben por todos medios redondear el espediente, no dejando á España un solo palmo de tierra que pueda llamarse americano, y entonces que reconozca ó no reconozca la independencia, nada importa, ni debería hablarse de esto una palabra. Trátese por todos los medios de fomentar unos países que tanto prometen, consolídense las instituciones libres, espársanse las luces que siméntese la moral y déjese al gobierno Español en su delirio de que mandará en América.

Fuerza naval de los Estados independientes que se halla en el Pacífico y acaso está ya en camino para el Atlántico.

		Cañones
	[Congreso Mejicano (el Asia)	70
De Méjico	[Bergantín Constante	18
	[Protectora (la Prueba)	50
Del Perú	[Ayacucho	42
	[Presidente (María Isabel)	56
De Chile	[Lautaro	60
	[Vadiosa (la Esmeralda)	40
De Colombia	[Chimboraso	40

Estado económico de la isla de Cuba

Hállanse ocupados los principales gefes de aquella isla en la difícil, y no sé si me atreva á decir arriesgada empresa de establecer una contribución directa, que afecte y no poco a toda clase de propiedad. Conociendo que el negocio puede tener malos resultados a pesar del carácter sufridor de aquel pueblo; se ha establecido entre tanto un derecho sobre estracción y consumos, cargando un peso a cada caja de azúcar, cuatro reales, el saco de café y lo mismo á la arroba de cera, veinte reales sobre el consumo de cada res vacuna, ocho por las de cerda ó lanares, y veinte por cada fanega de sal. No se toman estas medidas por que falte dinero, pues el ser miserable se queda para los colombianos, sino por vía de precaución, por la misma que se habló de abrir un célebre empréstito en Inglaterra sobre la Habana (¿y quién respondía de la Habana? Su amo. ¿Y de su amo? Yo no sé) después de haberlo proyectado con poco fruto en la misma Habana, sin embargo de haber ofrecido el ventajoso interés de un doce por ciento. Aumentadas la marina y la guarnición deben haber crecido enormemente los gastos é irán en progresión luego que empiesen los pedidos para reparar los buques, & c. & c. Con todo, en la Habana se piensa en que vengan más tropas y más buques de España, pues sobra el dinero y no saben en qué gastarlo.

CARTA
DE
F. VARELA al S. D. P. I. de A.

Contestando a la que se sirvió dirigirle impresa en el Correo político de Trinidad de 5 del pasado

Nueva-York, 7 de Julio, de 1825

S.D.P.I. de A.

Muy Señor mío: la impugnación a mi Habanero hecha por uno que se finje mi discípulo dice V. que le indujo a creer que yo soy el autor de dicho papel, lo cual nunca hubiera sospechado por no parecerle conforme a mis ideas. Perdono a V. el mal concepto que había formado de mí, y le agradezco su rectificación. Tomando el giro que acostumbran los que se creen en la necesidad de ser mis enemigos dice V. que cuando yo ocupaba la cátedra de Filosofía en el Colegio de S. Carlos de la Habana *mi espíritu estaba Virgen, mi voluntad y mis acciones pero que ya alteradas mis facultades es preciso lo dé a conocer por actos de un arrepentimiento sin recurso, y que tiro patadas de ahorcado, por que no puedo tener mi Cátedra y me veo precisado á redactar El Habanero.*

Cuando yo ocupaba la Cátedra de Filosofía del Colegio de S. Carlos de La Habana pensaba como americano; cuando mi patria se sirvió hacerme el honroso encargo de representarla en Cortes, pensé como americano; en los momentos difíciles en que acaso estaban en lucha mis intereses particulares con los de mi patria, pensé como americano; cuando el desenlace político de los negocios de España me obligó a buscar un asilo en un país estrangero por no ser victima en una patria, cuyos mandatos había procurado cumplir hasta el último momento, pensé como americano, y yo espero descender al sepulcro pensando como americano. Si este es el carácter que V. abomina, si esta es la depravación que V. lamenta, ¡ah! hónreme V. Abominándome y no me injurie compadeciéndome.

El Habanero no se escribe para mantener á su autor, éste por el contrario hace sacrificios pecuriarios, para su redacción gravosisímos en las circunstancias en que halla. Por mas esfuerzos que V. haga no creo que conseguirá persuadir a nadie que el autor del Habanero no piensa como escribe, y que solo escribe para comer. No me haría justicia a mí mismo, ni la haría a mis compatriotas si me creyera obligado a desvanecer tan degradante idea. Toda la impugnación que V. hace al Habanero se reduce a comparar mi conducta política con la de un médico imprudente, ó mejor dicho, rastrero é interesado que se empeñase en aconsejar á un hombre sano robusto y sin temor de dolencia alguna que entrase en una cura costosa y arriesgada, sin otro objeto sin duda, que el de proporcionar algunas pesetas á su consultor. *Pues, señor Galeno de barrabás, busque V. quien esté tan apurado como V. para que halle en la desesperación un remedio que anhelan los ambiciosos no contentos con lo bastante y que ansían por lo supérfluo.*

Con estas notables palabras concluye V. su símil, y aunque ellas dan margen á reflexiones muy serias, yo me contentaré con insinuar á V. que no me hallo en ese estado de desesperación que V. supone, que en lo que menos pienso es en que mi patria me proporcione pesetas, que podrá ganarlas fuera de ella sea cual fuere su suerte futura. Pero contrayéndonos al símil ¿puede compararse la isla de Cuba a ese hombre sano y robusto, que ni si quiera teme una enfermedad? Si V. lo cree no hay con que convencerle, su espíritu está trastornado. Casi todos los habitantes de la isla de Cuba dice V. que son propietarios, y que no deben ni quieren alterar el orden actual de cosas. Enhora buena, quietecitos estarán cuando por un afecto necesario en toda guerra vean volar esas propiedades que tanto acarician. La cuestión debe ya dejarse al tiempo; yo he sostenido que el interés de la isla de Cuba exige un cambio político, y que este sería muy ventajoso anticipándose a una invasión, pero que verificada ésta no es del interés del pueblo resistirla, aunque lo sea del gobierno. V. y todos los de su partido sostienen que no debe hacerse alteración alguna, sino prepararse á una defensa heroica hasta que, como suele decirse, no quede piedra sobre piedra. Dejemos al pueblo que desida cual partido le conviene más, y al tiempo que nos presente los resultados.

Aunque es materia bien estraña de la cuestión, yo no puedo menos de advertir á V. que se ha equivocado grandemente cuando asegura que yo he enseñado con Buffón que el alma no reside en la cabeza sino en el diafragma, y en consequencia dice *V. Varela y Buffón no saludaron la fisiología y por lo tanto cometieron ese pecado metafísico.* A la verdad que me sería honroso ser tan ignorante en fisiología como Buffón, a menos que por fisiología no se entienda la jerga de Lázaro Riverio; pero el caso es señor mío, que yo en mi vida he averiguado el lugar en que está el alma, antes siempre he creído que es contrario á su naturaleza espiritual al confirnarla en tal ó cual parte del cuerpo.— Tampoco creo que Buffón tuvo jamás el delirio de investigar este punto; sólo dijo que el centro de la sensibilidad, ó mejor dicho el centro de la reacción sensible está en el diafragma y los músculos del pecho y no en el cerebro. No admitía este célebre físico propagaciones al diafragma, como tampoco al cerebro; sólo dijo que en las sensaciones fuertes y en los grandes trastornos del sistema nervioso, se producía una reacción en su centro ó sea el centro del hombre, para restablecerlo en sus funciones. Esta es la doctrina de Buffón que yo he seguido y enseñando, doctrina que sin duda necesita esplicaciones más prolijas, que no son del objeto de esta carta. Sin embargo, lo dicho creo que basta para manifestar que ni Buffón ni yo hemos cometido *el pecado metafísico* de que V. nos acusa, bien que hablando con franqueza para esto de pecados metafísicos tengo la conciencia un poco ancha.

He observado, ó mejor dicho me han hecho observar que algunos periodos de la carta de V. que más hacen relación á mi "persona terminan por..." Dícenme que estos puntitos son una de las simplezas masónicas, y que acaso los ha puesto V. para indicar que yo pertenezco á esa sociedad. Pues sepa V. Señor mío, que jamás he pertenecido, ni pertenezco, ni perteneceré, á esa ni á ninguna de las sociedades secretas, y V. podía haberlo conocido leyendo el primer número del Habanero; con lo cual se hubiera abstenido de una calumnia tan poco ameritada.

Continúe V. sus buenos servicios al gobierno español, mientras yo no olvidaré los que debo a mi patria, estando siempre a los órdenes de V. su at Q.S.M.B.

FELIX VARELA

COLECCIÓN FÉLIX VARELA
(Obras de pensamiento cristiano y cubano)

COLECCIÓN CUBA Y SUS JUECES
(libros de historia y política publicados por EDICIONES UNIVERSAL):